Der Zweck
des Telekommunikationsgesetzes

Europäische Hochschulschriften
Publications Universitaires Européennes
European University Studies

Reihe II
Rechtswissenschaft

Série II Series II
Droit
Law

Bd./Vol. 3274

PETER LANG
Frankfurt am Main · Berlin · Bern · Bruxelles · New York · Oxford · Wien

Peter F. Reinke

Der Zweck des Telekommunikationsgesetzes

Eine öffentlich-rechtliche Untersuchung des § 1 TKG

PETER LANG
Europäischer Verlag der Wissenschaften

Die Deutsche Bibliothek - CIP-Einheitsaufnahme

Reinke, Peter F.:

Der Zweck des Telekommunikationsgesetzes : eine öffentlich-rechtliche Untersuchung des § 1 TKG / Peter F. Reinke. - Frankfurt am Main ; Berlin ; Bern ; Bruxelles ; New York ; Oxford ; Wien : Lang, 2001
(Europäische Hochschulschriften : Reihe 2, Rechtswissenschaft ; Bd. 3274)
Zugl.: Regensburg, Univ., Diss., 2001
ISBN 3-631-38112-3

D 355
ISSN 0531-7312
ISBN 3-631-38112-3

www.peterlang.de

Meiner lieben Familie

Nec timide nec temere

Vorwort

Die vorliegende Arbeit wurde im Wintersemester 2000/2001 von der Juristischen Fakultät der Universität Regensburg als Dissertation angenommen. Das Manuskript wurde im Oktober 2000 abgeschlossen, so dass Rechtsprechung und Schrifttum bis zu diesem Zeitpunkt Berücksichtigung gefunden haben.

Mein besonderer Dank gilt meinem Lehrer Herrn Prof. Dr. Gerrit Manssen für die Förderung und Betreuung meiner Promotion. Bei Frau Bernhardt und Frau Hammerschmid bedanke ich mich für ihre immer freundliche organisatorische Unterstützung. Herrn Prof. Dr. Robert Uerpmann gebührt Dank für die rasche Erstellung des Zweitgutachtens.

Ohne meine Frau Steffi und meine Eltern wäre diese Arbeit nicht möglich gewesen. Felix Kirchner danke ich für die vielen langen und konstruktiven Gesprächsrunden. Schließlich danke ich allen Freunden und Kollegen, die mich ebenfalls durch die Höhen und Tiefen der Dissertation begleitet haben.

Peter F. Reinke
München, im Juli 2001

Inhaltsverzeichnis

A. Einführung

I. Thema

Der Bundestag hat mit Zustimmung des Bundesrates am 27.06.1996 das Telekommunikationsgesetz[1] (TKG) beschlossen. Mit der Verabschiedung dieses am 01.08.1996 in Kraft getretenen Gesetzes wurde für die Bundesrepublik Deutschland ein vorläufiger Schlusspunkt hinter einen mehrjährigen Prozess der allmählichen Liberalisierung der Telekommunikationsmärkte und der Privatisierung von Telekommunikationsdienstleistungen gesetzt.

In § 1 des Telekommunikationsgesetzes wurde eine offene[2] Zweckbestimmung normiert, wonach

> *"Zweck dieses Gesetzes ist, durch Regulierung im Bereich der Telekommunikation den Wettbewerb zu fördern und flächendeckend angemessene und ausreichende Dienstleistungen zu gewährleisten sowie eine Frequenzordnung festzulegen."*

Darüber hinaus wurden in § 2 Abs. 2 TKG zu Zielen der Regulierung bestimmt:

> *"1. die Wahrung der Interessen der Nutzer auf dem Gebiet der Telekommunikation und des Funkwesens sowie die Wahrung des Fernmeldegeheimnisses;*
> *2. die Sicherstellung eines chancengleichen und funktionsfähigen Wettbewerbs, auch in der Fläche, auf den Märkten der Telekommunikation;*
> *3. die Sicherstellung einer flächendeckenden Grundversorgung mit Telekommunikationsdienstleistungen (Universaldienstleistungen) zu erschwinglichen Preisen;*
> *4. die Förderung von Telekommunikationsdiensten bei öffentlichen Einrichtungen;*
> *5. die Sicherstellung einer effizienten und störungsfreien Nutzung von Frequenzen, auch unter Berücksichtigung der Belange des Rundfunks;*
> *6. die Wahrung der Interessen der öffentlichen Sicherheit."*

Schon dieser erste Überblick über die verschiedenen legislativen Ziel- und Zwecksetzungen zeigt, dass das Telekommunikationsgesetz aufgrund seines selbst gesetzten Regelungsanspruchs jedenfalls der Wirtschaftsaufsicht zuzuordnen ist.[3] Die vom Gesetz benannte Regulierung ist eine Form der Wirtschaftsaufsicht.[4] Die Regulierung des Bereichs der Telekommunikation soll nach der Zwecksetzung aber über eine reine Wettbewerbsaufsicht hinausreichen, da auch die infrastrukturelle Grundversorgung mit Telekommunikationsdienstleistungen gesichert werden und anderen öffentlichen Belangen Rechnung getragen werden soll. Das Regelungswerk zielt auf eine funktionierende und zugleich den verfassungsrechtlichen Anforderungen entsprechende Wirtschaftsordnung auf den Telekommunikationsmärkten.

---

1 Vom 25.07.1996 (BGBl. I, S. 1120), geändert durch das Gesetz vom 17.12.1997 (BGBl. I S. 3108) und das Gesetz vom 26.08.1998 (BGBl. I S. 2521). Zur Entstehungsgeschichte des Gesetzes vgl. *Schuster*, in: Beck-scher TKG Komm., § 1, Rdnr. 19 f.

2 Zu verdeckten, nicht unmittelbar erkennbaren gesetzlichen Zweckbestimmungen vgl. unten Fn. 12.

3 Zur Wirtschaftsaufsicht vgl. nur *Badura*, Besonderes Verwaltungsrecht, 3. Abschn., III 2 b.

4 Vgl. *Badura*, in: Beck'scher PostG Komm., § 2, Rdnr. 1.

Wie an späterer Stelle zu zeigen sein wird, sind die einfachgesetzlichen Ziel- und Zweckbestimmungen von europa- und verfassungsrechtlichen Entscheidungen mit geprägt. Zwar dürfte feststehen, dass das Grundgesetz keine übergreifende, modellhafte Wirtschaftsverfassung enthält,[5] dennoch lässt sich unmittelbar aus der Verfassung eine Reihe höchstrangiger wirtschaftlicher Aussagen entnehmen, die so die Ordnung der Wirtschaft determinieren. Auf diese Weise enthält das Grundgesetz in den Staatsstrukturbestimmungen des Art. 20 GG (Republik, Demokratie, Rechtsstaat, Sozialstaat, Bundesstaat) explizit formulierte Staatszielbestimmungen. Darüber hinaus finden sich in den Grundrechten und weiteren Verfassungsnormen wesentliche verfassungsrechtliche Leitlinien, wie z. B. die Sicherung der freiheitlichen demokratischen Grundordnung, die Gewährleistung der sozialen Gerechtigkeit, die Verpflichtung auf ein gesamtwirtschaftliches Gleichgewicht und die Wahrung der Wirtschaftseinheit.[6] In der Literatur wurden speziell für den Wirtschaftsbereich folgende Ziele konkretisiert: hinreichende Produktivität der Wirtschaft und stetiges, angemessenes Wirtschaftswachstum, hoher Beschäftigungsstand, Geldwertstabilität, außenwirtschaftliches Gleichgewicht, Verteilungsgerechtigkeit, Versorgungssicherstellung, Verhütung des Missbrauchs wirtschaftlicher Macht, Schutz einzelner gesellschaftlicher Gruppen, Gesundheitsschutz, allgemeiner Verbraucherschutz.[7]

Diese abstrakten verfassungsrechtlichen Zielbestimmungen bedürfen denknotwendig einer gesetzgeberischen Konkretisierung, um sie für die Verwaltung handhabbar und vollzugsfähig zu machen.[8] Nach der Rechtsprechung des Bundesverfassungsgerichts ist der Gesetzgeber jedoch keineswegs auf die bloße Ausformung verfassungsrechtlich vorgegebener Zielsetzungen beschränkt. Der Gesetzgeber kann auch Gemeinschaftsinteressen zum Anlass von Regelungen nehmen, die ihm nicht vorgegeben sind, "die sich vielmehr erst aus seinen besonderen wirtschafts-, sozial- und gesellschaftspolitischen Vorstellungen und Zielen ergeben, die er also erst selbst in den Rang wichtiger Gemeinschaftsinteressen erhebt."[9] Solche Entscheidungen sind nur dann zu monieren, "wenn sie offensichtlich fehlsam oder mit der Wertordnung des Grundgesetzes unvereinbar sind."[10]

Unabhängig von den speziellen verfassungsrechtlichen Vorgaben zum Recht der Telekommunikation fallen die von der Zweckbestimmung des § 1 TKG umfassten Belange schon durchweg in den oben aufgezeigten Rahmen der Staatszielbestimmungen. Hier ist insbesondere auf die gesetzliche Aufgabe zur Sicherung einer angemessenen Versorgung der Bevölkerung mit Telekommunikationsdienstleistungen zu verweisen. Hierzu gehört auch die Sorge für eine angemessene Infrastruktur im weitesten Sinne bzw. für eine fortschrittliche Gestaltung der zukünftigen Lebensumstände.[11] Gleichermaßen legitim ist der nicht ausdrücklich aufgenommene, dem Wettbewerbszweck zuzuordnende Zweck des Telekommunikationsgesetzes, den Missbrauch wirtschaftlicher Macht zu verhüten.[12]

---

5 Zur Wirtschaftsverfassung des Grundgesetzes vgl. unten Kap. D.II.3.

6 Vgl. hierzu *Isensee*, in: HbStR III, S. 3 (55 ff.).

7 Vgl. *P. Tettinger*, Rechtsanwendung und gerichtliche Kontrolle im Wirtschaftsverwaltungsrecht, S. 191 ff.

8 Zum Verhältnis der Staatszielbestimmungen zum einfachgesetzlichen Recht vgl. nur *S. Kraatz*, Die Zweckambivalenz des Gentechnikgesetzes, S. 29 ff.

9 Vgl. für Berufsregelungen BVerfG, Beschl. v. 17.07.1961, E 13, 97 (107).

10 Ebd.; vgl. auch BVerfG, Beschl. v. 25.10.1977, EuGRZ 1978, 125 (126).

11 Vgl. *R. Herzog*, Allgemeine Staatslehre, S. 117: "allgemeine Fortschrittsvorsorge".

12 Insoweit kann man auch von einem verdeckten, nicht unmittelbar erkennbaren Ziel sprechen. Vgl. zur Zulässigkeit solcher Nebenzwecke BVerfG, Beschl. 16.03.1971, E 30, 292 (318).

II. Problemstellung

Die Verwendung einer legislativen Zweckbestimmung im Telekommunikationsgesetz wird von Teilen des Schrifttums als ungewöhnlich bezeichnet.[13] Dennoch hat der Gesetzgeber im Falle des Telekommunikationsgesetzes von dieser mittlerweile geläufigen Gesetzgebungstechnik Gebrauch gemacht, was sich mit der besonderen sozialen, ökonomischen und technischen Bedeutung des Telekommunikationssektors erklären lässt.[14] Schon aus der Überschrift des § 1 TKG "Zweck des Gesetzes" wird deutlich, dass sich die in den nachfolgend aufgeführten Gesetzeszwecken enthaltenen Wertungen auf das gesamte Regelungswerk beziehen sollen. Dies untermauert auch die systematische Stellung dieser Vorschrift zu Beginn des normativen Gesetzestextes und innerhalb des ersten Teils, der mit "Allgemeine Vorschriften" überschrieben ist.[15] Namentlich verfolgt der Gesetzgeber mit diesem Regelungswerk im Bereich der Telekommunikation drei Aspekte. An erster Stelle wird die Förderung des Wettbewerbs genannt, an zweiter die Gewährleistung von flächendeckend angemessenen und ausreichenden Dienstleistungen. Die Festlegung einer Frequenzordnung findet als letzter Belang Erwähnung. Das Bundesverfassungsgericht hat in diesem Zusammenhang grundsätzlich ausgesprochen, dass der Gesetzgeber von Verfassungs wegen nicht gehindert sei, bei dem Erlass wirtschaftslenkender Gesetze verschiedene Ziele nebeneinander zu verfolgen. Eine solche Koppelung von Gesetzeszwecken sei kein Missbrauch gesetzgeberischer Befugnisse.[16]

Die beiden ersten Belange des § 1 TKG werden durch den Begriff der "Regulierung" miteinander verklammert. Die Regulierung wird hierfür quasi zum einzig zulässigen gesetzlichen Mittel erhoben. Die Festlegung einer Frequenzordnung wird lediglich durch das Wort "sowie" an die beiden ersten Belange des Gesetzes angehängt. Weitergehend äußert sich das Gesetz zu den mit den nachfolgenden Normen verfolgten Zwecken nicht. Gleichwohl tauchen diese Zwecksetzungen jeweils – wenn auch in modifizierter Form – im Rahmen der Regulierungsziele nach § 2 Abs. 2 TKG wieder auf. Die Förderung des Wettbewerbs in § 1 TKG wird in § 2 Abs. 2 Nr. 2 TKG zur "Sicherstellung eines chancengleichen und funktionsfähigen Wettbewerbs, auch in der Fläche". Die Gewährleistung flächendeckend angemessener und ausreichender Dienstleistungen nach § 1 TKG mutiert in § 2 Abs. 2 Nr. 3 TKG zur "Sicherstellung einer flächendeckenden Grundversorgung mit Telekommunikationsdienstleistungen (Universaldienstleistungen) zu erschwinglichen Preisen". Der letzte Gesetzeszweck, namentlich die Festlegung einer Frequenzordnung, findet Berücksichtigung in § 2 Abs. 2 Nr. 5 TKG, der "die Sicherstellung einer effizienten und störungsfreien Nutzung von Frequenzen, auch unter Berücksichtigung der Belange des Rundfunks" vorsieht. Dass zwischen den Gesetzeszwecken und den Regulierungszielen ein inhaltlicher Zusammenhang besteht, ist somit augenfällig. Eine zusätzliche systematische Verknüpfung von § 1 und § 2 Abs. 2 TKG schafft wiederum der Begriff der "Regulierung", der in beiden Vorschriften auftaucht.

Nach Ansicht einiger Autoren ist § 1 TKG nur im Kontext mit § 2 Abs. 2 TKG zu sehen. Nach Ansicht von *Schuster* legen beide Vorschriften *gemeinsam* den Sinn und Zweck des

---

13 Vgl. *Schuster*, in: Beck'scher TKG Komm., § 2, Rdnr. 4, der sich jedoch auf eine Untersuchung der Gesetzgebungspraxis *Högers* aus dem Jahr 1976 beruft.

14 Vgl. für den Bereich der Umwelt- und Technikgesetzgebung *S. Kraatz*, Die Zweckambivalenz des Gentechnikgesetzes, S. 37.

15 *Kraatz* spricht im Zusammenhang mit dieser hervorgehobenen Stellung von einem markanten Identifizierungsmerkmal der gesetzlichen Zweckbestimmung, vgl. *S. Kraatz*, a. a. O., S. 22.

16 Vgl. BVerfG, Beschl. v. 16.03.1971, E 30, 292 (318).

Gesetzes aus der Sicht des Gesetzgebers fest.[17] Auch *Manssen* räumt den Zwecksetzungen *vor allem* deklaratorischen Charakter ein, wobei nicht deutlich wird, welche darüber hinausgehende Relevanz den Zweckbestimmungen von § 1 TKG zukommt.[18] Beide Autoren stimmen jedoch letztlich darin überein, dass die in § 1 TKG aufgeführten Gesetzeszwecke in § 2 Abs. 2 TKG spezifiziert werden.[19] Ob den legislativen Zweckbestimmungen tatsächlich ausschließlich im Kontext mit den Regulierungszielen Bedeutung zukommt, bleibt dennoch fraglich. Schließlich hat der Gesetzgeber eine ausdrückliche Trennung von Gesetzeszweck und Regulierungszielen in sprachlicher wie in systematischer Hinsicht vorgenommen.

III. Terminologie "Ziel" und "Zweck"

Bevor im Einzelnen auf die besonderen Zwecksetzungen des Telekommunikationsgesetzes eingegangen werden kann, stellt sich vorab die Frage nach Definitions- und Klassifikationsmöglichkeiten zum Ziel- und Zweckbegriff im Allgemeinen. Die Bedeutungsvielfalt des Ziel- bzw. Zweckbegriffs und die Unschärfe des Sprachgebrauchs vereinfachen diese Aufgabe freilich nicht. Insbesondere die umgangssprachliche Verwendung der Begriffe "Ziel" und "Zweck" als Synonyme verkompliziert zusätzlich eine eindeutige Begriffsbestimmung bzw. -abgrenzung.

Auch die Terminologie des Gesetzgebers für einleitende Vorschriften – wie die des § 1 TKG – ist nicht immer einheitlich. Betitelt werden diese Paragraphen häufig mit "Anwendungsbereich", "Aufgaben", "Grundsatz", "Inhalt des Gesetzes", "Zielsetzung", "Zweck des Gesetzes" usw.[20] Zusammenfassen lassen sich solche Vorschriften unter den Begriff der sog. Gesetzesvorsprüche bzw. der sog. Leitvorschriften[21]. *Höger* dagegen bezeichnet sämtliche dieser Vorschriften zusammenfassend als "Zweckbestimmungen", da dadurch die finale Ausrichtung eines Gesetzes besonders hervorgehoben werde.[22] Die gleichzeitige und ausdrückliche Verwendung von Ziel- und Zweckbestimmungen des hier zu untersuchenden Telekommunikationsgesetzes legt es nahe – nicht zuletzt um Missverständnisse zu vermeiden –, im Zusammenhang mit der legislativen Zwecksetzung des § 1 TKG entsprechend der gesetzlichen Formulierung für diese Untersuchung den Begriff der Zweckbestimmung zu verwenden.

1. Begriffsbestimmung "Ziel"

Weitere umgangssprachlich gebrauchte Synonyme für das Wort "Ziel" sind die Begriffe "Absicht", "Intention", "Vorgabe", "Richtschnur", "Interesse", "Erkenntnisinteresse", "Grund" oder "Antrieb". Allgemein wird unter dem Begriff "Ziel" ein "räumlicher oder zeitlicher Endpunkt" verstanden.[23] Bezogen auf § 2 Abs. 2 TKG könnte man danach die darin aufgeführten Ziele vereinfacht als den durch die Regulierung angestrebten Endzustand bezeichnen.

---

17 Vgl. *Schuster*, in: Beck'scher TKG Komm., § 1, Rdnr. 27.
18 Vgl. *Manssen*, in: TMR, C, § 1, Rdnr. 6.
19 Vgl. *Schuster*, in: Beck'scher TKG Komm., § 1, Rdnr. 27; *Manssen*, in: TMR, C, § 1, Rdnr. 6.
20 Vgl. die Aufzählung bei *H. Höger*, Zweckbestimmungen, S. 13.
21 Vgl. *Hill*, in: Gesetzesvorspruch, S. 10.
22 Vgl. *H. Höger*, Zweckbestimmungen, S. 14.
23 Zur sprachhistorischen Entwicklung vgl. Duden, Etymologie: "Ziel", 1997.

2. *Begriffsbestimmung "Zweck"*

Konsequenterweise drängt sich jedoch dann die Frage auf, was es im Unterschied dazu mit dem in § 1 TKG verwendeten Begriff des "Zwecks" auf sich hat. Wie bereits oben aufgezeigt, wird dieser im allgemeinen Sprachgebrauch ebenfalls mit den Synonymen "Zielpunkt", "Absicht" oder "Sinn" gleichgesetzt.[24] Der Begriff des "Zwecks" taucht dabei traditionell in Zusammenhang mit dem menschlichen Handeln auf.[25] Angesichts der Vielschichtigkeit bzw. Komplexität menschlichen Handelns erweist sich eine allgemeingültige, exakte Begriffsbestimmung daher als nahezu unmöglich. Dementsprechend findet sich zum Begriff der gesetzlichen Zweckbestimmung keine Legaldefinitionen. Vielmehr wird – wie der Vergleich mit § 1 TKG zeigt – der Sinn- und Bedeutungsgehalt dieses Begriffs vom Gesetzgeber als allgemein bekannt vorausgesetzt.

Trotz der aufgezeigten Schwierigkeiten wurde in der Vergangenheit auch in der juristischen Literatur versucht, den Zweckbegriff rechtstheoretisch zu erfassen. Besondere Schwierigkeiten bereitet dabei das Verhältnis zwischen dem Ziel und dem Zweck menschlichen Handelns, da beide Aspekte letztlich eine finale Ausrichtung aufweisen. Angesichts der Komplexität dieses Problemkreises soll an dieser Stelle, ausgehend von unten aufgeführten Prämissen, lediglich eine vereinfachte, jedoch für die folgende Untersuchung taugliche Begriffsbestimmung vorgenommen werden.[26]

3. *Versuche einer Differenzierung zwischen "Ziel" und "Zweck"*

Eine grundlegende Erörterung zum Zweckbegriff findet sich bei *Luhmann*[27], der jedoch die Begriffe "Ziel" und "Zweck" synonym verwendet. Ausgehend von *Luhmanns* systemtheoretischem Ansatz unternimmt *Kraatz*[28] den Versuch einer Abgrenzung dieser beiden Begriffe. Anknüpfungspunkt seiner Überlegungen ist – wie bei *Luhmann* – das menschliche Handeln, wobei unter Handlung jedes sinnhaft orientierte menschliche Verhalten[29] oder, anders formuliert, ein von Logik getragener Vorgang verstanden wird, der sich nach außen hin als die Mitteilung des Ergebnisses einer Informationsverarbeitung darstellt.[30] Zu Beginn solch sinnhaft orientierten Handelns steht folgerichtig die Festlegung, was getan werden soll und wozu es

---

24 Vgl. Duden, Band 1, Rechtschreibung, 21. Aufl. 1996: "Zweck"; zur sprachhistorischen Entwicklung vgl. Duden, Etymologie: "Zweck", 1997.

25 Vgl. *N. Luhmann*, Zweckbegriff und Systemrationalität, S. 1.

26 Vgl. weiterführend insbesondere die Abhandlung von *R. v. Jhering* – einem Vertreter der Handlungslehre –, Der Zweck im Recht, Band I. Eine soziologische Betrachtung zur Funktion der Zweckorientierung in sozialen System findet sich bei *N. Luhmann*, Zweckbegriff und Systemrationalität, S. 1 ff. Er bestimmt sie als Reduktion von Komplexität, als Vereinfachung, die das System handlungsfähig macht, und wendet sich gegen die schematisierte Vereinfachung des Zweckbegriffs durch die Handlungslehre, die den Zweck einer konkreten Handlung als den Teil der Handlungsstruktur versteht, der dem Ganzen seinen Sinn und seine Rechtfertigung gibt, dabei jedoch nach Ansicht von *Luhmann* nicht den Einfluss von Handlungssystemen, d. h. von Systemen, die aus konkreten Handlungen eines oder mehrerer Menschen gebildet sind und sich durch Sinnbeziehungen zwischen diesen Handlungen von einer Umwelt abgrenzen, berücksichtigt. Kritik an der Handlungslehre übt auch *H. Schelsky*, Die Soziologen und das Recht, S. 147 ff.

27 Vgl. *N. Luhmann*, Zweckbegriff und Systemrationalität, S. 1 ff.

28 Vgl. *S. Kraatz*, Die Zweckambivalenz des Gentechnikgesetzes, S. 26 f.

29 So auch *N. Luhmann*, Zweckbegriff und Systemrationalität, S. 1.

30 Vgl. *N. Luhmann*, Theorie der Verwaltungswissenschaft, S. 69.

getan werden soll. Nach Auffassung von *Kraatz* beginnt daher der optimale Handlungsvorgang mit der Festlegung des Zwecks und des Ziels des Handelns. Der Zweck lege die "Causa" des Handelns fest, er sei die gedankliche Vorgabe des weiteren Handelns bzw. die Antwort auf die Frage, wozu etwas getan werden soll. Handlungszwecke seien danach intern gesetzte Wertvorstellungen, die das Handeln erfüllen sollen, zweckgerichtetes Tun ein typischer Vorgang menschlichen Verhaltens.[31] Demgegenüber sei das Ziel der angestrebte Zustand, der durch das Handeln erreicht werden solle, um den Zweck zu erfüllen. Der Handlungsvorgang setze mit der Zwecksetzung als Wertsetzung über Handlungen ein und werde am Ende durch die Zielsetzung konkretisiert, soweit keine Unterbrechung den idealen Handlungsablauf störe. Letztlich subsumiert er jedoch den Begriff der Zielbestimmung unter den der Zweckbestimmung bzw. setzt diese Begriffe wegen der dogmatischen Verwandtschaft von Zweck und Ziel gleich.[32]

Gegen eine solche vereinfachende Gleichsetzung speziell für die Festlegung von *Gesetzeszielen* und *Gesetzeszwecken* wehrt sich dagegen *Hugger*. Nach seiner Ansicht gibt der Zweck des Gesetzes an, worin die Wirkung einer gesetzlich vorgesehenen Maßnahme bestehen soll. Demgegenüber beschreibe das Ziel eines Gesetzes die Wirkungsfolge und vergleiche diese mit dem angestrebten Sollzustand.[33] Die Notwendigkeit zu einer genauen Unterscheidung zwischen Zweck und Ziel eines Gesetzes gründet sich nach dieser Ansicht auf die hieraus resultierenden Vergleichsbezüge für die Tauglichkeitskontrolle der Instrumente.[34]

4. *Vereinfachende Gleichsetzung von "Ziel" und "Zweck"*

Dennoch bietet sich auch für die hier zu untersuchenden Ziel- und Zweckbestimmungen des Telekommunikationsgesetzes eine vereinfachende Gleichsetzung von Ziel- und Zwecksetzung des Telekommunikationsgesetzes an. Zwar hat der Gesetzgeber scheinbar durch die unterschiedliche Verwendung der Begriffe in § 1 und § 2 Abs. 2 TKG eine Differenzierung vorgegeben. Dies schließt jedoch keineswegs aus, diese Begriffe dessen ungeachtet inhaltlich gleichzusetzen. Schließlich wurde auch im Gesetzgebungsverfahren eine durchgängig konsequente Differenzierung zwischen den Begriffen "Ziel" und "Zweck" nicht vorgenommen. So heißt es beispielsweise in der Begründung des Gesetzentwurfs zu dem in § 1 bestimmten *Zweck* des Gesetzes wörtlich:

---

[31] *N. Luhmann*, Zweckbegriff und Systemrationalität, S. 195, definiert den Zweck als "eine zu bewirkende Wirkung, die als Leitfaden für die Ermittlung geeigneter Mittel und für die Rechtfertigung der gewählten Mittel den Entscheidungsprozess zwar nicht determiniert, aber doch in Grenzen fasst. Auch nach dem Verständnis der überlieferten Handlungslehre, die den Zweckbegriff von der Einzelhandlung her konzipierte, ist der Zweck der Handlung als Teil der Handlungsstruktur zu begreifen, der dem Ganzen seinen Sinn und seine Rechtfertigung gibt und an dessen Ende ein vom Willen und Bewusstsein angestrebtes Ziel steht, vgl. ebd., S. 10.

[32] Dies wohl auch deshalb, da Gegenstand der Untersuchung von *Kraatz* allein die Zweckbestimmungen des Gentechnikgesetzes sind und dieses über die Zweckbestimmungen des § 1 GenTG hinaus keine weitergehenden Zielbestimmungen trifft. Zudem verweist *Kraatz* zu Recht darauf, dass eine Unterscheidung von Zweck und Ziel in den verschiedenen Fachsprachen nicht üblich sei.

[33] Vgl. *W. Hugger*, Gesetze – Ihre Vorbereitung, Abfassung und Prüfung, S. 165.

[34] Ebd., S. 166.

> "Zentrales *Ziel* des Gesetzes ist es, durch Regulierung im Bereich der Telekommunikation die Rahmenbedingungen so zu gestalten, dass funktionsfähiger Wettbewerb entstehen kann."[35]

Auch an anderer Stelle bezeichnet die Begründung zum Gesetzentwurf im Zusammenhang mit dem Zweck des Gesetzes die Förderung eines funktionsfähigen Wettbewerbs als ein Ziel.[36] Vor diesem Hintergrund erscheint es für die weitere Untersuchung als zulässig, keine inhaltliche Differenzierung hinsichtlich des Ziel- und Zweckbegriffs vorzunehmen, sondern allein aus Gründen der Übersichtlichkeit, den Begriff der Zweckbestimmung ausschließlich im Zusammenhang mit der Regelung des § 1 TKG und demgegenüber den Begriff der Zielbestimmung ausschließlich im Kontext des § 2 Abs. 2 TKG zu verwenden.[37]

5. Ergebnis

Anhand der oben dargestellten Überlegungen und Prämissen lässt sich folglich die gesetzliche Zweckbestimmung des § 1 TKG vereinfacht als (Leit-)Faden bezeichnen, der angibt, worin die Wirkungen der gesetzlich vorgesehenen Maßnahmen bestehen sollen, und der den Grund des gesetzlichen Handelns markiert, an dem sich diese Maßnahmen auszurichten haben.

IV. Gesetzessystematische Einordnung der Zweckbestimmungen im Überblick

1. Zweckbestimmungen als Gesetzestechnik

Vor allem in den neueren Gesetzen, die ausschließlich dem öffentlichen Recht[38] zuzuordnen sind, finden sich vielfach in den ersten Paragraphen einleitende Vorschriften, die die Hauptintension des Gesetzes voranstellen.[39] Gerade in der bundesdeutschen Umwelt- und Technikgesetzgebung[40], aber auch im Bereich des Wirtschaftsrechts,[41] ist die Verwendung von legislativen Ziel- bzw. Zweckbestimmungen nichts Ungewöhnliches.[42]

---

35 Vgl. die Begründung zum Entwurf eines Telekommunikationsgesetzes der Bundesregierung, BT-Drs. 13/4438, inhaltsgleich mit dem Gesetzentwurf der Fraktionen der CDU/CSU, SPD und FDP (vgl. S. 4), BT-Drs. 13/3609, S. 36 ("Zu § 1 [Zweck des Gesetzes]").

36 Vgl. ebd., S. 34 ("Zweck des Gesetzes").

37 Auch *B. Krems*, Grundfragen der Gesetzgebungslehre, S. 118, geht von einem einheitlichen, umfassenden Begriff aus, der entsprechend dem jeweiligen analytischen Bedarf durch Zusätze präzisiert und differenziert werden kann.

38 Zur Problematik der Einordnung in die Privatwirtschaft eingreifender Gesetze unter den Begriff des öffentlichen Rechts vgl. *H. Höger*, Zweckbestimmungen, S. 37, m. w. N.

39 Bei der vergleichsweise jungen Umweltgesetzgebung gilt dies sogar für die Mehrzahl der Gesetze; vgl. hierzu *M. Kloepfer/K. Meßerschmidt*, Innere Harmonisierung des Umweltrechts, S. 57; *Hill*, in: Gesetzesvorspruch, S. 10.

40 Vgl. beispielsweise § 1 AtomG, § 1 BWaldG, § 1 BImSchG, § 1 BNatSchG, § 1 ChemG, § 1 PflSchG, § 1 Benzinbleigesetz (BzBlG) v. 05.08.1971 (BGBl. I, S. 1234, zuletzt geändert durch Gesetz v. 14.12.1976, BGBl. I, S. 3341).

41 *W. Kilian*, Juristische Entscheidung und elektronische Datenverarbeitung, S. 199; vgl. auch *H. Höger*, Zweckbestimmungen, S. 25 f.

42 Zur Problematik der Vorsprüche in der Gesetzgebung des Nationalsozialismus vgl. nur *S. Kraatz*, Die Zweckambivalenz im Gentechnikrecht, S. 42 ff; *H. Höger*, Zweckbestimmungen, S. 51 ff. Zu den Gesetzes-

Die stetigen Veränderungen der Wirtschaftsparameter machen eine flexible Verwaltungshandlungen ermöglichende Gesetzestechnik für den Bereich der Wirtschaftssteuerung und -förderung erforderlich.[43] Die Gesetzeszweck-Technik reiht sich dabei neben die klassisch formalen, gesetzlichen Instrumentarien wie z. B. Anzeigepflicht, Untersagungsermächtigung oder präventives Verbot mit Erlaubnisvorbehalt ein.[44] Die einleitende Vorschrift des § 1 TKG legt in diesem Sinne das gesetzliche Regelungsinstrumentarium offen, nämlich u. a. situationsbezogen durch regulierende, d. h. punktuell wirksame Verwaltungsmaßnahmen auf die Wettbewerbsordnung der Telekommunikationsmärkte Einfluss zu nehmen.

2. *Zweckbestimmungen als Leitprogramm*

Mit der Stellung der Zweckbestimmungen zu Beginn des normativen Gesetzesteils handelt es sich bei diesen um zwingende gesetzliche Vorschriften, die in einem ordentlichen Gesetzgebungsverfahren erlassen worden sind.[45] Nach dem strikt einzuhaltenden Gebot des Vorrangs des Gesetzes gehen auch die Zweckbestimmungen des Telekommunikationsgesetzes den darauf basierenden Verwaltungsakten und Rechtsverordnungen vor. Primäre Aufgabe der zweckbestimmenden Vorschrift ist daher, nicht nur den oder die Grundgedanken des Gesetzes herauszustellen, sondern auch durch diese Akzentuierung eine Auslegungshilfe für den Vollzug der jeweiligen Einzelbestimmungen zu liefern. Insoweit geben die Zweckbestimmungen ein Programm vor, an dem sich das gesamte Verwaltungshandeln auszurichten hat.[46] Hieraus resultiert die typische Verwendung von Zweckbestimmungen im Zusammenhang mit der Errichtung von Verwaltungsbehörden, wie hier der Regulierungsbehörde für Telekommunikation und Post (RegTP),[47] durch die üblicherweise die Zuweisung eines Aufgabenbereichs erreicht werden soll.[48]

3. *Stärkung der gesetzgeberischen Motive*

Zusätzlich eröffnet dem Gesetzgeber die Verwendung einer Zweckbestimmung im Allgemeinen die Möglichkeit, Anlass und Hintergrund der Gesetzgebung in den positiven Gesetzestext mit aufzunehmen und so die normative Wirkung der Gesetzgebungsmotive zu stärken.[49] Von dieser Möglichkeit hat der Gesetzgeber im Falle des Telekommunikationsgesetzes zumindest partiell Gebrauch gemacht. Wie beispielsweise das Vorblatt des Entwurfs der Bundesregie-

---

einleitungen in der Rechtsgeschichte vgl. ebd., S. 15 ff. Zu den verschiedenen Auffassungen in der Rechtswissenschaft zur Bedeutung der Zweckbestimmungen vgl. ebd., S. 39 ff.

43 Vgl. *W. Vitzthum/T. Geddert-Steinacher*, Der Zweck im Gentechnikrecht, S. 15.

44 Vgl. ebd., S. 14. Zu den verschiedenen Regelungsfeldern und ihren Anwendungsfeldern vgl. ebd., S. 18 ff.

45 Vgl. *Hill*, in: Gesetzesvorspruch, S. 10; so auch *H. Höger*, Zweckbestimmungen, S. 14. Folglich werden vom Begriff der "Leitvorschrift" die sog. Präambeln nicht erfasst, da diese nicht im eigentlichen normativen Teil des Gesetzes enthalten sind. Literaturnachweise zu den Präambeln finden sich bei *S. Kraatz*, Die Zweckambivalenz des Gentechnikgesetzes, S. 26, Fn. 50.

46 Vgl. ebd., S. 35. Dies gilt in gleicher Weise für das Verordnungsrecht wie für den Bereich sonstigen Verwaltungshandelns, z. B. durch einen Verwaltungsakt.

47 Nachfolgend als "Regulierungsbehörde" bezeichnet.

48 Vgl. *H. Höger*, Zweckbestimmungen, S. 33.

49 Vgl. nur *Herdegen*, in: Beck'scher PostG Komm., § 1, Rdnr. 1. Zur Aufwertung der subjektiven bzw. historisch-genetischen Auslegung infolge gesetzlich normierter Gesetzgebungsmotive vgl. auch *M. Kloepfer/K. Meßerschmidt*, Innere Harmonisierung des Umweltrechts, S. 57.

rung zum Telekommunikationsgesetz zeigt, war das mit diesem Gesetzentwurf verfolgte gesetzgeberische Motiv die Bereitstellung der rechtlichen Rahmenbedingungen, um den verfassungsrechtlichen Auftrag zu erfüllen, über Wettbewerb den Zugang von Wirtschaft und Verbrauchern zu modernen, preiswerten und leistungsfähigen Telekommunikationsnetzen und zu entsprechenden Telekommunikationsdienstleistungen zu gewährleisten.[50] Gleichzeitig sollten mit diesem Gesetz die europäischen Entscheidungen zur Liberalisierung der Telekommunikationsmärkte umgesetzt und so den Marktteilnehmern die notwendige Rechts- und Planungssicherheit verschafft werden.[51]

Zwar nimmt § 1 TKG weder ausdrücklich auf den verfassungsrechtlichen Auftrag (Art. 87f GG) noch auf die vorgenannten europäischen Entscheidungen ausdrücklich Bezug. Dennoch hat die Legislative die verfassungsrechtlich begründete Pflicht zur Gewährleistung eines Universaldienstes entsprechend Art. 87f Abs. 1 GG in das Telekommunikationsgesetz – wenn auch in den §§ 1 und 2 Abs. 2 Nr. 3 TKG nicht einheitlich formuliert – übernommen. Ebenso betont die Begründung des vorgenannten Gesetzentwurfs ausdrücklich, dass § 1 TKG auch den Bezug zu Art. 87f GG herstellen soll.[52] Zudem taucht das auf europäischen Vorgaben basierende Postulat eines offenen und fairen Wettbewerbs – wiederum im Wortlaut variierend – in § 1 und § 2 Abs. 2 Nr. 2 TKG auf. Diese Gesetzgebungsmotive erfahren nicht nur bei der Auslegung des Gesetzes dank der ausdrücklichen gesetzlichen Normierung die weiter unten ausführlich aufgezeigte Aufwertung.[53]

4. *Keine selbständig vollzugsfähigen Regelungen*

Nach allgemeiner Auffassung stellen die Zweckbestimmungen regelmäßig keine selbständig vollzugsfähigen Regelungen dar, sondern entfalten ihre Bindungswirkung erst im Zusammenspiel mit anderen gesetzlichen Bestimmungen.[54] Trotz der verfassungs- und europarechtlichen Bezüge gilt dies gleichermaßen für die Zwecksetzungen des § 1 TKG wie für die Ziele der Regulierung nach § 2 Abs. 2 TKG. Die Formulierung der Gesetzeszwecke wie die der Regulierungsziele ist so allgemein gehalten, dass hieraus wegen fehlender Bestimmtheit weder Rechte noch Pflichten der Adressaten abgeleitet werden können. Zwar werden die allgemeinen Zweck- und Zielvorgaben teilweise durch die in § 3 TKG getroffenen Legaldefinitionen näher konkretisiert, gleichwohl bleiben auch die gesetzlichen Konkretisierungen zu vage, da auch diese die in den Zweck- und Zielbestimmungen enthaltenen unbestimmten Rechtsbegriffe wiederum mit unbestimmten Rechtsbegriffen zu erläutern suchen. Exemplarisch sei hier auf die Legaldefinition des § 3 Nr. 16 TKG zum zentralen Begriff der "Telekommunikation" hingewiesen, der als der technische "Vorgang des Aussendens, Übermittelns und Empfangens von Nachrichten jeglicher Art in der Form von Zeichen, Sprache, Bildern oder Tönen mittels

---

50 Vgl. die Begründung zum TKG-E, BT-Drs. 14/4438, S. 2 bzw. BT-Drs. 13/3609, S. 2 ("B. Lösung").

51 Vgl. die Begründung zum TKG-E, BT-Drs. 13/4438, S. 4 i. V. m. BT-Drs. 13/3609, S. 34 ("Notwendigkeit eines neuen Gesetzes").

52 Ebd., S. 36 ("Zu § 1 Zweck des Gesetzes").

53 Wie die gesetzgeberischen Motive im Einzelnen von der gesetzlichen Zweckbestimmung aufgegriffen werden, wird ausführlich unten bei der Untersuchung der einzelnen Zweckbestimmungen erläutert, vgl. unten Kap. C.

54 *W. Hoppe/M. Beckmann*, Umweltrecht, § 5; Rdnr. 1; *M. Kloepfer/K. Meßerschmidt*, Innere Harmonisierung des Umweltrechts, S. 57.

Telekommunikationsanlagen" beschrieben wird.[55] Während die Tatbestandsmerkmale "Aussenden", "Übermitteln", "Empfangen" und "Nachrichten" keine weitere gesetzliche Konkretisierung erfahren, erläutert dagegen § 3 Nr. 17 TKG den Begriff der "Telekommunikationsanlagen".[56] Jedoch stellt auch diese Legaldefinition nur unscharf auf "technische Einrichtungen oder Systeme" ab. Welche Bindungswirkung dennoch die hier zu untersuchenden Zwecksetzungen des Telekommunikationsgesetzes im Zusammenhang mit den übrigen telekommunikationsrechtlichen Bestimmungen im Einzelnen entfalten, wird ebenfalls eingehend unten aufgezeigt.

5. *Formale Kennzeichen der Zweckbestimmungen*

Generell können Zweckbestimmungen sowohl positiv[57] als auch negativ formuliert werden, indem sie entweder den durch das Regelungswerk angestrebten (positiven) Zustand oder die (negativen) Beeinträchtigungen beschreiben, denen das Regelungswerk begegnen soll[58]. Der Gesetzgeber hat sich im Falle des Telekommunikationsgesetzes durchweg für eine positive Formulierung der Gesetzeszwecke entschieden. Gleiches gilt auch für die Ziele der Regulierung gemäß § 2 Abs. 2 TKG.

Hill weist zu Recht darauf hin, dass die positive Formulierung einer Zweckbestimmung häufig Schwierigkeiten bereitet, da es in der Regel einfacher ist, einen Konsens darüber zu erzielen (und diesen auch zu formulieren), was man nicht beabsichtigt hat oder vermeiden will.[59] Trotz dieser Schwierigkeiten ist eine positive gesetzliche Ziel- bzw. Zweckbestimmung wünschenswert. Schließlich erleichtert die positive Formulierung eines gesetzlichen Zwecks die Kontrolle des mit dem Regelungswerk insgesamt angestrebten Erfolgs. Eine Diskussion, ob beispielsweise das Telekommunikationsgesetz letztlich einer oder gegebenenfalls sogar allen seinen Zwecksetzungen gerecht wird, wird durch die positive Formulierung der Diskussionsgegenstände jedenfalls erleichtert.

V. Gang der Untersuchung

Die nachfolgende Untersuchung gliedert sich in vier Abschnitte. Zunächst werden die zentralen Begriffe des Telekommunikationsgesetzes "Telekommunikation" und "Regulierung" erläutert, da sie ausdrücklich im Normtext des § 1 TKG auftauchen und für das Verständnis der Zweckbestimmungen wesentlich sind. Im zweiten Abschnitt wird dann auf die gesetzlichen Zwecke im Einzelnen einzugehen sein. Hier werden Inhalt, Umfang und Reichweite der

---

55 Zur Bestimmung des Telekommunikationsbegriffs vgl. unten Kap. B.I.

56 Danach handelt es sich bei Telekommunikationsanlagen um "technische Einrichtungen oder Systeme, die als Nachrichten identifizierbare elektromagnetische oder optische Signale senden, übertragen, vermitteln, empfangen, steuern oder kontrollieren können".

57 Zur positiven Zieldefinition vgl. *P. Noll*, Gesetzgebungslehre, S. 72 ff., *Blasius*, Vr 1979, 408 (414); *B. Krems*, Grundfragen der Gesetzgebungslehre, S. 116 ff.

58 So auch *W. Hoppe/M. Beckmann*, Umweltrecht, § 5; Rdnr. 1, und *M. Kloepfer/K. Meßerschmidt*, Innere Harmonisierung des Umweltrechts, S. 57, für die positive Formulierung eines angestrebten Umweltzustands bzw. für die negative Formulierung einer nicht gewünschten Umweltbeeinträchtigung in der Umweltgesetzgebung.

59 *H. Hill*, Einführung in die Gesetzgebungslehre, S. 69 f.

Zweckbestimmungen einschließlich ihrer einfachgesetzlichen Umsetzung und die verfassungsrechtlichen und supranationalen Bezüge der Zwecksetzungen sowie das Verhältnis der gesetzlichen Zwecke zueinander einer Untersuchung unterzogen. Im dritten Abschnitt wird speziell auf die verfassungsrechtliche Problematik der Hauptzwecksetzung des Gesetzes, namentlich der Gewährleitung flächendeckend angemessener und ausreichender Telekommunikationsdienstleistungen im Wettbewerb eingegangen. Der vierte Abschnitt befasst sich schließlich mit den praktischen Auswirkungen der Zweckbestimmungen für die Arbeit mit dem Telekommunikationsgesetz.

B. Zentralbegriffe der Zweckbestimmung

§ 1 TKG sieht vor, dass sich die mit dem Gesetz verfolgte *Regulierung* auf den *Bereich der Telekommunikation* beziehen soll.[60] Der sachliche[61] Anwendungsbereich des Telekommunikationsgesetzes orientiert sich dementsprechend an der Reichweite der sektorspezifischen staatlichen Einflussnahme und somit letztlich am Umfang der Begriffe "Telekommunikation" und "Regulierung".[62] Die Formulierung "... im Bereich der ..." lehnt sich offensichtlich an den Text des Art. 87f Abs. 1 GG an.[63] Aus der vorgenannten Formulierung wird gleichzeitig auch ersichtlich, dass grundsätzlich von einem weiten Verständnis des Telekommunikationsgesetzes hinsichtlich des Begriffs "Telekommunikation" auszugehen ist.[64] Inhalt und Reichweite der gesetzlichen Zentralbegriffe "Telekommunikation" und "Regulierung" werden nachfolgend untersucht.

I. Inhalt und Umfang des Begriffs "Telekommunikation"

Der Begriff "Telekommunikation" wird nunmehr landläufig gebraucht.[65] Bereits 1986 hat er Eingang in die bundesdeutsche Rechtssprache gefunden.[66] Dennoch unterlag dieser Terminus in der Vergangenheit unterschiedlichsten Definitionen.[67] So wurde als Telekommunikation die Kommunikation zwischen Menschen, Maschinen und anderen Systemen mit Hilfe von nachrichtentechnischen Übertragungsverfahren bezeichnet.[68] Teilweise wurde dies dahingehend ergänzt, dass es sich bei der Telekommunikation um die Übermittlung von Sprache, Text, Bildern und Daten in der Form der Individual- oder Massenkommunikation mittels neuer Medien bzw. neuer Kommunikationstechniken handele oder dass Telekommunikation im engeren Sinne die Kommunikation sei, die über Hör- und Sichtweite hinausgehe.[69] Zusätzlich wurde darauf verwiesen, dass das Wort aus dem Ausland übernommen und in seiner Be-

---

[60] Die bis zum 31.12.1997 bestandenen Abgrenzungsschwierigkeiten zum Gesetz über die Regulierung der Telekommunikation und des Postwesens – PTRegG – vom 14.09.1994 (BGBl. 1994 I, S. 2325, 2371 ff., 1996 I, S. 103), geändert durch § 99 Abs. 2 des Gesetzes vom 25.07.1996 (BGBl. 1996 I, S. 1120) haben sich nunmehr erledigt. Die weiteren Grundlagen der Regulierung neben dem Telekommunikationsgesetz bildeten das PTRegG und das Gesetz über Fernmeldeanlagen – FAG – in der Fassung der Bekanntmachung vom 03.07.1989 (BGBl. 1989 I, S. 1455), zuletzt geändert durch § 99 Abs. 1 des Gesetzes vom 25.07.1996 (BGBl. 1996 I, S. 1120). Diese waren aber jeweils nur bis zum 31.12.1997 befristet (siehe § 23 PTRegG sowie § 28 FAG). Zur Diskussion im Gesetzgebungsverfahren vgl. die Stellungnahme des Bundesrates zum TKG-E (BT-Drs. 13/4438, S. 27, Nr. 114 ["Zu § 97 Abs. 1 in Verbindung mit § 96 Abs. 2"]) und die Gegenäußerung der Bundesregierung (BT-Drs. 13/4438, S. 41 ["Zu Nummer 114"]).

[61] Zum zeitlichen Geltungsbereich des Telekommunikationsgesetzes vgl. *K. Windthorst*, Universaldienst, S. 408 ff.

[62] Auch *Windthorst* geht davon aus, dass der sachliche Geltungsbereich des Gesetzes durch den in § 1 hervorgehobenen Gesetzeszweck eingegrenzt wird, vgl. ebd., S. 405.

[63] Zur Funktion dieser Formulierung auf Verfassungsebene als Bindeglied zwischen den Merkmalen "Dienstleistungen" und "Telekommunikation" vgl. ebd., S. 242.

[64] So auch *Lampert*, WuW 1998, 27 (35).

[65] Zur Entwicklung des Begriffs "Telekommunikation" vgl. auch *K. Windthorst*, Universaldienst, S. 8 ff.

[66] Vgl. hierzu die Verordnung über die Bedingungen und Gebühren für die Benutzung der Einrichtungen des Fernmeldewesens (Telekommunikationsordnung – TKO), BGBl. 1986 I, S. 1749 ff.

[67] Zu den überholten Ordnungsmodellen vgl. auch *K. Windthorst*, Universaldienst, S. 55 ff.

[68] Vgl. *B. Köbele*, Fernmeldewesen und Telematik in ihrer rechtlichen Wechselwirkung, S. 29, m. w. N.

[69] Vgl. ebd., S. 29 f.

deutung ähnlich den deutschen Begriffen "Nachrichtentechnik", "Fernmeldewesen" und "Nachrichtenübertragung" sei.[70] Es existierten aber auch noch engere Definitionen dieses Begriffs.[71]

1. Einfachgesetzlicher Telekommunikationsbegriff

a) Legaldefinition des § 3 Nr. 16 TKG

Das Telekommunikationsgesetz nimmt in § 3 Nr. 16 erstmalig in der bundesdeutschen Rechtsordnung eine eigene, positivgesetzliche Bestimmung des Begriffs "Telekommunikation" vor. Diese Legaldefinition soll sich nach dem Gesetzeswortlaut ausdrücklich ausschließlich auf das Telekommunikationsgesetz ("im Sinne des Gesetzes") beziehen.[72] Danach wird Telekommunikation als "der technische Vorgang des Aussendens, Übermittelns und Empfangens von Nachrichten jeglicher Art in der Form von Zeichen, Sprache, Bildern oder Tönen mittels Telekommunikationsanlagen" bezeichnet. Unter "Telekommunikationsanlagen" versteht das Gesetz wiederum "technische Einrichtungen oder Systeme, die als Nachrichten identifizierbare elektromagnetische oder optische Signale senden, übertragen, vermitteln, empfangen, steuern oder kontrollieren können" (§ 3 Nr. 17 TKG).

Den Definitionskatalog des § 3 TKG hielt der Gesetzgeber im Interesse der Rechtssicherheit für erforderlich. An frühere Begriffsbestimmungen des Fernmeldeanlagengesetzes sollte bewusst nicht angeknüpft werden.[73] In der Begründung zum Gesetzentwurf heißt es dazu wörtlich:

> "Die Definitionen zu den Begriffen "Telekommunikation", "Telekommunikationsdienstleistungen" und "Telekommunikationsnetz" sollen unterstreichen, dass es sich bei der Telekommunikation um die Übermittlung von Nachrichten handelt. Dabei ist unerheblich, welcher Art die Nachrichten (z. B. menschliche Sprache oder Rundfunkprogramme) und welcher Art die verwendeten technischen Systeme sind. Durch die Verwendung dieser Begriffe im Gesetz soll sichergestellt werden, dass die Regelungen sich ausschließlich auf die Übermittlungsmöglichkeiten der Telekommunikation beziehen und nicht auf die Nachrichteninhalte. Damit ist gleichzeitig eine klare Abgrenzung des Gesetzes als Telekommunikationsgesetz gegenüber dem Rundfunkrecht, das insoweit unberührt bleibt, gegeben."[74]

---

70 Vgl. ebd., S. 30.

71 So stellt *D. Ratzke*, Handbuch der neuen Medien, S. 17, in Abgrenzung zu den Neuen Medien für den Bereich der Telekommunikation auf das beidseitige Kommunizieren über eine durch technische Mittel aufgehobene Distanz ab. Dagegen umschreiben *W. Carl/J. J. Amkreutz*, Wörterbuch der Datenverarbeitung, Band 2, L–Z, mit dem Begriff "telecommunication" nur die Datenfernverarbeitung.

72 Mit umfasst sind gleichwohl auch die auf der Grundlage des Telekommunikationsgesetzes erlassenen zahlreichen Rechtsverordnungen. Vgl. hierzu unten Kap. E.IV.1.

73 Vgl. die Begründung zum TKG-E, BT-Drs. 13/4438, S. 4, i. V. m. BT-Drs. 13/3609, S. 37 ("Zu § 3 [Begriffsbestimmung]").

74 Vgl. ebd., S. 37 ("Zu § 3 [Begriffsbestimmung]").

b) Negative Begrenzung der Telekommunikation durch den Rundfunk

Hinter letzterer Aussage zur angeblich "klaren" Abgrenzungsfunktion verbirgt sich kein unbekanntes Problem. Die vielschichtigen Verschränkungen zwischen dem Bereich des Fernmeldewesens (nunmehr: der Telekommunikation) und dem Rundfunkwesen waren in der Vergangenheit und sind gegenwärtig wieder Gegenstand zahlreicher rechtlicher Kontroversen.[75] So ist etwa die Frage nach der grundsätzlichen Anwendbarkeit des Telekommunikationsgesetzes auf die Übertragung von Rundfunksignalen über Breitbandkabelnetze umstritten.[76]

Der Schutz der Belange des Rundfunks war auch im Gesetzgebungsverfahren eines der Anliegen des Bundesrates. In seiner Stellungnahme zum Gesetzentwurf[77] forderte der Bundesrat zahlreiche hierauf gerichtete Ergänzungen, die jedoch überwiegend von der Bundesregierung[78] als unnötig zurückgewiesen wurden und auch größtenteils nicht Eingang in die Beschlussempfehlung des Ausschusses für Post und Telekommunikation[79] gefunden haben. Auch in der Anrufung des Vermittlungsausschusses durch den Bundesrat rügte dieser, dass das Telekommunikationsgesetz die Belange des Rundfunks nur unzureichend berücksichtige und es insbesondere weiterer Vorkehrungen für die Mitwirkung der Länder bei der Frequenzverwaltung bedürfe.[80]

Im Einzelnen drängte der Bundesrat im Gesetzgebungsverfahren etwa darauf, in § 1 TKG folgenden Satz anzufügen:

> "Dabei sind die Belange des Rundfunks zu berücksichtigen."[81]

Begründet hat der Bundesrat diese Ergänzung mit dem Wegfall der zuvor *unmittelbar* geltenden verfassungsrechtlichen Infrastruktursicherungsgarantie gegenüber den Nachfolgeunternehmen der Deutschen Bundespost. Art 87f Abs. 1 GG sieht nunmehr nur noch vor, dass der Bundesgesetzgeber im Telekommunikationsbereich flächendeckend angemessene und ausreichende Dienstleistung zu gewährleisten hat. Nach Ansicht des Bundesrates gilt dies auch für die Gewährleistung der Infrastruktur für die Versorgung der Bevölkerung mit Rundfunk. Nachdem diese Belange in der Vergangenheit vom Hoheitsträger Deutsche Bundespost bzw. später von der Deutschen Telekom AG (DT AG) als staatliche Monopolunternehmen kraft unmittelbar geltenden Verfassungsrechts berücksichtigt worden wären, bedürfe es jetzt anlässlich der Marktöffnung und bei dem Hinzutreten weiterer privater Betreiber von Telekommunikationseinrichtungen einer ausdrücklichen gesetzlichen Regelung, da diese Unternehmen auch weiterhin die Belange des Rundfunks nach den Vorgaben der Länder zu berücksichtigen

---

[75] Vgl. hierzu die Ausführungen zum verfassungsrechtlichen Telekommunikationsbegriff unter Kap. B.I.2.

[76] Vgl. zum Streitstand *Libertus*, K&R 1999, 259 (259 ff.).

[77] Vgl. Stellungnahme des Bundesrates, BT-Drs. 13/4438, Anlage 2, S. 5–28.

[78] Vgl. Gegenäußerung der Bundesregierung zur Stellungnahme des Bundesrates, BT-Drs. 13/4438, Anlage 3, S. 29–41.

[79] Vgl. Beschlussempfehlung und Bericht des Ausschusses für Post und Telekommunikation (17. Ausschuss), BT-Drs. 13/4864 (neu).

[80] Vgl. Unterrichtung durch den Bundesrat, hier: Anrufung des Vermittlungsausschusses, BT-Drs. 13/4938, S. 2.

[81] Vgl. Stellungnahme des Bundesrates, BT-Drs. 13/4438, Anlage 2 ("Zu den einzelnen Vorschriften, 7. Zu § 1"), S. 6.

hätten und nur so die vom Bundesverfassungsgericht in ständiger Rechtsprechung seit dem ersten Rundfunkurteil vom 28.01.1961[82] betonte "dienende Funktion" des Fernmelde- bzw. Telekommunikationswesens weiterhin Geltung beanspruchen könne.[83]

Diesem Ergänzungsvorschlag stimmte die Bundesregierung nicht zu, mit dem Argument, dass die Hervorhebung eines einzelnen Bedarfsträgers im Rahmen der Darstellung des Gesetzeszwecks den nicht gewollten Eindruck erwecken würde, dass die Belange anderer Bedarfsträger nicht oder mit gegenüber dem Rundfunk geringerem Gewicht zu berücksichtigen seien.[84]

Außerdem forderte der Bundesrat in diesem Zusammenhang auch, in den Katalog des Regierungsentwurfs unter Nr. 4[85] zusätzlich folgendes Regulierungsziel einzufügen:[86]

> "(2) Ziele der Regulierung sind: (...)
> 4. Die Sicherstellung der Übertragungswege für die Rundfunkversorgung, ..."

Zu § 2 Abs. 2 Nr. 4 der Regierungsvorlage ging der Bundesrat davon aus, dass der Begriff der "effizienten Frequenznutzung", soweit Rundfunkfrequenzen betroffen seien, unter den Vorbehalt der Maßgabe des Rundfunkrechts der Länder gestellt würde. Die sachliche und/oder räumliche Marktgröße könne im Rundfunkbereich ein ungeeignetes Kriterium sein. So könne es beispielsweise zur Aufgabenerfüllung des öffentlich-rechtlichen Rundfunks zwingend erforderlich sein, eine Kapazität für eine (kleinräumige) Versorgungslücke und für ein "Minderheitenprogramm" zu verwenden, auch wenn sie an anderer Stelle einen räumlich und sachlich größeren Markt bedienen könnte.[87]

Auch hiergegen führte die Bundesregierung an, dass das Telekommunikationsgesetz keine rundfunkrechtlichen Sachverhalte regele. Es betreffe ausschließlich die technischen Vorgänge der Nachrichtenübermittlung, unabhängig davon, welchen Inhalts die zu übermittelnden Nachrichten seien. Die Bundesregierung verwies in diesem Zusammenhang nochmals auf die Begriffsbestimmung in § 3 des Entwurfes zur "Telekommunikation" einschließlich der entsprechenden Begründung hierzu. Bei den Nachrichten könne es sich dementsprechend um menschliche Sprache, Bilder, Daten oder Töne – auch in der Form von Rundfunkprogrammen – handeln. Der in § 2 Abs. 2 Nr. 4 verwendete Begriff der effizienten Frequenznutzung unterliege ebenfalls diesem Verständnis und lasse die rundfunkrechtliche Zuständigkeit der Länder unangetastet.[88] Weiter führte die Bundesregierung zu diesem Vorschlag des Bundesrates aus, dass die Nennung der Sicherstellung der Übertragungswege für die Rundfunkversorgung als Regulierungsziel eine unter wettbewerblichen Bedingungen nicht gerechtfertigte Vorrechtstel-

---

82 Vgl. BVerfG, Urt. v. 28.02.1961, E 12, 205 ff.

83 Vgl. Stellungnahme des Bundesrates, BT-Drs. 13/4438, Anlage 2 ("Zu den einzelnen Vorschriften, 7. Zu § 1"), S. 6.

84 Vgl. Gegenäußerung der Bundesregierung zur Stellungnahme des Bundesrates, BT-Drs. 13/4438, Anlage 3 ("Zu Nummer 7"), S. 31.

85 Nr. 4 des Zielkatalogs des Regierungsentwurfs lautete: "4. die Sicherstellung einer effizienten und störungsfreien Nutzung von Frequenzen". Diese Nr. 4 des Regierungsentwurfs wäre nach dem Vorschlag des Bundesrates inhaltsgleich als 6. Regulierungsziel aufgeführt worden.

86 Vgl. Stellungnahme des Bundesrates, BT-Drs. 13/4438, Anlage 2 ("Zu den einzelnen Vorschriften, 8. Zu § 2 Abs. 2"), S. 7.

87 Vgl. ebd. ("Zu den einzelnen Vorschriften, 10. Zu § 2 Abs. 2"), S. 7.

88 Vgl. Gegenäußerung der Bundesregierung zur Stellungnahme des Bundesrates, BT-Drs. 13/4438, Anlage 3 ("Zu Nummer 10"), S. 31.

lung für den Rundfunk bedeute. Allerdings schlug die Bundesregierung entgegenkommend hierzu vor, die im Bereich der Frequenzverwaltung relevanten Rundfunkbelange in das Regulierungsziel des § 2 Abs. 2 Nr. 4 aufzunehmen und hier zu ergänzen:

> "..., auch unter Berücksichtigung der Belange des Rundfunks,"[89].

Der Rechtsausschuss schloss sich diesem Vorschlag der Bundesregierung an und betonte gleichfalls, dass der Begriff der effizienten Frequenznutzung die rundfunkrechtliche Zuständigkeit der Länder unangetastet lasse. Durch die entsprechende Ergänzung des Zielkatalogs solle dieser Tatbestand noch einmal besonders herausgestellt werden.[90]

Diese Kontroverse zeigt deutlich, dass der Gesetzgeber den gesamten Bereich des Rundfunks aus dem Anwendungsbereich des Telekommunikationsgesetzes bewusst ausgeklammert wissen wollte. Folglich wird der Anwendungsbereich des Telekommunikationsgesetzes durch den Bereich des Rundfunks negativ begrenzt. Gleichwohl ist zu berücksichtigen, dass gerade die Regelungen zur Frequenzordnung über den Bereich der sektorspezifischen Regulierung hinaus auch für den Rundfunk von Bedeutung sein können.[91]

c) Positivgesetzliche Tatbestandsmerkmale der Telekommunikation

Neben der negativen Begrenzung des Anwendungsbereichs durch das Rundfunkwesen trifft das Telekommunikationsgesetz aber auch eine eigene positive Direktive zum gesetzlichen Regelungsbereich. Die Legaldefinition des § 3 Nr. 16 TKG macht deutlich, dass Telekommunikation durch das Vorliegen folgender drei Tatbestandsmerkmale gekennzeichnet sein soll:

- "technischer Vorgang des Aussendens, Übermittelns und Empfangens";
- "Nachrichten jeglicher Art in der Form von Zeichen, Sprache, Bildern oder Tönen";
- "mittels Telekommunikationsanlagen".

Die einzelnen Elemente dieses dreigliedrigen, einfachgesetzlichen Telekommunikationsbegriffs sollen nachfolgend untersucht werden.

(aa) Nachrichten jeglicher Art in der Form von Zeichen, Sprache, Bildern oder Tönen

Im Mittelpunkt der Telekommunikation steht nach der Legaldefinition die Beförderung von *Nachrichten*. Zwar muss eine solche Nachricht in der *Form* von Zeichen, Sprache, Bildern oder Tönen gegeben sein, für das Vorliegen von Telekommunikation soll es nach dem Wortlaut des Gesetzes jedoch unerheblich sein, welcher *Art* die Nachrichten sind. Hierzu rechnete die Bundesregierung im Gesetzgebungsverfahren exemplarisch menschliche Sprache oder

---

[89] Vgl. ebd. ("Zu Nummer 8"), S. 31.
[90] Vgl. Beschlussempfehlung und Bericht des Ausschusses für Post und Telekommunikation (17. Ausschuss), BT-Drs. 13/4864 (neu), S. 75 f.
[91] Vgl. unten Kap. C.I.3.a)(cc).

Rundfunkprogramme.[92] An anderer Stelle formulierte die Bundesregierung – wohlgemerkt nicht im Einklang mit den zuvor genannten beispielhaften Erläuterungen zu *Art* und *Form* der Nachrichten –:

> "Bei den Nachrichten kann es sich dementsprechend um menschliche Sprache, Bilder, Daten oder Töne – auch in der Form von Rundfunkprogrammen – handeln."[93]

Trotz der hier erkennbaren Schwierigkeiten in der Abgrenzung bzw. Beschreibung von *Art* und *Form* einer Nachricht, bleibt als essentielle Aussage hinter der gesetzlichen Formulierung die vom Gesetzgeber bewusst gewählte *absolute Neutralität* des Nachrichtenbegriffs hinsichtlich des *Nachrichteninhalts.*[94]

Dennoch stellt sich die Frage, was eine Nachricht im Sinne des Telekommunikationsgesetzes auszeichnet. Ausgehend von den gesetzlich aufgezählten Nachrichtenformen lassen sich weitere Merkmale des Nachrichtenbegriffs herleiten. Das Gesetz stellt nach seinem Wortlaut erkennbar auf die Wahrnehmbarkeit von Nachrichten ab,[95] wobei man die Erscheinungsformen Sprache, Bilder und Töne als Unterfälle zum Begriff des Zeichens werten kann. Gleichzeitig stellt das Gesetz auf den körperlosen[96] Zustand der Nachricht ab, d. h. Nachricht ist beispielsweise nur der wahrnehmbare Gehalt eines Bildes oder Tones.

Windthorst ist insofern Recht zu geben, als für den Begriff der Nachricht ein am nachrichtentechnischen Verständnis orientierter, telekommunikationsrechtlicher Begriff maßgeblich ist. Er definiert Nachrichten in Anlehnung an *Schneider* als (körperlos) zu übermittelnde Information.[97] Der von *Köbele* zum Fernmelderecht entwickelte Nachrichtenbegriff ist jedenfalls für den Telekommunikationsbegriff des § 3 Nr. 16 TKG zu eng. Nach seiner Ansicht handelt es sich bei *Nachrichten um die Zusammenstellung von zwischen dem Sender und Empfänger verabredeten Zeichen, die bei der Übermittlung durch physikalische Zustände repräsentiert werden.*[98] Diese Definition trägt zwar dem in der Nachrichtentechnik entwickelten Verständnis zum Begriff der "Nachrichten" Rechnung. *Nachrichten sind danach die Zusammenstellung von Zeichen oder Zuständen, die (zum Zwecke der Weitergabe) Informationen darstellen.*[99] Indes überstrapaziert die Definition von *Köbele* die kommunikative Beziehung zwischen Sender und Empfänger. Für das Vorliegen einer Nachricht kann weder ein besonderes

---

92 Vgl. die Begründung zum TKG-E, BT-Drs. 13/4438, S. 4, i. V. m. BT-Drs. 13/3609, S. 37 ("Zu § 3 (Begriffsbestimmung)").

93 Gegenäußerung der Bundesregierung zur Stellungnahme des Bundesrates, BT-Drs. 13/4438, Anlage 3 ("Zu Nummer 10"), S. 31.

94 Wie bereits erwähnt, hatte die Begründung zum Gesetzentwurf ausdrücklich betont, dass durch die Definitionen des Gesetzes sichergestellt werden sollte, dass die Regelungen sich ausschließlich auf die Übermittlungsmöglichkeiten der Telekommunikation beziehen und nicht auf die Nachrichteninhalte. Vgl. die Begründung zum TKG-E, BT-Drs. 13/4438, S. 4 i. V. m. BT-Drs. 13/3609, S. 37 ("Zu § 3 [Begriffsbestimmung]").

95 Mit dem Hinweis auf Maschinen als mögliche Adressaten oder Sender der Nachricht verneint *Windthorst* im Zusammenhang mit dem verfassungsrechtlich relevanten Telekommunikationsbegriff zu Recht die Notwendigkeit einer *sinnlichen* Wahrnehmbarkeit, vgl. *K. Windthorst*, Universaldienst, S. 62, Fn. 264.

96 Zum Begriffsverständnis von "körperlos" vgl. *K. Windthorst*, Universaldienst, S. 62 f.

97 *K. Windthorst*, Universaldienst, S. 62. *Schneider* versteht unter einer Nachricht die Zusammenstellung von Zeichen oder Zuständen, die zum Zwecke der Weitergabe Informationen darstellen, vgl. *H.-J. Schneider*, Lexikon der Informatik und Datenverarbeitung, S. 394.

98 Vgl. *B. Köbele*, Fernmeldewesen und Telematik in ihrer rechtlichen Wechselwirkung, S. 77, m. w. N.

99 Vgl. ebd., S. 74, m. w. N.

Maß an objektiver noch an für den Empfänger subjektiver Sinnhaftigkeit erforderlich sein. Jedenfalls erfolgt auch keine inhaltliche Verifizierung. Auch ginge es zu weit, auf einen Übermittlungswillen beim Absender der Nachricht abzustellen.[100] Eine derart enge Auslegung des Nachrichtenbegriffs würde dazu führen, dass beispielsweise das versehentliche, unbewusste Herstellen einer Telefonverbindung oder die Kommunikation zwischen Maschinen grundsätzlich nicht dem Bereich der "Telekommunikation" zuzurechnen wären, was gleichwohl unter dem Blickwinkel des hierbei stattfindenden, rein technischen Vorgangs nicht gerechtfertigt wäre.

Letztlich werden sich hier im Anwendungsbereich des Telekommunikationsgesetzes detaillierte Abgrenzungsprobleme auf der Ebene des Nachrichtenbegriffs des § 3 Nr. 16 TKG nicht stellen. Richtiger Ansatz wird vielmehr stets die Frage sein, ob der jeweils zu qualifizierende Übermittlungsvorgang im Einzelfall Relevanz für die sektorspezifische Regulierung und damit Bedeutung für einen Telekommunikationsteilmarkt entfalten kann. Grundsätzlich wird daher für die Auslegung des Nachrichtenbegriffs die Beschreibung "zu übertragende Information" ausreichen.[101] Dies kommt zwar letztlich einer Gleichsetzung von "Nachricht" und "Information" gleich, was aber der gesetzgeberischen Interpretation – wie der Vergleich mit der Definition des Begriffs "Funkanlagen"[102] zeigt – entspricht.

Bemerkenswert an dieser Stelle ist zudem die Feststellung, dass sich das Gesetz nicht nur bezüglich der Nachrichteninhalte, sondern auch im Hinblick auf die Adressaten der Nachrichten neutral äußert. Solchermaßen differenziert das Telekommunikationsgesetz beim Nachrichtenbegriff nicht zwischen Individual- und Massenkommunikation.[103]

(bb) Technischer Vorgang des Aussendens, Übermittelns und Empfangens

Die Legaldefinition des § 3 Nr. 16 TKG stellt weiterhin besonders heraus, dass es sich bei der Telekommunikation um eine *technische*[104] Angelegenheit handelt.[105] Zum anderen betont das Gesetz die zeitliche Komponente der Telekommunikation und stellt klar, dass es hierbei um einen *Gesamtprozess* geht, der zeitlich in die Abschnitte Aussenden, Übermitteln und Empfang zerfällt. Dabei stehen die Elemente Aussenden, Übermitteln und Empfangen nicht alternativ nebeneinander[106], sondern kennzeichnen in der Zusammenschau einen abgeschlossenen Beförderungsvorgang, an dessen Anfang nach dem Wortlaut des Gesetzes das Aussenden und an dessen Ende der Empfang einer Nachricht steht. Dies ergibt sich schon aus der gesetzlichen Formulierung ("der technische *Vorgang* des Aussendens, Übermittelns *und* Emp-

---

[100] So aber ebd., S. 60.

[101] Vgl. hierzu *B. Köbele*, Fernmeldewesen und Telematik in ihrer rechtlichen Wechselwirkung, S. 76, m. w. N. in Fn. 103.

[102] § 3 Nr. 4 TKG spricht nämlich insoweit von der "*Informations*übertragung".

[103] Abgrenzungskriterium ist hier der Öffentlichkeitsbezug der Kommunikation. Während Individualkommunikation durch einen bestimmten Adressatenkreis (bestimmte Person oder bestimmbarer Personenkreis) gekennzeichnet ist, wendet sich Massenkommunikation an eine beliebige Öffentlichkeit. Vgl. hierzu *K. Windthorst*, Universaldienst, S. 56.

[104] Das Merkmal des "technischen Vorgangs" war in der im Übrigen gleich lautenden Definition in § 3 Nr. 10 des Referentenentwurfs zum TKG vom 06.10.1995 noch nicht enthalten.

[105] Dies unterstreicht auch die Legaldefinition zu "Telekommunikationsanlagen" in § 3 Nr. 17 TKG, die insoweit von "technischen Einrichtungen oder Systemen" spricht.

[106] So, aber ohne Begründung, *Manssen*, in: TMR, C, § 3, Rdnr. 26.

fangens"; Hervorh. d. d. Verf.). Auch würde ein bloßes Aussenden ohne Übermittlung keinen Empfang der Nachricht zulassen.[107]

Aus der Vorsilbe "Über-" lässt sich zusätzlich ableiten, dass es sich bei der Übermittlung im telekommunikationsrechtlichen Sinne um einen räumlichen Vorgang handelt. Neben der zeitlichen hat die Telekommunikation daher auch eine räumliche Komponente. Der Begriff der "Übermittlung" ist – wie der Vergleich mit der Definition des Sprachtelefondienstes in § 3 Nr. 15 TKG zeigt – nicht mit dem der "Vermittlung" gleichzusetzen. Die Auslegung des Begriffs der "Vermittlung" war in der fernmelderechtlichen Literatur heftig umstritten.[108] Während hierunter nach einer weiten Auffassung jegliche Form der Sprachübertragung verstanden wurde,[109] interpretierte die Gegenmeinung den Vermittlungsbegriff rein technisch. Danach war Vermittlung nur das Zusammenschalten von Anschlüssen; auf die Übermittlung von Sprache kam es nicht an.[110] Schließlich hatte auch noch das Bundesministerium für Post und Telekommunikation (BMPT) in einer Verwaltungsvorschrift definiert, was Vermittlung bedeutet.[111] Da nach der Systematik des Telekommunikationsgesetzes denknotwendig der Sprachtelefondienst – als *Transport und Vermittlung* von Sprache – unter den regulierungsrelevanten Telekommunikationsbegriff fällt, ist Übermittlung im Sinne des § 3 Nr. 16 TKG somit *Transport*[112] *und Vermittlung*[113] von Nachrichten.

Aus der gesetzlichen Systematik ergibt sich weiter, dass auch die *Speicherung* von Nachrichten zu und während ihrer Übermittlung vom einfachgesetzlichen Telekommunikationsbegriff mit umfasst wird. Denn während die Definition zum Sprachtelefondienst auf die Übermittlung in Echtzeit abstellt,[114] trifft § 3 Nr. 16 TKG eine solche Einschränkung gerade nicht.

Die Zusammenschau mit der Legaldefinition zum Begriff der "Telekommunikationsanlagen" in § 3 Nr. 17 TKG zeigt, dass der technische Vorgang der Nachrichtenbeförderung gekennzeichnet ist durch elektromagnetische oder optische Signale, die gesendet, übertragen, vermittelt, empfangen, gesteuert oder kontrolliert werden. Das Telekommunikationsgesetz hält

---

107 Auch *Köbele* stellt fest, dass eine Übermittlung im fernmelderechtlichen Sinne nur dann stattfinden kann, wenn bei ihrem Beginn Sender, Empfänger, Nachricht sowie Übertragungskanal feststehen. Vgl. *B. Köbele*, Fernmeldewesen und Telematik in ihrer rechtlichen Wechselwirkung, S. 81.

108 Bei diesem Streit ging es letztlich um die Reichweite des Sprachtelefondienstmonopols der DT AG.

109 Vgl. die Nachweise bei *Schütz*, BB 1996, 1145 (1145) in Fn. 11.

110 Vgl. ebd., Fn. 12.

111 Dies ist nach Ansicht des BMPT "der fernmeldetechnische Vorgang der Verbindung von Funktionseinheiten – insbesondere von Übertragungswegen –, der dazu dient, eine zeitweise, dialogfähige Kommunikationsverbindung zwischen zwei oder mehreren Endpunkten aufzubauen, und der es dem Nutzer an einem Endpunkt dieser Kommunikationsverbindung ermöglicht, den oder die anderen Endpunkte in jedem Einzelfall des Aufbaus einer Kommunikationsverbindung jeweils aus mehreren möglichen Endpunkten auszuwählen (vermittelnde Verbindung)." Vgl. die Verwaltungsvorschrift zur Konkretisierung der auf die Deutsche Bundespost Telekom weiter übertragenen Befugnis zur Ausübung des Telefondienstmonopols des Bundes vom 13.07.1992 i. d. F. vom 16.09.1992, BMPT (Hrsg.): Regulierungen zum Telefondienstmonopol des Bundes, Bonn 1992, Teil 1 II 2 A 1.

112 Nach Auffassung von *Windthorst* meint Übermittlung die Übertragung i. e. S. eine Verteilung und Vermittlung von Nachrichten, vgl. *K. Windthorst*, Universaldienst, S. 64.

113 Zum Vermittlungsbegriff beim Sprachtelefondienst vgl. *Schütz*, in: Beck'scher TKG Komm., § 6, Rdnr. 58 ff.

114 Zur Frage, ob die Internet-Telefonie Sprachtelefonie i. S. d. § 3 Nr. 15 TKG darstellt, vgl. *Scherer*, NJW 2000, 772 (773).

demnach am klassischen Kriterium der *körperlosen Nachrichtenübermittlung* fest.[115] Zwar gibt das Telekommunikationsgesetz die Form der physikalischen Beförderung der Nachricht vor,[116] dagegen macht das Gesetz keine Vorgaben im Hinblick auf Übermittlungstechniken und lässt damit der erwarteten dynamischen technischen Entwicklung freien Raum.[117] Diese Neutralität bewirkt denknotwendig die Offenheit des Gesetzes für Übertragungstechniken, die, wie beispielsweise die digitale Nachrichtenübermittlung, Verarbeitungsprozesse in Gestalt einer Codierung und Decodierung der Nachrichten notwendig machen. Grenze solch einer zulässigen Nachrichtenverarbeitung ist die Veränderung des Nachrichtengehalts bzw. die Herstellung einer zusätzlichen, neuen Nachricht, da das Gesetz an keiner Stelle von der Veränderung der Nachrichten, sondern vielmehr nur von der Übermittlung von Nachrichten spricht.[118]

Auch die Nachrichtenbeförderung im gesetzlich festgelegten physikalischen Zustand erfordert eine diesbezügliche Umwandlung der Nachrichten. Dies macht gleichzeitig auch deutlich, dass die zeitliche Komponente des Telekommunikationsvorgangs eine zu enge Auslegung auf den rein technischen Vorgangs verbietet. Das Gesetz spricht in § 3 Nr. 17 TKG zusätzlich von "als Nachrichten identifizierbaren" Signalen. Dies macht eine Wiedererzeugung der Nachricht am Empfängerort notwendig. Entsprechendes gilt zu Beginn des Kommunikationsvorgangs. Die wahrnehmbare Nachricht muss erst in eine zum Transport geeignete Form umgewandelt werden. Der technische Kommunikationsvorgang setzt somit nicht erst im Moment des Aussendens, sondern bereits mit der technischen Umwandlung der wahrnehmbaren Nachricht in einen zur Übertragung geeigneten Zustand ein. Gleiches gilt auch für den Abschluss des Vorgangs: Hier ist nicht der Moment des Empfangs entscheidend, sondern der Zeitpunkt der wahrnehmbaren Wiedergabe der Nachricht nach deren Umwandlung. Das Telekommunikationsgesetz fordert dabei nicht, dass die *Form* der Nachricht zu Beginn und am Ende des Telekommunikationsvorgangs deckungsgleich sind.

(cc) Telekommunikationsanlagen als gesetzlich bestimmte Mittel der Telekommunikation

Gesetzlich bestimmte Mittel der Telekommunikation sind die Telekommunikationsanlagen. Telekommunikationsanlagen zeichnen sich nach der Legaldefinition des § 3 Nr. 17 TKG durch ihre *Eignung* ("können") zum Senden, Übertragen, Vermitteln, Empfangen, Steuern oder Kontrollieren von als Nachrichten identifizierbaren, elektromagnetischen oder optischen Signalen aus. Eine (ausschließliche) Widmung der technischen Einrichtungen oder Systeme für Zwecke der Telekommunikation ist dagegen nach dem Gesetzeswortlaut nicht erforderlich.[119] Eine solche enge Auslegung würde auch dem Anspruch des Gesetzes als dynamisches

[115] Vgl. auch oben beim Nachrichtenbegriff Kap. B.I.1.c)(aa); *Windthorst* bezeichnet die körperlose Nachrichtenübermittlung als das essentielle, unabdingbare Wesensmerkmal des Telekommunikationsbegriffs, vgl. *K. Windthorst*, Universaldienst, S. 59.

[116] Die Notwendigkeit der Nachrichtenbeförderung mittels elektromagnetischer oder optischer Signale spezifiziert nunmehr die "körperlose Übermittlung" als klassisches Abgrenzungsmerkmal der Telekommunikation vom Postwesen, wo die Nachrichtenbeförderung durch den räumlichen Transport des körperlichen Trägers der Nachricht (Schriftstücke, Güter, Personen) erfolgt. Vgl. *B. Mayer*, Bundespost, S. 30 f.

[117] Zur normativen Kraft der Technik vgl. *Mestmäcker*, in: Kommunikation ohne Monopole II, S. 13 (30 ff.).

[118] Zur Notwendigkeit der Identität von ausgesendeter und empfangener Nachricht vgl. oben Kap. B.I.1.c)(bb).

[119] Diese Offenheit des Gesetzes wird bestätigt durch das ausdrückliche Anschlussverbot von Einrichtungen und Satellitenfunkanlagen, die für den Anschluss an ein öffentliches Telekommunikationsnetz geeignet, aber hierfür nicht vorgesehen sind, § 60 Abs. 1 TKG.

Regelungswerk für einen sich rasant technologisch entwickelnden Wirtschaftsmarkt nicht gerecht. Für das Bejahen von Telekommunikation genügt daher bereits die tatsächliche Benutzung im vorgenannten Sinne geeigneter technischer Einrichtungen oder Systeme. Zu den Telekommunikationsanlagen zählen zweifellos die Funkanlagen[120] und die sog. Endeinrichtungen[121], mit denen die Wiedererzeugung der Nachrichten am Empfangsort vonstatten geht, sowie die zu den (öffentlichen[122]) Telekommunikationsnetzen bzw. Verbindungsnetzen[123] gehörigen Einrichtungen, wie Übertragungswege[124], Vermittlungseinrichtungen und sonstige Einrichtungen i. S. des § 3 Nr. 21 TKG.

d) Marktorientierte Ausformung des gesetzlichen Regelungsbereichs

Über die positivgesetzliche Definition des Telekommunikationsbegriffes hinaus leuchtet das Telekommunikationsgesetz durch die Benennung bestimmter regulierungsrelevanter Formen der Telekommunikation den Anwendungsbereich des Gesetzes zusätzlich aus. Auf diese Weise werden im Allgemeinen Telekommunikationsdienstleistungen[125] (für die Öffentlichkeit[126]) und das geschäftsmäßige Erbringen von Telekommunikationsdiensten[127] oder im Speziellen der Sprachtelefondienst[128], die Satellitenfunkdienstleistungen[129], die Mobilfunkdienstleistungen[130] und das Betreiben von Übertragungswegen[131] bzw. von Telekommunikationsnetzen[132] der hoheitlichen Einflussnahme unterworfen.[133] Dies unterstreicht zusätzlich die Definition des § 3 Nr. 13 TKG zum Regulierungsbegriff. Danach sind "Regulierung" insbesondere die Maßnahmen, durch die das Verhalten von Telekommunikationsunternehmen beim Angebot von Telekommunikationsdienstleistungen, von Endeinrichtungen oder von Funkanlagen geregelt werden.

---

120 Vgl. die Legaldefinition zu "Funkanlagen" in § 3 Nr. 4 TKG. Diese können über die Definition zu den "Übertragungswegen" nach § 3 Nr. 22 TKG zu den "Telekommunikationsanlagen" bzw. über die Definition des § 2 Nr. 2 Satz 3 TKZulV zu den "Endeinrichtungen" gezählt werden.

121 Vgl. die Legaldefinition hierzu in § 3 Nr. 3 TKG.

122 Vgl. zum Begriff des "öffentlichen Telekommunikationsnetzes" § 3 Nr. 12 TKG und die Spezifizierung durch die Regulierungsbehörde, Mitt. Nr. 73/99, ABl. RegTP 4/99, S. 739 ff.

123 Vgl. § 3 Nr. 23 TKG.

124 Bei den Übertragungswegen handelt es sich schon nach der Legaldefinition des § 3 Nr. 22 TKG um eine spezielle Form der Telekommunikationsanlagen.

125 Vgl. die Definition in § 3 Nr. 18 TKG. Zum Problem einer Kompetenzüberdehnung durch den Begriff "Telekommunikationsdienstleistung" in § 6 Abs. 2 Nr. 1 lit. c) TKG vgl. *K. Windthorst*, Universaldienst, S. 406.

126 Vgl. die Legaldefinition in § 3 Nr. 19 TKG.

127 Vgl. die Legaldefinition in § 3 Nr. 5 TKG.

128 Vgl. die Legaldefinition in § 3 Nr. 15 TKG. Während das Grundgesetz (Art. 87f Abs. 1, Abs. 2 Satz 1 GG) lediglich von "Dienstleistungen" spricht, trifft das Telekommunikationsgesetz eine Unterscheidung zwischen "Telekommunikationsdienst" und "Telekommunikationsdienstleistung". Zum Hintergrund dieser Differenzierung vgl. *K. Windthorst*, Universaldienst, S. 407.

129 Vgl. die Legaldefinition in § 3 Nr. 14 TKG.

130 Vgl. die Legaldefinition in § 3 Nr. 8 TKG.

131 Vgl. die Legaldefinition in § 3 Nr. 1 TKG.

132 Vgl. die Legaldefinition in § 3 Nr. 2 TKG.

133 Zum Sprachgebrauch auf Gemeinschaftsebene vgl. *K. Windthorst*, Universaldienst, S. 88.

Besondere Relevanz entfalten diese eigens definierten Teilaspekte der Telekommunikation im Lizenzbereich nach § 6 TKG.[134] Der Gesetzgeber sah die Bestimmung eines lizenzpflichtigen Bereichs als für die sektorspezifische Regulierung notwendig an. Eine Lizenzpflicht für den Marktzugang sei in diesem zu Beginn noch monopolistisch geprägten Markt zumindest für eine längere Übergangszeit unabdingbar. Allein durch gesetzliche Regelungen könne eine abgestufte, dem Prinzip der Verhältnismäßigkeit folgende effiziente Regulierung nicht gewährleistet werden.[135] Der lizenzpflichtige Bereich ergibt sich dabei aus dem bisherigen Monopolbereich des Netzmonopols und des Telefondienstmonopols und umfasst zusätzlich den Bereich der Mobil- und Satellitenkommunikation.[136]

Schon der grobe Überblick über diese Regulierungsstruktur zeigt, dass die oben aufgeführten Begriffsbestimmungen des § 3 TKG eine maßgebliche Rolle für die Festlegung bestimmter Teilmärkte im Bereich der Telekommunikation spielen.[137] Dieser Blickwinkel des Gesetzes schlägt auch auf die Auslegung des Telekommunikationsbegriffs in § 3 Nr. 16 TKG durch. Das Phänomen "Telekommunikation" lässt sich unter soziologischen, (nachrichten-) technischen, publizistischen etc. Aspekten betrachten. Das Telekommunikationsgesetz verfolgt eine eigene technische, jedoch primär marktbezogene Betrachtung der Telekommunikation. Das Telekommunikationsrecht ist Marktrecht.[138] Dies wird umso augenfälliger, als dass das Gesetz nur selten isoliert von der "Telekommunikation" an sich spricht. So stellt § 1 TKG auf den "Bereich der Telekommunikation", § 2 Abs. 1 TKG auf die "Regulierung der Telekommunikation" und § 2 Abs. 2 Nr. 1 TKG auf das "Gebiet der Telekommunikation" ab. Im Übrigen dient der Begriff "Telekommunikation" vorwiegend dazu, einen bestimmten Markt zu beschreiben.[139] Dies unterstreicht die These von einem märktebezogenen Telekommunikationsbegriff des Telekommunikationsgesetzes.

Nachfolgend soll untersucht werden, ob und gegebenenfalls inwieweit dieser Begriff verfassungsrechtlichen Inhaltsbeschränkungen unterliegt und wie er daher vom verfassungsrechtlich ebenfalls relevanten Rundfunkbegriff abzugrenzen ist. Schließlich ist der Geltungsanspruch des Telekommunikationsgesetzes aus verfassungsrechtlichen Gründen auf die Reichweite der jeweiligen Kompetenznormen des Grundgesetzes beschränkt.[140] Relevant sind insoweit insbesondere die Gesetzgebungskompetenzen des Bundes aus den Art. 73 Nr. 7, 71 GG und 87f Abs. 1 GG. Da sich die Reichweite der Gesetzgebungskompetenz an Inhalt und Umfang des verfassungsrechtlichen Telekommunikationsbegriffs orientiert, kann sich die nachfolgende Untersuchung auf einen direkten Vergleich des verfassungsrechtlichen zum einfachgesetzlichen Telekommunikationsverständnis beschränken.

---

134 Aber auch allgemein knüpft das Gesetz an des Erbringen von Telekommunikationsdienstleistungen eine Anzeigepflicht nach § 4 TKG. Ausweislich der Begründung des Gesetzentwurfs dient diese Vorschrift nicht nur dem Zweck, Missbrauch und die Umgehung der Lizenzpflicht zu verhindern, sondern es soll hierdurch zugleich eine Grundlage für die erforderliche Marktbeobachtung – durch die Regulierungsbehörde und auch für die Marktteilnehmer – geschaffen werden, vgl. die Begründung zum TKG-E, BT-Drs. 13/4438, S. 4, i. V. m. BT-Drs. 13/3609, S. 37 ("Zu § 4 [Anzeigepflicht]").

135 Vgl. ebd., S. 37 ("Zu § 6 [Lizenzpflichtiger Bereich]", "Zu Abs. 1").

136 Vgl. ebd.

137 Zur Aufteilung von Märkten durch die Leitlinien zur Anwendung der EG-Wettbewerbsregeln vgl. unten Kap. B.I.3.a).

138 Vgl. *Schnyder*, in: Kommunikation ohne Monopole II, S. 211 (217).

139 Vgl. *Manssen*, in: TMR, C, § 3, Rdnr. 25.

140 Vgl. nur *K. Windthorst*, Universaldienst, S. 405.

2. *Verfassungsrechtlicher Telekommunikationsbegriff*

Die in der Legaldefinition zum Ausdruck kommende Beschränkung des Begriffs der Telekommunikation auf rein *technische*[141] Vorgänge korrespondiert mit dem im Verfassungsrecht entwickelten Begriffsverständnis zur Telekommunikation. Das Grundgesetz äußert sich zum Bereich der Telekommunikation in seinen Art. 10, 18, 44 Abs. 2 Satz 2, 73 Nr. 7, 80 Abs. 2, 87 f, 130 Abs. 1 und 143. Entsprechend dem international üblichen Sprachgebrauch wurde im Jahr 1994 im bundesdeutschen Verfassungsrecht der vormals gebrauchte Begriff "Fernmeldewesen" (Art. 73 Nr. 7 GG a. F.) durch den Begriff "Telekommunikation" ersetzt.[142] Eine inhaltliche Änderung war mit diesem Begriffswechsel jedoch nicht verbunden.[143]

Zuvor war das Fernmeldewesen immer wieder Gegenstand wissenschaftlicher Kontroversen und höchstrichterlicher Rechtsprechung gewesen. Insbesondere war und ist nach wie vor die Reichweite der Kompetenz des Bundes für das Fernmeldewesen (jetzt Telekommunikation) strittig, so dass sich die über lange Jahre herausgearbeiteten Konturen des nunmehr geänderten Begriffs des Fernmeldewesens auf den Begriff der Telekommunikation – so wie ihn im Übrigen auch Art. 87f GG verwendet – grundsätzlich übertragen lassen.[144]

a) Reichweite der Telekommunikationskompetenz des Bundes gemäß Art. 73 Nr. 7 GG nach der Rechtsprechung

Schon im ersten Rundfunkurteil hatte sich das Bundesverfassungsgericht mit dem Begriff des Fernmeldewesens beschäftigt. Das Gericht ging dabei davon aus, dass nach dem natürlichen Wortverständnis und dem allgemeinen Sprachgebrauch das Fernmeldewesen ein technischer, am Vorgang der Übermittlung von Signalen orientierter Begriff sei. Zum Fernmeldewesen gehörten daher allein die technischen Vorgänge des Sendens von Rundfunkinhalten.[145] Zum Fernmeldewesen im Sinne des Art 73 Nr. 7 GG zählte das Gericht weiter die technischen Voraussetzungen, deren Regelung für einen geordneten Ablauf des Betriebs der Rundfunksender und des Empfangs ihrer Sendungen unerlässlich ist.[146] Da das Fernmeldewesen erst

---

141 Die Anlehnung an die Technik kommt auch in weiteren Begriffsbestimmungen des § 3 TKG zum Ausdruck, vgl. hierzu bspw. die Legaldefinitionen zu "öffentliches Telekommunikationsnetz" (Nr. 12), "Telekommunikationslinien" (Nr. 20), "Telekommunikationsnetz" (Nr. 21), "Übertragungswege" (Nr. 22), "Verbindungsnetz" (Nr. 23).

142 BT-Drs. 12/7269, S. 4; vgl. auch die Begründung des Gesetzentwurfs der Fraktionen der CDU/CSU, SPD und FDP, BT-Drs. 12/6717, S. 3.

143 Ebd.; vgl. auch *Stern*, BT-RechtsA-Prot 12/117, Anlage, S. 40 f., der darauf hinweist, dass mit diesem modernen Begriff auch zukünftige neue technische Entwicklungen eingefangen werden können. So auch *Badura*, BT-RechtsA-Prot 12/117, Anlage, S. 4 f., der feststellt, dass die Neufassung der Kompetenzmaterie als "Postwesen und die Telekommunikation" an deren Sachgehalt nichts ändere. Die mit dem verfassungsrechtlichen Begriff der Telekommunikation festgelegte Kompetenz beschränke sich nicht auf die bisher bekannten oder vorhersehbaren Anlagen und Verfahren der Nachrichtenübermittlung, sondern erstrecke sich auch auf neue und neuartige Übertragungstechniken, sofern nur eine körperlose Übertragung von Nachrichten in der Weise stattfände, dass diese am Empfangsort "wiedergegeben" würden (BVerfGE 46, 120, 139 ff.).

144 So auch *K. Windthorst*, Universaldienst, S. 11, 13 und 21 ff., der jedoch zu Recht auf Divergenzen hinsichtlich des Umfangs der Kompetenzbereiche verweist (S. 11, Fn. 23).

145 Vgl. BVerfG, Urt. v. 28.02.1961, E 12, 205 (226 und 227).

146 Vgl. ebd., (227); *Lerche*, in: *Maunz/Dürig*, GG, Art. 87f, Rdnr. 51, Fn. 35, erklärt sich die seiner Ansicht nach nicht überzeugende Begrenzung auf "unerlässliche" Regelungen mit dem föderal-kompetenziellen

mit der Übermittlung der sendefertigen Ton- und Bildsignale vom Rundfunkstudio zu einem oder mehreren Sendern (Übermittlung durch Leitung oder durch Funk) beginne, stellte das Gericht fest, dass die sog. Studiotechnik von diesem Begriff nicht erfasst sei. Zum Verhältnis von Rundfunk und Fernmeldewesen äußerte sich das Gericht wie folgt:

> "Den fernmeldetechnischen Einrichtungen kommen aber – sieht man den Rundfunk als Ganzes – schon seit Jahrzehnten nur noch untergeordnete, dienende Funktionen zu."[147]

In der sog. Direktrufentscheidung[148] konkretisierte das Gericht seine im ersten Rundfunkurteil gemachten Aussagen. Es stellte fest, dass zum Begriff des Fernmeldewesens die Fernmeldeanlagen gehörten, für welche die körperlose Übermittlung von Nachrichten in der Weise wesentlich sei, dass die ausgesandten Zeichen am Empfangsort wiedererzeugt würden. Dafür komme es weder darauf an, welche Technik verwendet, noch darauf, ob die Nachricht am Empfangsort von Menschen unmittelbar sinnlich wahrgenommen werde.[149] Zudem betonte das Gericht, dass sich die Reichweite des Begriffs "Fernmeldewesen" nicht auf die Übertragungswege einschließlich des Leitungsabschlusses, also auf den unmittelbaren Netzbereich, sondern auch auf diejenigen Einrichtungen erstrecke, welche die Übertragung erst ermöglichten.[150] Daneben hat es jedoch unter Hinweis auf die Begründung zum ersten Rundfunkurteil in Frage gestellt, ob auch eine über die bloße Vermittlungsfunktion hinausgehende Datenfernverarbeitung vom Begriff des Fernmeldewesens erfasst werde.[151]

Ähnlich hat auch das Bundesverwaltungsgericht in seinem Breitbandverkabelungsurteil[152] entschieden. Hiernach umfasst das Fernmeldewesen den Netzbereich auf dem gesamten Gebiet der Telekommunikation, d. h. die technische Seite des Übermittlungsvorgangs, und zwar unabhängig davon, ob es sich um Individualkommunikation (z. B. Fernsprechverkehr) oder um Massenkommunikation (z. B. Rundfunk) handelt. Auch stellte das Gericht nochmals klar, dass es keinen Unterschied mache, ob die Übermittlung mittels Leitungen oder durch Funk erfolgt.[153]

b) Kompetenzumfang des Art. 73 Nr. 7 GG nach dem Schrifttum

Auch der überwiegende Teil der rechtswissenschaftlichen Literatur folgt diesem technischen Verständnis zum Begriff der Telekommunikation und beschränkt die Kompetenz des Bundes nach Art 73 Nr. 7 GG auch für neue Telekommunikationsdienste auf die Übermittlung von

---

Zusammenhang dieser Passage, d. h. aus dem Bemühen, die These abzuwehren, kraft Sachzusammenhangs könnte auch der inhaltliche Rundfunkbereich eingeschluckt werden.

147 Vgl. BVerfG, Urt. v. 28.02.1961, E 12, 205 (227).

148 Vgl. BVerfG, Urt. v. 12.10.1977, E 46, 120 (120 ff.). Diese Entscheidung betraf die Datenfernverarbeitung, eine Form der fernmeldetechnischen Übermittlung von einem Sender an einen Empfänger, mithin Individualkommunikation.

149 Vgl. ebd., (143).

150 Ebd, (144).

151 Ebd., (151 f.).

152 Vgl. BVerwG, Urt. v. 18.03.1987, E 77, 128 ff. Das BVerwG bejahte dort u. a. die Einbeziehung der Verlegung von Breitbandkabeln in das Fernmeldeleitungsrecht der Post nach § 1 des Telegraphenwege-Gesetzes vom 18. Dezember 1899 (RGBl., S. 705).

153 Vgl. ebd., (131).

Signalen.[154] Unter Zugrundelegung der verfassungsgerichtlichen Rechtsprechung wird im Allgemeinen darauf verwiesen, dass das Bundesverfassungsgericht in seinem ersten Rundfunkurteil den Gegen-standsbereich des Art. 73 Nr. 7 GG auf die der Übermittlung von Signalen dienenden funktechnischen Vorgänge begrenzt und dies mit dem allgemeinen Sprachgebrauch, mit der systematischen Stellung zu anderen Vorschriften des Grundgesetzes, mit dem Zweck, nur die unerlässliche, einheitliche Regelung der funk- und sendetechnischen Aspekte zu ermöglichen, der Verwaltungspraxis der Reichspost, des Reichsministers des Inneren und der Landesregierungen in der Zeit bis 1933 sowie die Entstehungsgeschichte des Art. 73 Nr. 7 GG einbeziehenden, historischen Interpretation begründet.[155]

Kontrovers beurteilte die Literatur in der Vergangenheit die Verteilung der Gesetzgebungskompetenzen im Zusammenhang mit Regelungen zum Bildschirmtext.[156] Eine andere Diskussion entfachte auch die Frage nach der Einbeziehung der gesamten Individualkommunikation in den Zuweisungsgehalt des Art. 73 Nr. 7 GG. Grundlage dieser Diskussion ist die Unterscheidung zwischen den Formen der Individual- und Massenkommunikation.[157] Ein Teil der Autoren weist dabei unter Zugrundelegung des ersten Rundfunkurteils und der Direktrufentscheidung des Bundesverfassungsgerichts den gesamten Bereich der Individualkommunikation dem Gegenstandsbereich des Fernmeldewesens zu.[158] Der Umstand, dass das Gericht im Direktrufurteil mit großer Selbstverständlichkeit eine "Total"-Kompetenz des Bundes aus Art. 73 Nr. 7 GG angenommen und die hier in Rede stehenden Probleme der Regelungskompetenz im Rahmen des Rundfunkurteils gar nicht erst in Erwägung gezogen habe, werfe die Frage nach dem Unterschied auf, der im Rundfunkurteil zu der dargelegten Kompetenztrennung Anlass gab. In beiden Urteilen sei es u. a. um die Sichtbarmachung von elektronischen Zeichen auf einem Bildschirm gegangen, die mittels elektrischer Schwingungen übertragen worden sind.[159] Diese Differenzierung beruhe darauf, dass die im ersten Rundfunkurteil vorgenommene Kompetenzverteilung zwischen Bund und Ländern im Lichte der besonderen Bedeutung des Rundfunks als Massenkommunikationsmittel und eminent wichtigem Faktor der öffentlichen Meinungsbildung zu verstehen sei. In der Entscheidung über die Verfassungsmäßigkeit der Direktrufverordnung hingegen habe das Gericht keine Aussagen zur Kompetenzverteilung zwischen Bund und Ländern machen müssen, weil es sich bei dem Direktruf um einen Dienst der Individualkommunikation gehandelt habe, dem eine vergleichbare Bedeutung für die öffentliche Meinungsbildung nicht zukomme. Daraus folge notwendig eine Zuständigkeit des Bundes für den gesamten Bereich der Individualkommunikation.

---

154 Vgl. stellvertretend für viele andere *B. Köbele*, Fernmeldewesen und Telematik in ihrer rechtlichen Wechselwirkung, S. 235 ff.; *J. Scherer*, Telekommunikationsrecht und Telekommunikationspolitik, S. 611 ff.; *ders.* Frequenzverwaltung zwischen Bund und Ländern, S. 28 ff.; *ders.*, Nachrichtenübertragung und Datenverarbeitung im Telekommunikationsrecht, S. 152 ff.

155 *J. Scherer*, Nachrichtenübertragung und Datenverarbeitung im Telekommunikationsrecht, S. 153 f.

156 Zum Inhalt der damaligen Diskussion vgl. *B. Köbele*, Fernmeldewesen und Telematik in ihrer rechtlichen Wechselwirkung, S. 231 f., m. w. N.

157 Abgrenzungskriterium ist hier der Öffentlichkeitsbezug der Kommunikation. Während Individualkommunikation durch einen bestimmten Adressatenkreis (bestimmter Person oder bestimmbarer Personenkreis) gekennzeichnet ist, wendet sich Massenkommunikation an eine beliebige Öffentlichkeit. Vgl. hierzu *P. Lerche*, Rundfunkmonopol, S. 28. Zur Einbeziehung verschiedener Kommunikationsformen unter den Begriff der Massenkommunikation vgl. *H. Gersdorf*, Der verfassungsrechtliche Rundfunkbegriff, S. 140 f., m. w. N. in Fn. 413; zuletzt auch *Hoffmann-Riem*, AfP 1996, 9 (10 ff., 14 f.).

158 Vgl. *Plagemann*, ZUM 1986, 518 (521 ff.); *Ferger/Junker*, DÖV 1982, 439 (440 ff.), wobei Letztere als maßgebliches Kriterium der Abgrenzung der Massen- von der Individualkommunikation auf die "von einem Medium ausgehenden massenmedialen Wirkungen" abstellen, *dies.*, a. a. O., (448).

159 Vgl. *Ferger/Junker*, DÖV 1982, 439 (440).

Diese Ansicht, wonach Kommunikationsdienste dann ohne weiteres zum hier maßgeblichen Telekommunikationsbegriff zu rechnen sind, wenn sie individualkommunikativer Natur sind, vermag jedoch nicht zu überzeugen. Dagegen spricht bereits die Tatsache, dass der Komplex der Massenkommunikation nicht vollständig in den Kompetenzbereich der Länder fällt. So ist beispielsweise das Massenkommunikationsmittel Presse Gegenstand der Rahmengesetzgebungskompetenz des Bundes nach Art. 75 Abs. 1 Nr. 2 GG. Auch wenn das Bundesverfassungsgericht im ersten Rundfunkurteil die besondere Bedeutung des Rundfunks für den Prozess öffentlicher Meinungsbildung unterstrichen hat,[160] so hat es gleichzeitig auch betont, dass Ausgangspunkt der Ordnung der Gesetzgebungskompetenzen von Bund und Ländern der Grundsatz der Länderkompetenz sei und der Bund Gesetzgebungsbefugnisse nur habe, soweit das Grundgesetz sie ihm verleihe (Art. 70 Abs. 1 GG). In der Regel könnten daher Gesetzgebungsbefugnisse des Bundes nur auf ausdrückliche Verleihung durch das Grundgesetz gestützt werden. Bei Zweifeln über die Zuständigkeit des Bundes spreche keine Vermutung zugunsten einer Bundeskompetenz. Die Systematik des Grundgesetzes fordere vielmehr eine strikte Interpretation der Art. 73 ff. GG.[161] Das Bundesverfassungsgericht hat dementsprechend auch nicht aus der publizistischen Relevanz bestimmter Kommunikationsinhalte und deren Einwirkungskraft auf den Prozess öffentlicher Meinungsbildung einen Kompetenzzuweisungsgrund abgeleitet. Entscheidend war in diesem Zusammenhang das verfassungsgerichtliche Verständnis, dass das Fernmeldewesen ein technischer, am Vorgang der Signalübermittlung orientierter Begriff ist. Auf die Form der Kommunikation – Individual- bzw. Massenkommunikation – hat das Bundesverfassungsgericht gerade nicht abgestellt. Auch in der Direktrufentscheidung hat das Gericht dieses Verständnis wiederholt, indem es ausführte, dass kennzeichnend für den Begriff Fernmeldewesen die körperlose Übermittlung von Nachrichten in der Weise sei, dass die ausgesandten Zeichen am Empfangsort wieder erzeugt würden.[162]

Nach richtiger Auffassung ist es daher für die kompetenzrechtliche Behandlung neuer Kommunikationsdienste unerheblich, ob es sich um Individual- oder Massenkommunikation handelt[163] oder um Kombinationstechniken. Auch *Windthorst* lehnt ein Zuordnungsmodell, das die gesamte Individualkommunikation einschließlich der dort entstandenen Mehrwertdienste dem Fernmeldewesen zuschlagen will, schon mit Hinweis auf die fehlende Praktikabilität ab.[164] Er fasst den Inhalt des Kompetenzbegriffs "Fernmeldewesen" auf der Grundlage der Rechtsprechung des Bundesverfassungsgerichts zu Art. 73 Nr. 7 GG a. F. verkürzt zusammen als "jede Übermittlung von Nachrichten durch körperlose Beförderung und Vermittlung oder Verteilung von Signalen oder Daten dergestalt, dass sie am Empfangsort wiedererzeugt werden."[165] Nach dieser Definition geraten freilich die das Fernmeldewesen mit kennzeichnenden sächlichen Mittel in den Hintergrund.

---

[160] Vgl. BVerfG, Urt. v. 28.02.1961, E 12, 205 (260 f.). So führt das BVerfG auf S. 260 wörtlich aus: "Unbeschadet einer noch zu erörternden Besonderheit des Rundfunkwesens gehört der Rundfunk ebenso wie die Presse zu den unentbehrlichen modernen Massenkommunikationsmitteln, durch die Einfluss auf die öffentliche Meinung genommen und diese öffentliche Meinung mitgebildet wird. Der Rundfunk ist mehr als nur ein 'Medium' der öffentlichen Meinungsbildung; er ist eminenter Faktor der öffentlichen Meinungsbildung."

[161] Vgl. ebd., (228).

[162] Vgl. BVerfG, Urt. v. 12.10.1977, E 46, 120 (144).

[163] Vgl. *Lerche*, in: *Maunz/Dürig*, GG, Art. 87f, Rdnr. 52, m. w. N. in Fn. 43.

[164] Vgl. *K. Windthorst*, Universaldienst, S. 57, m. w. N. in Fn. 242.

[165] Vgl. ebd., S. 21.

c) Zusammenfassung

Zusammenfassend lässt sich die Reichweite des verfassungsrechtlichen Begriffs der Telekommunikation durch folgende Kernaussagen beschreiben:

- wie der frühere Begriff Fernmeldewesen ist Telekommunikation ein technischer, auf den Vorgang der Übermittlung von Nachrichten[166] bzw. Signalen[167] bzw. Zeichen[168] oder Daten[169] bezogener Begriff;
- dieser technische Bereich umfasst auch die personellen und sächlichen Mittel;[170]
- gegenständlich beschränkt sich der Begriff nicht auf den unmittelbaren Netzbereich, wie Übertragungsleitungen einschließlich des Leitungsabschlusses; er umspannt auch diejenigen technischen Einrichtungen, die die Übertragung erst ermöglichen;[171]
- kennzeichnend für diesen technischen Vorgang ist die körperlose Übermittlung von Nachrichten in der Weise, dass die ausgesandten Zeichen am Empfangsort wiedererzeugt werden;[172]
- im Verhältnis zum Rundfunk kommt der Telekommunikation nur dienende Funktion zu;[173]
- unerheblich ist, welche Technik verwendet wird;[174]
- unerheblich ist auch, ob es sich um Individual-, Massenkommunikation[175] oder Kombinationstechniken[176] handelt.

Der Vergleich mit dem einfachgesetzlichen Telekommunikationsbegriff zeigt, dass der verfassungsrechtlich relevante Begriff einem weiteren Verständnis unterliegt.[177] Der einfachgesetzliche Begriff der Telekommunikation erfährt daher keine verfassungsrechtlichen Beschränkungen, mit Ausnahme der bereits oben erörterten negativen Begrenzung durch den verfassungsrechtlich relevanten Rundfunkbegriff.[178]

3. Supranationale Vorgaben

Nachfolgend wird untersucht, ob dieser weite einfachgesetzliche Telekommunikationsbegriff aufgrund von supranationalen Vorgaben Einschränkungen erfährt. Das deutsche Telekommu-

---

166 Vgl. BVerfG, Urt. v. 12.10.1977, E 46, 120 (140, 142 ff.).
167 Insbesondere Bild- und Tonsignale, vgl. BVerfG, Urt. v. 28.02.1961, E 12, 205 (226 f.).
168 Vgl. BVerfG, Urt. v. 12.10.1977, E 46, 120 (140, 143).
169 Vgl. ebd., (122, 143 f., 151).
170 Vgl. *Stern*, BT-RechtsA-Prot 12/117, S. 40 f.
171 Vgl. – speziell zu den "Einrichtungen des Fernmeldewesens" – BVerfG, Urt. v. 12.10.1977, E 46, 120 (144) unter Bezugnahme auf BVerfG, Urt. v. 28.02.1961, E 12, 205 (227).
172 Vgl. BVerfG, Urt. v. 12.10.1977, E 46, 120 (139 und 143).
173 Vgl. BVerfG, Urt. v. 28.02.1961, E 12, 205 (227). Zur Abgrenzung des Rundfunks von der Telekommunikation auf verfassungsrechtlicher Ebene vgl. auch *K. Windthorst*, Universaldienst, S. 73 ff.
174 Vgl. BVerfG, Urt. v. 12.10.1977, E 46, 120 (143).
175 So auch *K. Windthorst*, Universaldienst, S. 57, auch unter Hinweis auf Praktikabilitätsgesichtspunkte.
176 So auch *Lerche*, in: *Maunz/Dürig*, GG, Art. 87f, Rdnr. 50.
177 *K. Windthorst*, Universaldienst, S. 53, spricht in diesem Zusammenhang von einer "offensichtlichen" Verfassungskonformität.
178 Vgl. zum verfassungsrechtlichen Rundfunkbegriff nur *Nierstein*, AfP 2000, 7 ff. Zur Abgrenzung von Telekommunikation und Multimediadiensten vgl. nur *K. Windthorst*, Universaldienst, S. 78 ff., bzw. zur Auswirkung der rasanten technischen Entwicklung der Telekommunikation auf die ordnungspolitischen Vorgaben *ders.*, a. a. O., S. 25 ff.

nikationsrecht lässt sich streng genommen nur im Zusammenhang mit den europäischen Vorgaben sehen,[179] da die Neuordnung des deutschen Telekommunikationsrechts maßgeblich auf die Entwicklungen des europäischen Gemeinschaftsrechts zurückgeht.[180] Allein in den Jahren 1983 bis 1996 wurden auf europäischer Ebene wenigstens 83 Rechtsakte zum Recht der Telekommunikation erlassen.[181]

Während die *Privatisierung* der Telekommunikationsmärkte eigenen, nationalen Ideen folgte, wurzelt deren schrittweise *Liberalisierung* in den Vorgaben des Gemeinschaftsrechts.[182] Der bestehende europäische Rechtsrahmen ist in erster Linie darauf ausgerichtet, den Übergang der Märkte von den Monopolen zum Wettbewerb zu steuern. Er konzentriert sich daher auf die Rechte der Marktteilnehmer und die Schaffung eines wettbewerbsorientierten Marktes. Die den Rahmenbedingungen der Gemeinschaft bislang zugrunde liegenden wesentlichen Grundsätze sind die Liberalisierung monopolbestimmter Bereiche (d. h. die Öffnung der Telekommunikationsmärkte für den Wettbewerb), die Harmonisierung des europäischen Marktes (d. h. die Angleichung der telekommunikationsspezifischen Rechtsvorschriften der Mitgliedstaaten, um einheitliche Bedingungen in einem gesamteuropäischen Telekommunikationsmarkt zu schaffen) und die Anwendung der Wettbewerbsregeln nach den Art. 81 ff. EGV[183].

Von Bedeutung war das Gemeinschaftsrecht jedoch nicht nur für die *Entwicklung* des bundesdeutschen Telekommunikationsrechts, so auch für das Telekommunikationsgesetz. Wesentlich bleibt das Gemeinschaftsrecht auch zukünftig für die *Anwendung* und die *Auslegung* der nationalen Telekommunikationsrechtsordnungen.[184] Im Zusammenhang mit der Herausarbeitung des dem Telekommunikationsgesetz zugrunde liegenden Telekommunikationsbegriffs stellt sich die Frage, ob und gegebenenfalls wie die auf europäischer Ebene geschaffenen Akte auf den nationalen Telekommunikationsbegriff einwirken.[185] Relevant wurde dieses Frage beispielsweise in der jüngeren Vergangenheit im Rahmen der Diskussion, ob das Telekommunikationsrecht auf die Übertragung von Rundfunksignalen über Breitbandkabelnetze

---

179 Ausführlich zu den europäischen Gemeinschaftsvorgaben (Stand 01.01.1998) *S. Polster*, Das Telekommunikationsrecht der Europäischen Gemeinschaft, S. 1 ff.

180 Vgl. zum Stand der Umsetzung des geltenden europäischen Rechtsrahmens für die Telekommunikation den fünften Bericht über die Umsetzung des Reformpakets für den Telekommunikationssektor, KOM (1999) 537. Zur angestrebten umfassenden Reform des europäischen Rechtsrahmens für den Telekommunikationssektor vgl. den Kommunikationsbericht 1999 der EU-Kommission: Entwicklung neuer Rahmenbedingungen für elektronische Kommunikationsinfrastrukturen und zugehörige Dienste, KOM (1999) 539 (nicht offizielle Version) mit einer Besprechung bei *Kardasiadou*, RTkom 1999, 168 (168 ff.).

181 Vgl. hierzu die Übersicht bei *H. Fangmann/K. Lörcher/W. Scheuerle/M. Schwemmle/E. Wehner*, Telekommunikations- und Postrecht, Teil II, 1.3.1, S. 291 ff. Beginn der Entwicklung einer europäischen Telekommunikationspolitik war im Jahr 1979 der Dublin Report, KOM (79) 650.

182 Vgl. *H. Fangmann/K. Lörcher/W. Scheuerle/M. Schwemmle/E. Wehner*, Telekommunikations- und Postrecht, Teil I, 1., S. 1, Rdnr. 2.

183 Art. 85 ff. EGV a. F. Vgl. zu diesen drei Grundsätzen die Mitteilung der Kommission über die Umsetzung des Reformpaketes für den Telekommunikationssektor, KOM (97) 236 endg. vom 29.05.1997, S. 3 f., mit Hinweisen zu den jeweils hierzu ergangenen Regelungen. Demgegenüber zielen die verfassungsrechtlichen Vorgaben zum Telekommunikationssektor auf eine Organisations- und Aufgabenprivatisierung unter Beibehaltung des Auftrags an den Bund, eine Grundversorgung durch die privaten Anbieter zu gewährleisten, vgl. eingehend unten Kap. C.I.2.b).

184 So auch *Schuster*, in: Beck'scher TKG Komm., § 1, Rdnr. 13, ohne weitere Differenzierung.

185 K. Windthorst, Universaldienst, S. 39 ff., kommt in seiner Untersuchung zu dem Ergebnis, dass keinesfalls eine Neubestimmung des Verfassungsbegriffs "Telekommunikation" infolge gemeinschaftskonformer Verfassungsauslegung vorzunehmen sei, da es insoweit an einem Widerspruch fehle.

Anwendung findet, nicht zuletzt deshalb, weil die Rundfunkkabelnetze teilweise aus den dem Telekommunikationsgesetz zugrunde liegenden Gemeinschaftsrichtlinien ausgegrenzt wurden.[186] Die Übertragung und Weiterleitung von Rundfunk (gemeint war: Hörfunk[187]) und Fernsehen wurde beispielsweise vom Anwendungsbereich der ONP-Rahmenrichtlinie ausdrücklich ausgenommen.[188] Eine Ausdehnung des Anwendungsbereichs dieser Richtlinie durch eine Änderungsrichtlinie ist bislang nicht erfolgt. Gleiches gilt auch für die Zusammenschaltungsrichtlinie.[189] Demgegenüber gilt nach der Satellitenrichtlinie auch die Übertragung von Rundfunk- und Fernsehprogrammen über Satellit als Telekommunikationsdienst.[190] Welche Auswirkungen diese europäischen Legaldefinitionen auf das deutsche Recht haben, wird daher nachfolgend dargestellt.

a) Europäische Gemeinschaftsregelungen zum Recht der Telekommunikation

Trotz der besonderen Bedeutung der Telekommunikationsmärkte für die Mitgliedstaaten der Gemeinschaft erwähnt der Vertrag zur Gründung der Europäischen Gemeinschaft (EGV) die Telekommunikation nur ausdrücklich im Zusammenhang mit den Regelungen zu transeuropäischen Netzen (vgl. Art. 154 Abs. 1 EGV). Dennoch lassen sich im Primärrecht der Gemeinschaft zahlreiche Vorschriften finden, die *zumindest auch* für die Telekommunikationsmärkte Geltung beanspruchen.[191] So umfasst die Tätigkeit der Gemeinschaft gemäß

- Art. 3 Abs. 1 lit. c) EGV einen Binnenmarkt durch die Beseitigung der Hindernisse für den freien Waren-, Personen-, Dienstleistungs- und Kapitalverkehr zwischen den Mitgliedstaaten,

---

186 Vgl. *Libertus*, K&R 1999, 259 (259), m. w. N. zum Streitstand in den Fn. 3 und 4.

187 So auch *Bartosch*, CR 1997, 751 (753).

188 Vgl. die Erwägungsgründe der RL 90/387/EWG des Rates vom 28.06.1990 zur Verwirklichung des Binnenmarktes für Telekommunikationsdienste durch Einführung eines offenen Netzzugangs (Open Network Provision – ONP), ABl. EG Nr. L 192 v. 24.07.1990, S. 1 ("ONP-Rahmenrichtlinie"), wonach die ONP-Rahmenrichtlinie ausdrücklich nicht die Probleme der Massenmedien, d. h. der Übertragung und Verteilung von Fernsehprogrammen über Fernmeldeeinrichtungen, insbesondere Fernsehkabelnetze, die besonderer Erwägungen bedürften, betreffen. Vgl. auch die Definition zum Begriff der "Telekommunikationsdienste" in Art. 2 Nr. 3 der durch die RL 97/51/EG des Europäischen Parlaments und des Rates zur Änderung der Richtlinien 90/387/EWG und 92/44/EWG des Rates zwecks Anpassung an ein wettbewerbsorientiertes Telekommunikationsumfeld, ABl. EG Nr. L 295 v. 29.10.1997, S. 23, geänderten ONP-Rahmenrichtlinie.

189 Vgl. Art. 2 Abs. 1 lit. d) und den 3. Erwägungsgrund der RL 97/33/EG des Europäischen Parlaments und des Rates v. 30.06.1997 über die Zusammenschaltung in der Telekommunikation im Hinblick auf die Sicherstellung eines Universaldienstes und der Interoperabilität durch Anwendung der Grundsätze über einen offenen Netzzugang (ONP), ABl. EG Nr. 1997 L 199 v. 26.07.1997, S. 32 ("Zusammenschaltungsrichtlinie"), geändert durch RL 98/61/EG des Europäischen Parlaments und des Rates v. 24.09.1998 zur Änderung der Richtlinie 97/33/EG hinsichtlich der Übertragbarkeit von Nummern und der Betreibervorauswahl, ABl. EG Nr. L 268 v. 03.10.1998, S. 37.

190 Dies geht aus Erwägungsgrund 17 der Satellitenrichtlinie (s. u. Fn. 208) hervor, in der es heißt: "Die Erbringung von Satellitenfunkdienstleistungen für die Übertragung von Rundfunk- und Fernsehprogrammen ist ein Telekommunikationsdienst im Sinne dieser Richtlinie und unterliegt somit ihren Bestimmungen."

191 An der Spitze der gemeinschaftsrechtlichen Normenhierarchie steht das primäre Gemeinschaftsrecht. Hierzu gehören in erster Linie die Verträge zur Gründung der EU, der EG, der EGKS und der EA. Zu Ergänzungen und Modifizierung des Primärrechts aufgrund von Gewohnheitsrecht, allgemeinen Rechtsgrundsätzen und im völkerrechtlichen Verfahren geschaffenen Akten vgl. *v. Bogdandy/Nettesheim*, in: Das Recht der Europäischen Union, Altband 1, Art. 1 EGV, Rdnr. 13.

- Art. 3 Abs. 1 lit. g) EGV ein System, das den Wettbewerb innerhalb des Binnenmarkts vor Verfälschungen schützt,
- Art. 3 Abs. 1 lit. m) EGV die Stärkung der Wettbewerbsfähigkeit der Industrie der Gemeinschaft,
- Art. 3 Abs. 1 lit. n) EGV die Förderung der Forschung und der technologischen Entwicklung,
- Art. 3 Abs. 1 lit. o) EGV die Förderung des Auf- und Ausbaus transeuropäischer Netze und
- Art. 3 Abs. 1 lit. t) EGV einen Beitrag zur Verbesserung des Verbraucherschutzes (vgl. hierzu auch Art. 153 EGV).

Darüber hinaus umfasst nach Art. 4 Abs. 1 EGV die Tätigkeit der Gemeinschaft die Einführung einer Wirtschaftspolitik, die auf einer engen Koordinierung der Wirtschaftspolitik der Mitgliedstaaten, dem Binnenmarkt und der Festlegung gemeinsamer Ziele beruht und dem Grundsatz einer offenen Marktwirtschaft mit freiem Wettbewerb verpflichtet ist. Art. 10 EGV statuiert die Verpflichtung der Mitgliedstaaten zur Einhaltung ihrer sich aus dem Vertrag ergebenden Pflichten. Die Art. 23–31 EGV enthalten Bestimmungen über den freien Warenverkehr, die Art. 39-60 EGV regeln die Freizügigkeit, den freien Dienstleistungs- und Kapitalverkehr.

Grundlegende Bedeutung für den Telekommunikationssektor haben zudem die Wettbewerbsregeln der Art. 81 ff. EGV und die von der Kommission hierzu erlassenen Leitlinien für die Anwendung der EG-Wettbewerbsregeln im Telekommunikationsbereich.[192] Auf die Leitlinien der Kommission und die Rechtsprechung des Europäischen Gerichtshofes ist insbesondere zur Bestimmung des für einen gegebenen Sachverhalt relevanten Produkt- und geographischen Marktes zurückzugreifen.[193]

Bedeutsamer für den Telekommunikationssektor ist jedoch das sekundäre Gemeinschaftsrecht.[194] Die Europäische Kommission hat auf der Grundlage des Art. 86 Abs. 3 EGV[195] verschiedene Richtlinien zur Liberalisierung der Telekommunikationsmärkte erlassen.[196] Hierdurch wurden die Mitgliedstaaten zur Beseitigung besonderer und ausschließlicher Rechte und somit zur Öffnung der Märkte im Telekommunikationsbereich verpflichtet (Liberalisierung).[197] Diese Marktöffnung wurde durch den Erlass zusätzlicher Richtlinien des Europä-

---

192 Zur Überwachung der Einhaltung der Wettbewerbsvorschriften des EGV durch die Kommission vgl. *Schaub*, MMR 2000, 211 (212).

193 Zur Anwendung der Wettbewerbsregeln des EGV auf den Telekommunikationssektor (ABl. EG Nr. c 233 v. 06.09.1992, S. 2) vgl. auch *S. Polster*, Das Telekommunikationsrecht der Europäischen Gemeinschaft, S. 100 ff. Zur Marktbeherrschung auf den Endkunden-, Reselling- und Netzzugangsmärkten in Deutschland vgl. *Salje*, K&R 1998, 331 (331 ff.).

194 Zum sog. Sekundärrecht zählen die durch Rechtshandlungen der Gemeinschaftsorgane gesetzten Rechtsnormen, wie Verordnungen, Richtlinien, Entscheidungen, Empfehlungen und Stellungnahmen (vgl. Art 249 EGV n. F.).

195 Art. 90 Abs. 3 EGV a. F.

196 Der Europäische Gerichtshof spricht im Ergebnis der Kommission das Recht zu, gemäß Art. 90 Abs. 3 EGV a. F. mittels generell wirkender Rechtssetzungsakte gegen das Gemeinschaftsrecht verstoßende staatliche Monopole zu zerschlagen, vgl. *S. Polster*, Das Telekommunikationsrecht der Europäischen Gemeinschaft, S. 4 f.

197 Einleitender Schritt der Liberalisierungsphase war die Mitteilung der Kommission vom 30.06.1987, Auf dem Weg zu einer dynamischen Volkswirtschaft, Grünbuch über die Entwicklung des gemeinsamen Marktes für Telekommunikationsdienstleistungen und Telekommunikationsgeräte, KOM (87) 290 endg. Zentrale Richtlinien der Liberalisierung sind die RL 88/301/EWG der Kommission vom 16.05.1988 über den Wett-

ischen Parlaments und des Rates auf der Grundlage von Art. 95 EGV[198] abgesichert, die Regelungen für den offenen Netzzugang und als Unterfall des allgemeinen Netzzugangs insbesondere für die Zusammenschaltung von Netzen aufstellen (Harmonisierung).[199] Obwohl sich die Liberalisierungs- und Harmonisierungsrichtlinien auf unterschiedliche Rechtsgrundlagen des Vertrages stützen, stellen die Liberalisierung des Marktes und die ordnungspolitische[200] Reform der Gemeinschaft zwei Aspekte ein und desselben Vorgangs dar. Zwischen den nach Art. 86 und Art. 95 EGV erlassenen Richtlinien besteht daher eine enge sachliche Verbindung.[201]

(aa) Sektorspezifische sekundärrechtliche Vorgaben im Überblick

(1) Maßnahmen zur Harmonisierung nach Art. 95 EGV im Überblick

Bereits im Jahr 1984 wurden auf europäischer Ebene die ersten Maßnahmen zur Harmonisierung und Liberalisierung im Bereich der Telekommunikation auf den Weg gebracht.[202] Die ONP-Rahmenrichtlinie (90/387/EWG) hatte die Harmonisierung der Zugangsbedingungen für öffentliche Telekommunikationsnetze und -dienste (Vereinheitlichung der technischen Schnittstellen, Tarifgrundsätze und Nutzungsbedingungen), die noch nicht für den Wettbewerb freigegeben waren, zum Gegenstand. Damit wurden die Grundprinzipien der Zusammenschaltung und des offenen Netzzugangs festgelegt. Ziel dieser Richtlinie war die schrittweise Ausarbeitung harmonisierter Bedingungen in den Mitgliedstaaten. Zu fundamentalen Grundsätzen der ONP-Bedingungen wurden nach Art. 3 Abs. 1 der Richtlinie Objektivität, Transparenz und Diskriminierungsfreiheit bestimmt.

---

bewerb auf dem Markt für Telekommunikations-Endgeräte, ABl. EG Nr. L 131 v. 27.05.1988, S. 73 ("Endgeräterichtlinie"), und die RL 90/388/EWG der Kommission vom 28.06.1990 über den Wettbewerb auf dem Markt für Telekommunikationsdienste, ABl. EG Nr. L 192 v. 24.07.1990, S. 10 ("Dienste-Richtlinie"), die zwischenzeitlich durch zahlreiche Einzelrichtlinien geändert wurde, vgl. unten Fn. 208.

198 Art. 100a EGV a. F.

199 Zentrale Richtlinien zur Harmonisierung sind die RL 90/387/EWG des Rates vom 28.06.1990 zur Verwirklichung des Binnenmarktes für Telekommunikationsdienste durch Einführung eines offenen Netzzugangs, ABl. EG Nr. L 192 v. 24.07.1990, S. 1 ("ONP-Rahmenrichtlinie"), geändert durch RL 97/51/EG des Europäischen Parlaments und des Rates zur Änderung der Richtlinien 90/387/EWG und 92/44/EWG des Rates zwecks Anpassung an ein wettbewerbsorientiertes Telekommunikationsumfeld (ABl. EG Nr. L 295 v. 29.10.1997, S. 23), und die verschiedenen Einzelrichtlinien zur Ausfüllung der ONP-Rahmenrichtlinie, vgl. hierzu das nächste Kap. B.I.3.a)(aa)(1).

200 Ordnungspolitisches Handeln auf den Telekommunikationsmärkten wird im Rahmen dieser Untersuchung als das Setzen von Rahmenbedingungen für das Handeln der Marktteilnehmer verstanden. Im Unterschied dazu nehmen staatliche Maßnahmen prozesspolitischen Charakter an, wenn sie interventionistisch, unmittelbar und inhaltlich lenkend auf das Geschehen auf den Telekommunikationsmärkten einwirken. Vgl. allgemein hierzu *U. Immenga*, Politische Instrumentalisierung des Kartellrechts?, S. 3 und 7.

201 Mitteilung der Kommission über die Umsetzung des Reformpaketes für den Telekommunikationssektor, KOM (97) 236 endg. vom 29.05.1997, S. 4.

202 Empfehlung des Rates vom 12.11.1984 betreffend die Durchführung der Harmonisierung auf dem Gebiet des Fernmeldewesens (84/549/EWG), ABl. EG Nr. L 298 v. 16.11.1984, S. 49 ff.). Erste Richtlinie der Harmonisierungspolitik war die RL 86/361/EWG des Rates v. 24.07.1986 über die erste Phase der gegenseitigen Anerkennung der Allgemeinzulassungen von Telekommunikationsendgeräten, ABl. EG Nr. L 217 v. 05.08.1986, S. 21. Ausführlich zur Harmonisierung der Rechtsordnungen der Mitgliedstaaten im Telekommunikationsbereich *S. Polster*, Das Telekommunikationsrecht der Europäischen Gemeinschaft, S. 46 ff.

Als Einzelrichtlinie zur Ausfüllung der ONP-Rahmenrichtlinie (Art. 6) hat der Rat am 05.06.1992 die sog. ONP-Mietleitungsrichtlinie[203] erlassen. Sie soll – nun im liberalisierten Markt – sicherstellen, dass Anbieter mit "beträchtlicher Marktmacht" Wettbewerbern Mietleitungen zu harmonisierten Zugangs- und Nutzungsbedingungen zur Verfügung stellen.

Weitere Einzelrichtlinie im Sinne der ONP-Rahmenrichtlinie war die Richtlinie des Europäischen Parlaments und des Rates vom 13.12.1995 zum Sprachtelefondienst.[204] Diese Richtlinie wurde im Jahr 1998 durch eine neue ONP-Sprachtelefondienstrichtlinie komplett ersetzt.[205] Sie soll die Verfügbarkeit qualitativ hochwertiger, fester öffentlicher Telefondienste innerhalb der Gemeinschaft sicherstellen und bestimmte Dienste definieren, zu denen allen Nutzer, einschließlich der Verbraucher, im Rahmen des Universaldienstes zu einem gemessen an den landesspezifischen Bedingungen erschwinglichen Preis Zugang haben sollen.

Die sog. ONP-Zusammenschaltungsrichtlinie hat die Sicherstellung der Zusammenschaltung von Telekommunikationsnetzen, die Interoperabilität von Diensten sowie die Sicherstellung eines Universaldienstes zum Gegenstand.[206] Sie betrifft die Harmonisierung von Bedingungen für die offene und effiziente Zusammenschaltung von öffentlichen Telekommunikationsnetzen und für die Öffentlichkeit zugänglichen Telekommunikationsdiensten sowie den Zugang zu diesen Netzen und Diensten.

---

203 RL 92/44/EWG des Rates vom 05.06.1992 zur Einführung des offenen Netzzugangs bei Mietleitungen, ABl. EG Nr. L 165 v. 19.06.1992, S. 27 ("Mietleitungsrichtlinie"), geändert durch die RL 97/51/EG des Europäischen Parlaments und des Rates vom 06.10.1997 zur Änderung der RL 90/387/EWG und 92/44/EWG des Rates zwecks Anpassung an ein wettbewerbsorientiertes Telekommunikationsumfeld (ABl. EG Nr. L 295/23 v. 29.10.1997, S. 23).

204 RL 95/62/EG des Europäischen Parlaments und des Rates vom 13.12.1995 zur Einführung des offenen Netzzugangs (ONP) beim Sprachtelefondienst (ABl. EG Nr. L 321 v. 31.12.1995, S. 6). Vor Erlass dieser Richtlinie hatte die Kommission Zusammenschaltungsverpflichtungen für den Mobilfunkbereich gesondert in der sog. Mobilfunkrichtlinie (s. u. Fn. 208) festgelegt. Nach Art. 3d der Mobilfunkrichtlinie haben die Mitgliedstaaten dafür Sorge zu tragen, dass die Betreiber von Mobilkommunikationssystemen für die Öffentlichkeit berechtigt sind, ihre Systeme mit dem öffentlichen Telekommunikationsnetz zusammenzuschalten. Zur Zusammenschaltung von Telekommunikationsnetzen hat sich die Kommission noch ein weiteres Mal in der sog. Netzrichtlinie geäußert, vgl. Erwägungsgründe 13. und 14. der RL 96/19/EG (s. u. Fn. 208).

205 Ersetzt durch RL 98/10/EG des Europäischen Parlaments und des Rates v. 26.02.1998 über die Anwendung des offenen Netzzugangs (ONP) beim Sprachtelefondienst und den Universaldienst im Telekommunikationsbereich in einem wettbewerbsorientierten Umfeld, ABl. EG Nr. L 101 v. 01.04.1998, S. 6 ("Sprachtelefondienstrichtlinie").

206 RL 97/33/EG des Europäischen Parlaments und des Rates v. 30.06.1997 über die Zusammenschaltung in der Telekommunikation im Hinblick auf die Sicherstellung eines Universaldienstes und der Interoperabilität durch Anwendung der Grundsätze für einen offenen Netzzugang (ONP), ABl. EG Nr. L 199 v. 30.06.1997, S. 32, geändert durch die RL 98/61/EG des Europäischen Parlaments und des Rates v. 24.09.1998 zur Änderung der Richtlinie 97/33/EG hinsichtlich der Übertragbarkeit von Nummern und Betreibervorauswahl, ABl. EG Nr. L 268 v. 03.10.1998, S. 37.

(2) Maßnahmen zur Liberalisierung nach Art. 86 Abs. 3 EGV im Überblick[207]

Zentrale Rechtsgrundlage der Liberalisierung ist die sog. Dienste-Richtlinie, die durch zahlreiche weitere Richtlinien der Kommission zwischenzeitlich ergänzt und abgewandelt wurde.[208] Die Kommission bewertete darin die staatliche Gewährung besonderer und ausschließlicher Rechte für Telekommunikationsdienstleistungen als Verstoß gegen Art. 90 i. V. m. Art. 59 EGV a. F., da solche Rechte den grenzüberschreitenden Dienstleistungsverkehr beschränken würden.[209] Darüber hinaus ist nach Ansicht der Kommission die Gewährung besonderer oder ausschließlicher Rechte für Telekommunikationsdienstleistungen mit Art. 90 Abs. 1 i. V. m. Art. 86 EGV a. F. unvereinbar, wenn diese Fernmeldeorganisationen gewährt werden, die zugleich auch derartige Rechte für die Errichtung und Bereitstellung von Telekommunikationsnetzen besitzen, da hierdurch eine Verstärkung oder Ausdehnung der bereits bestehenden marktbeherrschenden Stellung bewirkt oder es notwendigerweise zu anderen Missbräuchen einer solchen Stellung führen würde.[210] Zentraler Regelungsgegenstand der auf Art. 86 Abs. 3 EGV gestützten Dienste-Richtlinie ist daher die Verpflichtung der Mitgliedstaaten, die besonderen und ausschließlichen Rechte für die Erbringung von Telekommunikationsdienstleistungen, einschließlich der Errichtung und der Bereitstellung von Telekommunikationsnetzen, aufzuheben (Art. 2 Abs. 1). Die Kommission gewährte ursprünglich eine Ausnahme von der Anwendung der Vertragsregeln nach Art. 90 Abs. 2 EGV a. F. für die Bereitstellung von öffentlicher Netzinfrastruktur (Errichtung und Nutzung der öffentlichen Netze) und den Sprachtelefondienst.[211] Später musste nach Maßgabe der Europäischen Union in allen Mitgliedstaaten die vollständige Öffnung der Kernbereiche des Telekommunikationssektors – die reine Sprachübermittlung und die öffentliche Netzinfrastruktur – bis 01.01.1998

---

[207] Die nachfolgenden Ausführungen beziehen sich schwerpunktmäßig auf die Liberalisierung von Telekommunikationsdienstleistungen. Zur Öffnung des Telekommunikations-Endgerätemarkts für den Wettbewerb durch die Endgeräte-Richtlinie 88/301/EWG vgl. *S. Polster*, Das Telekommunikationsrecht der Europäischen Gemeinschaft, S. 13 ff. Ausführlich zur Liberalisierung von Telekommunikationsdienstleistungen auch *ders.*, Das Telekommunikationsrecht der Europäischen Gemeinschaft, S. 11 ff.

[208] RL 90/388/EWG der Kommission vom 28.06.1990 über den Wettbewerb auf dem Markt für Telekommunikationsdienste, ABl. EG Nr. L 192 v. 24.07.1990, S. 10 ("Dienste-Richtlinie"), geändert durch RL 94/46/EG der Kommission vom 13.10.1994 zur Änderung der Richtlinien 88/301/EWG und 90/388/EWG, insbesondere betreffend die Satelliten-Kommunikation, ABl. EG Nr. L. 268 v. 19.10.1994, S. 15 ("Satellitenrichtlinie"), geändert durch RL 95/51/EG der Kommission vom 18.10.1995 zur Änderung der Richtlinie 90/388/EWG hinsichtlich der Aufhebung der Einschränkungen bei der Nutzung von Kabelfernsehnetzen für die Erbringung bereits liberalisierter Telekommunikationsdienste, ABl. EG Nr. L 256 v. 26.10.1995, S. 49 ("Kabelrichtlinie"), geändert durch RL 96/2/EG der Kommission vom 16.01.1996 zur Änderung der Richtlinie 90/388/EWG betreffend die mobile Kommunikation und Personal Communications, ABl. EG Nr. L 20 v. 26.01.1996, S. 59 ("Mobilfunkrichtlinie"), geändert durch RL 96/19/EG der Kommission vom 13.03.1996 zur Änderung der Richtlinie 90/388/EWG hinsichtlich der Einführung des vollständigen Wettbewerbs auf den Telekommunikationsmärkten, ABl. EG Nr. L 74 v. 22.03.1996, S. 13 ("Wettbewerbsrichtlinie"), geändert durch RL 1999/64/EG der Kommission vom 23.06.1999 zur Änderung der Richtlinie 90/388/EWG im Hinblick auf die Organisation ein- und demselben Betreiber gehörender Telekommunikations- und Kabelfernsehnetze in rechtlich getrennten Einheiten, ABl. EG Nr. L 175 vom 10.07.1999, S. 39 ("Kabeleigentumsrichtlinie"). Diese Richtlinien sollen nach den Plänen der Kommission zukünftig in einer einzigen konsolidierten und vereinfachten Liberalisierungsrichtlinie zusammengefasst werden, vgl. Europäische Kommission, Kommunikationsbericht 1999, KOM (1999) 539 (nicht offizielle Version), S. 20.

[209] 12. Erwägungsgrund der Dienste-Richtlinie.

[210] 17. Erwägungsgrund der Dienste-Richtlinie; vgl. auch *Hallenga*, Archiv PT 1996, 239 (240).

[211] Art. 2 Abs. 1 Satz 1, Art. 4 Abs. 1 der Dienste-Richtlinie in der Fassung vom 28.06.1990, ABl. EG Nr. L 192 v. 24.07.1990, S. 10.

gewährleistet werden.[212] Allerdings gestattet die Dienste-Richtlinie den Mitgliedstaaten weiterhin, die Erbringung liberalisierter Dienste einem Genehmigungs- und Anmeldeverfahren zu unterwerfen, vgl. Art. 2 Abs. 2. Später wurde u. a. den Betreibern von Kabelfernsehnetzen durch die Kabelrichtlinie das Erbringen von Dienstleistungen im Bereich der Individualkommunikation, jedoch mit Ausnahme des Sprachtelefondienstes, ermöglicht.[213]

(3) Maßgeblichkeit der europäischen Begrifflichkeiten für das nationale Telekommunikationsrecht

(i) Umsetzungsbedürftigkeit der europäischen Vorgaben

Sowohl die Richtlinien der Kommission als auch die Richtlinien des Rates bzw. die gemeinsamen Richtlinien des Europäischen Parlaments und des Rats sind an die Mitgliedstaaten gerichtet, d. h., sie sind auf die Unternehmen bzw. den Einzelnen grundsätzlich nicht direkt anwendbar. Hierzu müssen die Richtlinien erst in nationales Recht umgesetzt werden.[214]

Speziell zu den telekommunikationsspezifischen europäischen Vorgaben aufgrund der zahlreichen Richtlinien ist zu beachten, dass nach der Rechtsprechung auch einzelne Bestimmungen einer Richtlinie in Ausnahmefällen unmittelbar anwendbar sein können, wenn die Umsetzungsfrist abgelaufen ist, die Richtlinie nicht oder nur unzulänglich umgesetzt wurde und die Bestimmungen der Richtlinie inhaltlich unbedingt und hinreichend genau sind.[215] Folge einer unmittelbaren Anwendbarkeit der europäischen telekommunikationsrechtlichen Richtlinien wäre, dass die Regulierungsbehörde sowie die Gerichte von Amts wegen[216] verpflichtet wären, die betreffenden Richtlinienbestimmungen als geltendes Recht zu beachten.[217] Die einzelnen Wettbewerber könnten sich damit unter den genannten Voraussetzungen gegenüber allen Trägern öffentlicher Gewalt auf die Richtlinienbestimmung auch dann berufen, wenn die Bundesrepublik die Richtlinie nicht, nicht fristgemäß oder nur unzulänglich in innerstaatliches Recht umgesetzt hätte.[218] Dagegen können sich aus den europäischen Richtli-

---

[212] Vgl. die Entschließung des Rates zur Prüfung der Lage im Bereich Telekommunikation und zu den notwendigen künftigen Entwicklungen in diesem Bereich vom 22.07.1993, ABl. EG Nr. C 213 v. 06.08.1993, S. 1; Entschließung des Rates über die Grundsätze und den Zeitplan für die Liberalisierung der Telekommunikationsinfrastrukturen vom 22.12.1994, ABl. EG Nr. C 379 v. 31.12.1994, S. 4; Art. 2 und 5. Erwägungsgrund der Dienste-Richtlinie, ABl. EG Nr. L 192 v. 24.07.1990, S. 10, geändert durch die Richtlinie 96/19/EG der Kommission vom 13.03.1996 zur Änderung der Richtlinie 90/388/EWG hinsichtlich der Einführung des vollständigen Wettbewerbs auf den Telekommunikationsmärkten, ABl. EG Nr. L 74 v. 22.03.1996, S. 13).

[213] Vgl. die Richtlinie 95/51/EG der Kommission vom 18.10.1995 zur Änderung der RL 90/388/EWG hinsichtlich der Aufhebung der Einschränkungen bei der Nutzung von Kabelfernsehnetzen für die Erbringung bereits liberalisierter Telekommunikationsdienste (ABl. EG Nr. L 256 v. 18.10.1995, S. 49).

[214] Zu den Voraussetzungen, unter denen der Europäische Gerichtshof in Ausnahmefällen eine unmittelbare Anwendbarkeit einzelner Bestimmungen einer Richtlinie bejaht, vgl. *Grabitz*, in: Das Recht der Europäischen Union, Altband 2, Art. 189 EGV, Rdnr. 60 ff., m. w. N. zur Rechtsprechung des Europäischen Gerichtshofs.

[215] Ständige Rechtsprechung seit EuGH, Urt. v. 17.12.1970, Slg. 1970, 1213 ff.

[216] Vgl. *Scherzberg*, Jura 1993, 225 (226 f.); *Streinz*, in: HbStR VII, S. 817 (823 f.).

[217] Vgl. EuGH, Urt. v. 22.06.1989, Slg. 1989, 1839 (1870 f.).

[218] Vgl. EuGH, Urt. v. 08.10.1987, Slg. 1987, 3969 (3985); Urt. v. 22.06.1989, Slg. 1989, 1839 (1870 f.).

nien zum Telekommunikationsrecht grundsätzlich keine unmittelbaren Wirkungen für die Rechtsbeziehungen *zwischen* den Wettbewerbern ergeben.[219]

Nach Art. 249 Abs. 3 EGV[220] sind die Richtlinien für jeden Mitgliedstaat, an den sie gerichtet sind, hinsichtlich des zu erreichenden Ziels verbindlich, überlassen jedoch den innerstaatlichen Stellen die Wahl der Form und der Mittel. Sowohl die vorgenannten Richtlinien der Kommission als auch diejenigen des Rates und des Parlaments sind nunmehr in Deutschland einheitlich durch das Telekommunikationsgesetz und die hierzu ergangenen Verordnungen[221] umgesetzt worden.[222] Bei der Umsetzung der Richtlinien musste auch die Bundesrepublik Deutschland diejenigen innerstaatlichen Handlungsformen wählen, die für die Gewährleistung der praktischen Wirksamkeit der gemeinschaftsrechtlichen Vorgaben ("effet utile") am besten geeignet sind (Art. 10 EGV[223]).[224]

(ii) Umsetzung der Liberalisierungsvorgaben in das nationale Recht

Zur Liberalisierung der deutschen Telekommunikationsmärkte erließ der BMPT am 19.10.1995 auf der Grundlage des § 2 Abs. 1 und 2 FAG eine "Verordnung zur Öffnung von Märkten für Dienstleistungen sowie zur Regelung von Inhalt, Umfang und Verfahren der Verleihung im Bereich der Telekommunikation (Telekommunikationsverleihungsordnung – TVerleihV)".[225] Der deutsche Markt wurde nach § 2 TVerleihV für das Betreiben von Fernmeldeanlagen, die der Vermittlung von Sprache für geschlossene Benutzergruppen dienen, geöffnet. Gemäß § 4 TVerleihV wurde das Recht zum Betreiben von Fernmeldeanlagen, die der Sprachvermittlung für geschlossene Benutzergruppen zusammengefasster Benutzergruppen (sog. Corporate Networks) dienen sollten, durch eine Allgemeinverleihung gewährt. In Bezug auf sonstige geschlossene Benutzergruppen wurde dieses Recht auf Antrag als Einzelverleihung erteilt, § 6 TVerleihV. Diese Regelung war unmittelbare Folge der Definition des Sprachtelefondienstes i. S. der Dienste-Richtlinie, durch die die reine Sprachübermittlung für geschlossene Benutzergruppen nicht erfasst und daher in vollem Umfang zu liberalisieren war. Die Dienste-Richtlinie erlaubte nämlich eine Monopolbewirtschaftung gegenüber der Regelung von § 1 Abs. 4 FAG a. F. nur beim Sprachtelefondienst für die *Öffentlichkeit*. Von diesen Verleihungen des BMPT wurde auch nicht das Recht erfasst, selbst Übertragungswege errichten und betreiben zu dürfen, die unter das Netzmonopol der DT AG fielen, § 5 Abs. 1 Nr. 2 und § 6 TVerleihV.

Entsprechend den europäischen Vorgaben sind durch die Regelungen des Telekommunikationsgesetzes nun auch die letzten Monopolrechte der DT AG beseitigt worden, § 99 TKG. Die

---

219 Vgl. EuGH, Urt. v. 26.02.1986, Slg. 1986, 737 (749); Urt. v. 13.11.1990, Slg. 1990, I 4156 (4158); Urt. v. 14.07.1994, Slg. 1994, I 3347 (3356), Tz. 24; vgl. auch *Jarass*, NJW 1991, 2665 (2666 f.); *Zuleeg*, VVDStRL 53 (1994), 154 (168).

220 Art. 189 Abs. 3 EGV a. F.

221 Vgl. unten Kap. E.IV.1.

222 Zum Stand der (deutschen) Umsetzung der Liberalisierungs- und Harmonisierungsrichtlinien am 01.10.1999 bzw. 12.10.1999 vgl. den fünften Bericht über die Umsetzung des Reformpakets für den Telekommunikationssektor, KOM (1999) 537, S. 8 ff.

223 Art. 5 Abs. 1 EGV a. F.

224 Vgl. EuGH, Urt. v. 08.04.1976, Slg. 1976, 497 (517).

225 BGBl. 1995 I, S. 1434 f.

Absätze 1 bis 3 des § 1 FAG wurden aufgehoben. Dies bedeutete vor allem das Ende für das allgemeine Netz- und Funkanlagenmonopol der DT AG. Durch den neu gefassten § 1 Abs. 4 FAG wurde der DT AG bis zum 31.12.1997 nur noch das ausschließliche Recht verliehen, Sprachtelefondienst auf der Basis selbst betriebener Telekommunikationsnetze anzubieten.[226] Jeder Anbieter kann sich von nun an nach Maßgabe der §§ 6 ff. TKG um eine Lizenz für das Betreiben von Übertragungswegen zur Erbringung von Telekommunikationsdiensten für die Öffentlichkeit bewerben. Auch soweit sich die Lizenzrechte auf das Angebot von Sprachtelefondienst beziehen, können jene in Übereinstimmung mit dem neu gefassten § 1 Abs. 4 FAG seit dem 01.01.1998 ausgeübt werden.

(iii) Gemeinschaftsrechtskonforme Auslegung des nationalen Telekommunikationsrechts

Art. 10 EGV ist zugleich die Grundlage des Gebots gemeinschaftsrechtskonformer Auslegung und Rechtsfortbildung.[227] Dieses Gebot betrifft in erster Linie die Auslegung nationalen Rechts mit Blick auf Richtlinien. Konsequenterweise richtet es sich in gleichem Maße an Gerichte wie an Verwaltungsbehörden.[228] Es kommt insbesondere dann zur Anwendung, wenn die Regelung eines Sachverhalts nicht nur Gegenstand einer nationalen Bestimmung, sondern auch einer Richtlinienbestimmung ist.[229] So führte der Europäische Gerichtshof in einem Urteil zur Direktwirkung von Richtlinien aus, dass es Sache des nationalen Gerichts sei, "das zur Durchführung der Richtlinie erlassene Gesetz unter voller Ausschöpfung des Beurteilungsspielraums, den ihm das nationale Recht einräumt, in Übereinstimmung mit den Anforderungen des Gemeinschaftsrechts auszulegen und anzuwenden."[230] Weiter postuliert der Europäische Gerichtshof in ständiger Rechtsprechung die Verpflichtung der Gerichte, nationales Recht – im Rahmen ihrer Zuständigkeit – im Lichte des Wortlauts und des Zwecks einschlägiger Richtlinien auszulegen.[231]

Mit dem Begriff der Gemeinschaftskonformität verbindet daher *Nettesheim* mindestens zwei Zielzustände für das nationale Recht. Die sog. *deontische Widerspruchsfreiheit* beinhalte das Gebot, dass keine nationale Bedeutungsfestsetzung einem gemeinschaftlichen Gebot oder Verbot widersprechen dürfe.[232] Das so verstandene Konformitätsgebot reicht dabei naturgemäß nur so weit, wie der Normbefehl des jeweiligen Gemeinschaftsrechtsakts geht. Damit hängt der Anwendungsbereich eines deontisch begriffenen Konformitätsgebots im Wesentli-

---

226 Diese Regelungen sind am 01.08.1997 in Kraft getreten. Das der DT AG bis zum 31.12.1997 verliehene Monopol war ein privatwirtschaftliches Privatmonopol, vgl. *Badura*, Das Verwaltungsmonopol, S. 6 ff. Zur Begründung der Notwendigkeit einer befristeten partiellen Aufrechterhaltung ausschließlicher Rechte vgl. *K. Windthorst*, Universaldienst, S. 198 ff.

227 Vgl. *Zuleeg*, VVDStRL 53 (1994), 154 (165 ff.); ausführlich auch *Nettesheim*, AöR 119 (1994), 261 ff., der das Gebot der gemeinschaftskonformen Auslegung aus dem Zusammenspiel des Art. 5 Abs. 2 EGV a. F. und dem nationalen Gebot der Normerhaltung ableitet (S. 270).

228 So auch EuGH, Urt. v. 10.04.1984, Slg. 1984, 1891 (1909); *Jarass*, EuR 1991, 211 (219); *Salzwedel*, UPR 1989, 41 (44); *Scheuning*, EuR 1985, 229 (252 f.). Vgl. auch mutatis mutandis EuGH, Urt. v. 22.06.1989, NVwZ 1990, 649 (650).

229 Vgl. *v. Bogdandy*, in: Das Recht der Europäischen Union, Altband 1, Art. 5 EGV, Rdnr. 55.

230 EuGH Rs. 79/83 und 14/83, Urteile vom 10.04.1984, Betr. 1984, 1042 (1043) mit Besprechung von *Bleckmann* S. 1574 ff.

231 Vgl. EuGH, Urt. v. 10.04.1984; Slg. 1984, 1891 (1909), Urt. v. 07.11.1989, EuZW 1990, 381 (381); EuGH, Urt. v. 13.11.1990, Slg. I 1990, 4156 (4159 f.).

232 *Nettesheim*, AöR, 119 (1994), 261 (270 f.).

chen vom Konkretisierungsgrad der gemeinschaftlichen Maßstabsnorm ab. Weiter versteht *Nettesheim* den Begriff der Gemeinschaftsrechtskonformität zumindest im Hinblick auf Richtlinien auch im Sinne einer sog. *Zweckkonformität*, d. h. die Auslegung einer nationalen Umsetzungsnorm ist an jenem Zweck auszurichten, den der Gemeinschaftsrechtsgesetzgeber mit der Richtlinienbestimmung verfolgte.[233] Die Ermittlung der Zwecke der Richtlinie wird so nach Auffassung von *Nettesheim* zur obersten Auslegungsregel bei der Anwendung nationaler Vorschriften, die der Umsetzung von Richtlinien dienen.[234] Soweit Richtlinien als Maßstabsnormen dienen und die Bestimmungen der Richtlinien wortgetreu umgesetzt und damit identische Entscheidungsspielräume im Gemeinschaftsrecht und nationalen Recht eröffnet sind, ohne dass bisher ein konkretisierendes Urteil des Europäischen Gerichtshofs vorliegt, kommt seiner Ansicht nach das Zweckkonformitätsgebot zum Tragen.[235] Die Auslegung der nationalen Ausführungsnorm müsste dann von demjenigen Zweck geleitet werden, der dem vorgegebenen identischen Gemeinschaftsrecht zugrunde liegt.[236] Soweit das Gemeinschaftsrecht dem nationalen Recht tatsächlich Spielraum gewährt, scheidet dagegen zwangsläufig eine richtlinienkonforme Auslegung aus.[237]

(iv) Gemeinschaftsrechtlicher Telekommunikationsbegriff

Ebenso wie die auf Art. 86 Abs. 3 EGV gestützten Liberalisierungsrichtlinien der Kommission, liefern die Harmonisierungsrichtlinien des Rates bzw. die gemeinsamen Richtlinien des Europäischen Parlaments und des Rates[238] verschiedene Definitionen zu relevanten Schlüs-

---

[233] Ebd., (271 f.).

[234] Ebd. Anders *Di Fabio*, NJW 1990, 947 (953), der Inhalt und Zielsetzung einer Richtlinie nicht als imperatives, andere Auslegungsregeln überspielendes Interpretationsgebot verstanden wissen will, soweit eine Richtlinie nur mittelbar wirkt. Einen Vorrang der richtlinienkonformen vor den allgemeinen Interpretationsaspekten des nationalen Rechts bejaht dagegen zutreffend *Lutter*, JZ 1992, 592 (604 f.), m. w. N. in Fn. 134, mit dem Hinweis darauf, dass das Verständnis von *Di Fabio* einen Vorbehalt des deutschen Gesetzgebers zur Schaffung richtlinienwirksamen Rechts bedeuten würde. Dies stünde der übernommenen Pflicht zur Gemeinschaftstreue entgegen (venire contra factum proprium).

[235] *Nettesheim*, AöR, 119 (1994), 261 (272).

[236] Zu den Voraussetzungen, Grenzen und Folgen des Gebots gemeinschaftskonformer Auslegung vgl. ebd., (274 ff.).

[237] Vgl. *Classen*, EuZW 1993, 83 (86); *Lutter*, JZ 1992, 593 (606).

[238] Zusätzlich zu den hier erläuterten Richtlinien auf der Grundlage des Art. 95 EGV n. F. haben das Europäische Parlament und der Rat eine Reihe weiterer Richtlinien und Entscheidungen erlassen: Vgl. RL 97/13/EG des Europäischen Parlaments und des Rates v. 10.04.1997 über einen gemeinsamen Rahmen für Allgemein- und Einzelgenehmigungen für Telekommunikationsdienste (ABl. EG Nr. L 117 v. 07.05.1997, S. 15, "ONP-Lizenzrichtlinie"); RL 87/372/EWG der Kommission v. 25.06.1987 über die Frequenzbänder, die für die koordinierte Einführung eines europaweiten öffentlichen zellularen, digitalen, terrestrischen Mobilfunkdienstes in der Gemeinschaft bereitzustellen sind, ABl. EG Nr. L 196 v. 17.07.1987, S. 85 ("GSM-Richtlinie"); RL 90/544/EG des Rates v. 09.10.1990 über die Frequenzbänder für die koordinierte Einführung eines europaweiten öffentlichen terrestrischen Funkrufsystems in der Gemeinschaft, ABl. EG Nr. L 310, v. 09.11.1990, S. 28 ("ERMES-Richtlinie"); RL 91/287/EWG des Rates vom 03.06.1991 über das Frequenzband für die koordinierte Einführung europäischer schnurloser Digital-Kommunikation (DECT) in der Gemeinschaft, ABl. EG Nr. L 144 v. 08.06.1991, S. 45 ("DECT-Richtlinie"); RL 97/66 des Europäischen Parlaments und des Rates v. 15.12.1997 über die Verarbeitung personenbezogener Daten und den Schutz der Privatsphäre im Bereich der Telekommunikation (ABl. EG Nr. L 24 v. 30.01.1998, S. 1, "Telekommunikations-Datenschutzrichtlinie"); Entscheidung 710/97/EG des Europäischen Parlaments und des Rates v. 24.03.1997 über ein koordiniertes Genehmigungskonzept für satellitengestützte persönliche Kommunikationssysteme in der Gemeinschaft, ABl. EG Nr. L 105 v. 23.04.1997, S. 4 ("S-PCS-Entscheidung"); Entscheidung 128/1999/EG des Europäischen Parlaments und des Rates v. 14.12.1998 über die koordinierte Einfüh-

selbegriffen ihres jeweiligen Regelungsbereichs. Dabei sind für sämtliche Harmonisierungsrichtlinien grundsätzlich die Begriffsbestimmungen der ONP-Rahmenrichtlinie maßgeblich, da sämtliche hierzu ergangenen Einzelrichtlinien jeweils – jedenfalls ergänzend – auf deren Definitionen verweisen.[239] Zentrale Begriffsbestimmungen der ONP-Rahmenrichtlinie sind "Benutzer", "(öffentliches) Telekommunikationsnetz", "Telekommunikationsdienste", "Universaldienst", "Netzabschlusspunkt", "grundlegende Anforderungen",[240] "Zusammenschaltung", "ONP-Bedingungen" und "technische Spezifikationen". Identische Definitionen zu den Begriffen "Zusammenschaltung", "(öffentliches) Telekommunikationsnetz", "Telekommunikationsdienste", "Benutzer", und "Universaldienst" gibt auch die ONP-Zusammenschaltungsrichtlinie.[241] Dies zeigt, dass zumindest im Hinblick auf die *Harmonisierung* der europäischen Telekommunikationsmärkte von einem einheitlichen Verständnis von wesentlichen Begriffen auszugehen ist.

Trotz der oben beschriebenen umfangreichen Aktivitäten der europäischen Organe für den Telekommunikationssektor kennt das Europarecht bislang keine eigene Definition zum Telekommunikationsbegriff.[242] Die verschiedenen Rechtssetzungsakte, Liberalisierungs- wie Harmonisierungsmaßnahmen, geben lediglich Definitionen zu verschiedenen Teilaspekten der Telekommunikation, die partiell Beschreibungen zu sachlich relevanten Produktmärkten liefern.[243]

Dies deutet daraufhin, dass die Europäische Union keinen Regelungsbedarf gesehen und gemäß dem Subsidiaritätsprinzip des Art. 5 EGV darauf verzichtet hat, eine abschließende und umfassende Definition zum Zentralbegriff "Telekommunikation" vorzugeben. Der Blick auf die Begriffsbestimmungen der Richtlinien macht jedenfalls deutlich, dass sich die deutschen Definitionen zumindest an die europäischen stark anlehnen, auch wenn sie nicht immer mit diesen identisch sind.[244] Bedeutsamer ist jedoch, dass die deutschen Definitionen, entsprechend der oben aufgezeigten Differenzierung bei den Liberalisierungsmaßnahmen im Hinblick auf den Sprachtelefondienst und die Errichtung und Bereitstellung von Telekommunikationsnetzen, diese Trennung von Diensten und Infrastruktur für das Telekommunikationsgesetz fortführen. § 3 Nr. 15 TKG gibt hierzu eine Legaldefinition zum Begriff des Sprachtelefondienstes, die mit dem der Dienste-Richtlinie (Art. 1 Abs. 1 Spiegelstrich 15) nahezu iden-

---

rung eines Drahtlos- und Mobilkommunikationssystems (UMTS) in der dritten Generation in der Gemeinschaft, ABl. EG Nr. L 017 v. 22.01.1999, S. 1 ("UMTS-Entscheidung"); Entscheidung 91/396/EWG des Rates vom 29.07.1991, ABl. EG Nr. L 217 v. 06.08.1991, S. 31 ("Entscheidung zur europäischen Notrufnummer"); Entscheidung 92/264/EWG des Rates vom 11.05.1992, ABl. Nr. L 137 v. 20.05.1992, S. 21 ("Entscheidung zur Auslandsvorwahl").

239 So heißt es beispielsweise in Art. 2 Abs. 1 der ONP-Sprachtelefondienstrichtlinie (98/10/EG): "Falls zutreffend, gelten für diese Richtlinie die Begriffsbestimmungen der Richtlinie 90/387/EWG."

240 Ausdrückliche Verweisungen auf die in Artikel 3 Abs. 2 der ONP-Rahmenrichtlinie genannten grundlegenden Anforderungen (Sicherheit des Netzbetriebs, Aufrechterhaltung der Netzintegrität, Interoperabilität der Dienste, wo dies begründet ist, und Datenschutz, wo dies angebracht ist) enthalten die §§ 33 ff. TKG. So etwa § 33 Abs. 1 Satz 2 bzw. § 35 Abs. 2 Satz 2 TKG.

241 RL 97/33 in der durch die RL 98/61/EG geänderten Fassung.

242 Vgl. *S. Polster*, Das Telekommunikationsrecht der Europäischen Gemeinschaft, S. 2.

243 Eine Übersicht über die zahlreichen, bislang von der Rechtsprechung und der Kommission herausgearbeiteten Produktmärkte im Telekommunikationssektor gibt *S. Polster*, Das Telekommunikationsrecht der Europäischen Gemeinschaft, S. 104 ff.

244 Vgl. *Manssen*, in: TMR, C, § 3, Rdnr. 36, der trotz Abweichungen im Wortlaut von einer Entsprechung der Definitionen zum Begriff "Telekommunikationsnetz" in § 3 Nr. 21 TKG und Art. 2 Nr. 2 RL 90/387/EWG sowie Art. 1 Abs. 1 388/EWG und Art. 2 Abs. 1 c) RL 97/33/EG ausgeht.

tisch ist. Marginal abweichend von der deutschen Übersetzung der europäischen Definition hat der deutsche Gesetzgeber in dieser Legaldefinition das Wort "kommerzielle" durch "gewerbliche" ersetzt. Dies entspricht durchaus den europäischen Vorgaben, [245] wie der Vergleich mit der englischen bzw. der französischen Fassung der Dienste-Richtlinie zeigt.[246] Auch die Bundesregierung hielt den Begriff "gewerblich" in § 3 Nr. 12, 15 und 16 TKGE für sachgerecht und begründete dies ausdrücklich mit der entsprechenden Definition des Begriffs des Sprachtelefondienstes in der Dienste-Richtlinie.[247]

Hieraus wird ersichtlich, dass das Gemeinschaftsrecht vom klassischen zweigliedrigen Telekommunikationsbegriff ausgeht, d. h. dass Bestandteile der Telekommunikation nicht nur Telekommunikationsnetze, sondern auch -dienste sind. Telekommunikation meint daher nach dem Gemeinschaftsverständnis in Übereinstimmung mit dem deutschen Telekommunikationsrecht allgemein die Übertragung von Signalen zwischen definierten Netzabschlusspunkten auf optischem oder elektromagnetischem Wege.[248] Damit ist auch der gemeinschaftliche Telekommunikationsbegriff als sehr weit gefasst anzusehen, so dass aus dem Gemeinschaftsrecht keine Einschränkungen für den deutschen einfachgesetzlichen Telekommunikationsbegriff bestehen.[249] Von einer umfassenden Korrektur der übrigen Legaldefinitionen des § 3 TKG im Sinne einer gemeinschaftskonformen Auslegung aufgrund der gemeinschaftsrechtlichen Definitionen ist daher ebenfalls abzusehen, da nach der europäischen Systematik der Vorgaben die Definitionen der Richtlinien ausschließlich für den jeweiligen Regelungsbereich Geltung beanspruchen. Insoweit werden die deutschen Begriffe beispielsweise im Rahmen der Netzzugangsregelungen des Telekommunikationsgesetzes bzw. auch der Netzzugangsverordnung allenfalls im Lichte der jeweils zugrunde liegenden Harmonisierungsregelung auszulegen sein.[250]

---

[245] Vgl. auch *S. Polster*, Das Telekommunikationsrecht der Europäischen Gemeinschaft, S. 18.

[246] Während die englische Version in diesem Zusammenhang von *commercial provision* spricht, heißt es in der französischen Darstellung *l'exploitation commerciale*. In der englischsprachigen Fassung wird Sprachtelefondienst wie folgt definiert: "*'voice telephony'* means the *commercial* provision for the public of the direct transport and switching of speech in real-time between public switched network termination points, enabling any user to use equipment connected." In der französischsprachigen Fassung wird Sprachtelefondienst wie folgt definiert: "*'service de téléphonie vocale'*, l'exploitation *commerciale* pour le public du transport direct et de la commutation de la voix en temps réel au départ et à destination des points de terminaison du réseau public commuté, permettant à tout utilisateur d'utiliser l'équipement connecté à un tel point de terminaison pour communiquer avec un autre point de terminaison."

[247] Vgl. die Gegenäußerung der Bundesregierung zur Stellungnahme des Bundesrates, BT-Drs. 13/4438, Anlage 3, ("Zu Nummer 12"), S. 31. Dagegen befürchtete der Bundesrat, dass die Verwendung des Begriffs "gewerblich" in den Begriffsbestimmungen der § 3 Ziffer 12, 15 und 16 TKG-E bestimmte nicht kommerzielle Angebote, z. B. Angebote in Pilotprojekten, ausschließen würden. Der Bundesrat bat daher, den Begriff gewerblich durch einen weitergehenden Begriff im Laufe des Gesetzgebungsverfahrens zu ersetzen. Dabei sollte auch geprüft werden, ob der Begriff geschäftsmäßig verwendet werden könnte, ohne dass dadurch eine umfassende Geltung des Gesetzes für die geschlossenen Benutzergruppen bewirkt würde, vgl. die Stellungnahme des Bundesrates, BT-Drs. 13/4438, Anlage 2, S. 7 ("Zu den einzelnen Vorschriften, Nr. 12. Zu § 3"). Zu Abgrenzungsfragen aufgrund der Legaldefinition des § 3 Nr. 15 TKG vgl. *Manssen*, in: TMR, C, § 3, Rdnr. 22 ff.

[248] Vgl. *S. Polster*, Das Telekommunikationsrecht der Europäischen Gemeinschaft, S. 2, der als weiteres Abgrenzungsmerkmal den Rundfunk nennt.

[249] Speziell für den verfassungsrechtlichen Telekommunikationsbegriff besteht nach Ansicht von *Windthorst* aufgrund fehlenden Widerspruchs mit gemeinschaftsrechtlichen Festlegungen keine Notwendigkeit zu einer gemeinschaftskonformen Verfassungsauslegung, *K. Windthorst*, Universaldienst, S. 40, Fn. 165.

[250] § 35 Abs. 5 Satz 3 TKG enthält insoweit einen ausdrücklichen Rechtsanwendungsbefehl für die Einzelrichtlinien der Europäischen Gemeinschaft, die nach Artikel 6 der RL 90/387/EWG vom Europäischen Parlament und vom Rat erlassen werden. Ein Beispiel zu einer möglichen gemeinschaftskonformen Auslegung

Hieraus ohne weiteres eine umfassende Geltung der europäischen Begriffsbestimmungen für das gesamte Telekommunikationsgesetz abzuleiten ginge daher zu weit. Dies bedeutet freilich auch, dass der Betrieb von Rundfunkkabelnetzen grundsätzlich ebenfalls unter den Begriff der Telekommunikation in § 1 TKG i. V. m. § 3 Nr. 16 subsumiert werden kann[251] und somit auch Rundfunkkabelnetze vom Anwendungsbereich des Telekommunikationsgesetzes generell nicht ausgeschlossen werden können.[252]

b) Sonstige supranationale Bestimmungen zur Telekommunikation

Neben den Gemeinschaftsvorgaben nehmen im Bereich der Telekommunikation eine Reihe von supranationalen handelsrechtlichen Übereinkommen, wie beispielsweise GATT bzw. GATT 1994 oder GATS, und supranationalen Organisationen, wie die Internationale Fernmeldeunion und die WTO, Einfluss auf die Telekommunikationsmärkte. Ob und inwieweit diese Übereinkommen und Organisationen auf den einfachgesetzlichen Begriff "Telekommunikation" einwirken, soll nachfolgend untersucht werden.[253]

(aa) Internationale Fernmeldeunion (IFU)[254]

Zu den wesentlichen Rechtsquellen des internationalen Fernmelderechts zählen die für die Bundesrepublik Deutschland wirksamen Konstitution und Konvention[255] der IFU, die die zentrale internationale Koordinierungsinstitution für das internationale Fernmelderecht ist.[256] Zweck der Union ist es in erster Linie, "die internationale Zusammenarbeit zwischen allen Mitgliedern der Union im Hinblick auf die Verbesserung und den zweckmäßigen Einsatz der Fernmeldeeinrichtungen aller Art zu erhalten und auszubauen."[257] Besondere Relevanz entfalten die Vorgaben der IFU im Bereich der Frequenzfestlegung, indem die IFU u. a. die Aufgaben übernimmt, Frequenzbereiche des Frequenzspektrums zuzuweisen, Frequenzen zu verteilen sowie Frequenzzuteilungen und alle zugehörigen Orbitpositionen in der Umlaufbahn geostationärer Satelliten zu registrieren, damit schädliche Störungen zwischen den Funkstellen der verschiedenen Länder vermieden werden.[258]

---

der Bestimmungen zum Grad der Entbündelung gemäß der Zusammenschaltungsrichtlinie findet sich bei *C. Engel/G. Knips*, Die Vorschriften des Telekommunikationsgesetzes über den Zugang zu wesentlichen Leistungen, S. 49 ff.

251 So auch *Manssen*, in: TMR, C, § 3, Rdnr. 25.

252 So auch *Wagner*, K&R 1998, 234 (236).

253 Zum Verhältnis zwischen verschiedenen supranationalen Übereinkommen und dem EGV, insbesondere dessen Wettbewerbsregeln, vgl. *S. Polster*, Das Telekommunikationsrecht der Europäischen Gemeinschaft, S. 125 f.

254 Internationale Bezeichnung: International Telecommunications Union (ITU).

255 Vgl. die in Genf am 22.12.1992 von der Bundesrepublik Deutschland unterzeichnete Konstitution und Konvention der ITU in der in Kioto am 14.10.1994 geänderten Fassung, welchen der Bundestag mit Gesetz vom 20.08.1996 zugestimmt hat (BGBl. 1996 II, S. 1306 ff.).

256 *Rudolf*, in: Recht der Neuen Medien, S. 148 (181). Vgl. zur IFU auch *Schütz*, in: Beck'scher TKG Komm., § 7, Rdnr. 1 ff.

257 Art. 1 Abs. 1 lit. a) der Konstitution der ITU (BGBl. 1996 II, S. 1316).

258 Art. 1 Abs. 2 lit. a) der Konstitution der ITU (BGBl. 1996 II, S. 1317).

Art. 5 lit. a) der Konstitution i. V. m. Tz. 1012 der zur Konstitution ergangenen Anlage liefert zum Begriff des Fernmeldeverkehrs eine eigene Definition. Danach ist Fernmeldeverkehr "jede Übermittlung, jede Aussendung oder jeder Empfang von Zeichen, Signalen, Schriftzeichen, Bildern, Lauten oder Nachrichten jeder Art über Draht, Funk, optische oder andere elektromagnetische Systeme. Der Vergleich mit der Legaldefinition des § 3 Nr. 16 TKG zeigt, dass diese Begriffsfestlegung nicht grundsätzlich vom Verständnis des Telekommunikationsgesetzes vom Begriff der "Telekommunikation" abweicht bzw. diesem nicht widerspricht.[259] Eine Wortgleichheit der Definitionen ist hier nicht zwingend. Konvention wie Konstitution der IFU sind völkerrechtliche Verträge, die erst aufgrund des hierzu ergangenen Zustimmungsgesetzes[260] in der innerstaatlichen Rechtsordnung mit dem Rang einfacher Gesetze Geltung erlangt haben.[261] Im Verhältnis Telekommunikationsgesetz und Konvention und Konstitution gilt damit zwar die Lex-posterior-Regel, d.h., das spätere Vertragsrecht könnte die früheren Vorschriften des Telekommunikationsgesetzes verdrängen.[262] Hiergegen spricht jedoch die Tatsache, dass es sich bei Konvention und Konstitution der IFU um Spezialregelungen auf dem Gebiet der internationalen Telekommunikation handelt, die nicht in Konkurrenz zu den Regelungen des Telekommunikationsgesetzes stehen. Praktische Bedeutung haben Konstitution und Konvention der IFU im Rahmen des § 7 TKG, der auf die völkerrechtlichen Verträge verweist. Mögliche Kollisionen können zudem im Wege einer völkerrechtsfreundlichen Interpretation des Telekommunikationsgesetzes aufgelöst werden.[263]

(bb) Welthandelsorganisation (WTO) und deren Verträge

Am 15.04.1994 wurden in Marrakesch die sog. WTO-Verträge unterzeichnet, mit denen die 1986 begonnene Uruguay-Runde der GATT-Verhandlungen zum Abschluss gebracht worden ist. Das Vertragspaket[264] umfasst u. a. den Gründungsvertrag für die Welthandelsorganisation (WTO), einen neuen GATT-Vertrag 1994[265] und das Abkommen über den Dienstleistungsverkehr[266] (GATS). Die WTO bildet den gemeinsamen institutionellen Rahmen für die Wahrnehmung der Handelsbeziehungen zwischen ihren Mitgliedern in Angelegenheiten im Zusammenhang mit verschiedenen multilateralen Handelsübereinkommen.[267] Während die Vorschriften des GATT den Bereich der Telekommunikationsdienste bislang nur dann erfassen, wenn es sich um warenbegleitenden, grenzüberschreitenden Datenfluss handelt,[268] trifft das GATS eigene sektorspezifische Regelungen. Dieses Übereinkommen zielt allgemein auf die

---

259 Vgl. auch *K. Windthorst*, Universaldienst, S. 43.

260 Vgl. oben Fn. 255.

261 Vgl. *Bernhardt*, in: HbStR VII, S. 571 (590).

262 So *Bernhardt*, a. a. O., für den umgekehrten Fall.

263 So *Bernhardt*, a. a. O., für den umgekehrten Fall.

264 Abgedruckt in ABl. EG 1993 Nr. L 294, S. 29. Eine englischsprachige Übersicht über die in dieses Übereinkommen mit einbezogenen multilateralen Übereinkommen findet sich in EuZW 1994, 338 (342).

265 Zur Schaffung des GATT 1994 vgl. *Jansen*, EuZW 1994, 333 (334). Zum Wortlaut des GATT 1994 vgl. EuZW 1994, 338 (342).

266 Abgedruckt im BGBl. 1994 II, S. 1643 ff.

267 Vgl. Art. II Abs. 1 des Übereinkommens zur Errichtung der WTO (BGBl. 1994 II, S. 1625). Diesem Übereinkommen einschließlich der Schlussakte über die Ergebnisse der multilateralen Handelsverhandlungen der Uruguay-Runde vom selben Tag hat der Bundestag mit Gesetz vom 30.08.1994 (Vgl. Art. 1) zugestimmt (BGBl. 1994 II, S. 1438).

268 Zum Verhältnis von Telekommunikation und GATT vgl. *Tietz*, in: Europäisches Außenwirtschaftsrecht, S. 521 (570 f.).

Beseitigung von Beschränkungen des Welthandels im Bereich der Dienstleistungen, mithin auch auf die der Telekommunikation und der elektronischen Medien. Speziell zum Sektor Telekommunikationsdienste haben die Vertragsstaaten einer Anlage zugestimmt, mit dem Ziel, die Bestimmungen des Übereinkommens in Bezug auf Maßnahmen zu spezifizieren, die den Zugang zu öffentlichen Telekommunikationsnetzen und -diensten und deren Nutzung beeinträchtigen.[269] Nr. (3) lit. a) der Anlage definiert den Begriff "Telekommunikation" für die Zwecke dieser Anlage als "die Übertragung und den Empfang von Signalen auf elektromagnetischem Weg".

Auch diese – zugegebenermaßen verkürzte – Bestimmung des Begriffs "Telekommunikation" unterliegt grundsätzlich dem gleichen Verständnis wie die des Telekommunikationsgesetzes.[270] Eine umfassende und abschließende Regelung zum Bereich der Telekommunikation sollte mit diesem Übereinkommen ohnehin nicht geschaffen werden. Vom Anwendungsbereich der Anlage wurden nämlich ausdrücklich solche Maßnahmen ausgenommen, welche die kabelgebundene oder drahtlose Übertragung von Hörfunk- und Fernsehprogrammen betreffen.[271]

Bei möglichen Konflikten zwischen den Regelungen des GATS zum Bereich der Telekommunikation und dem Telekommunikationsgesetz ist jedoch Folgendes zu beachten: Während die Gemeinschaften beim bisherigen GATT lediglich de facto, aber nicht förmliche Vertragsparteien waren, sind sie nun entsprechend Art. XI und XIV des WTO-Abkommens originäres Mitglied der WTO. Im Zusammenhang mit der Ratifizierung des WTO-Vertragspakets war zwischen Rat und Kommission strittig, ob die Verträge allein von der Gemeinschaft zu ratifizieren sind oder ob sie unter Beteiligung der Mitgliedstaaten und ihrer Parlamente als sog. gemischte Abkommen abgeschlossen werden müssen. Auf Antrag der Kommission (vom 06.04.1994) nach Art 228 VI EGV a. F. hatte der Europäische Gerichtshof umfassend zu Umfang und Reichweite der Außenkompetenz der EG Stellung zu nehmen, soweit diese vom WTO-Vertragspaket erfasst werde. Ungeachtet dessen haben die Mitgliedstaaten das WTO-Abkommen neben der EG am 15.04.1994 in Marrakesch unterzeichnet. Auch der Bundestag hatte bereits mit Gesetz vom 30.08.1994 dem WTO-Übereinkommen zugestimmt.[272] Der Europäische Gerichtshof kam in seinem Gutachten vom 15.11.1994 zu dem Ergebnis, dass das WTO-Übereinkommen nur als gemischtes Übereinkommen geschlossen werden kann. Insbesondere im Bereich des GATS sind nach Auffassung des Europäischen Gerichtshofs die Zuständigkeiten zwischen Gemeinschaft und Mitgliedstaaten geteilt.[273] Gerade die hier relevanten Dienstleistungen im Bereich der Telekommunikation fallen aber nach seiner Ansicht in die Zuständigkeit der Gemeinschaft.[274] Denn der Europäischen Gerichtshof bezieht auch Dienstleistungen, die grenzüberschreitend, etwa auf elektronischem Wege, erbracht werden und keinen Grenzübertritt von Personen fordern, in den Anwendungsbereich des Art. 113 EGV a. F. (Art. 133 EGV) mit ein, da sie dem "Warenverkehr nicht unähnlich" seien.[275] Dar-

---

[269] Abgedruckt im BGBl. 1994 II, S. 1664 ff.

[270] Vgl. auch *K. Windthorst*, Universaldienst, S. 44.

[271] Vgl. Ziffer (2) lit. b) der Anlage.

[272] BGBl. 1994 II, S. 1438.

[273] 2. Leitsatz des EuGH-Gutachtens vom 15.11.1994–1/94, EuZW 1995, 210 f.

[274] *Hilf*, EuZW 1995, 7 (7 f.).

[275] EuGH, Gutachten vom 15.11.1994–1/94, EuZW 1995, 210 (212 f., Rz. 44). Dagegen fallen die Erbringungsweisen für Dienstleistungen, die im Rahmen des GATS als "Auslandserbringung", "gewerbliche Nie-

aus folgt, dass die Regelungen des GATS zum Bereich der Telekommunikation, insbesondere die Anlage zur Telekommunikation, trotz des Zustimmungsgesetzes nicht in vollem Umfang unmittelbare innerstaatliche Geltung beanspruchen können,[276] wenn man eine ausschließliche[277] Zuständigkeit der Gemeinschaft für Telekommunikationsdienstleistungen im Rahmen des GATS bejaht.[278] Auch der Europäische Gerichtshof sieht es als "zwingend" geboten an, zu einer geschlossenen völkerrechtlichen Vertretung der Gemeinschaft und damit grundsätzlich auch der Mitgliedstaaten insgesamt zu kommen.[279] Gegen eine unmittelbare Anwendbarkeit des WTO-Abkommens einschließlich seiner Anhänge in den Mitgliedstaaten spricht auch der letzte (zwölfte) Erwägungsgrund des Beschlusses des Rates über den Abschluss der Übereinkünfte der Uruguay-Runde vom 22.12.1994,[280] der das WTO-Abkommen in das Gemeinschaftsrecht übernimmt. Hier heißt es wörtlich:

> "Das Übereinkommen zur Errichtung der Welthandelsorganisation einschließlich seiner Anhänge ist nicht so angelegt, dass es unmittelbar vor den Rechtsprechungsorganen der Gemeinschaft und der Mitgliedstaaten angeführt werden kann."

Auf der Ebene der Europäischen Gemeinschaft sowie auf der Ebene der Mitgliedstaaten sollte somit die unmittelbare Anwendbarkeit des WTO-Abkommens ausgeschlossen werden. Im Übrigen ist ohnehin zu bezweifeln, ob die Bestimmungen des GATS ein Recht der Gemeinschaftsangehörigen bzw. der Mitgliedstaaten, sich vor Gericht auf sie zu berufen, begründen können. Der Europäische Gerichtshof hat dies im Falle des GATT wegen der großen "Flexibilität seiner Bestimmungen"[281], der politisch dominierten Streitbeilegung sowie des Rechts zu einseitigen Schutzmaßnahmen[282] abgelehnt.

II. Inhalt und Umfang des Begriffs "Regulierung"

Gegenstand des Gesetzes soll nach dem Wortlaut des § 1 TKG die *Regulierung* im Bereich der Telekommunikation und die Festlegung einer Frequenzordnung sein. Der Begriff der "Regulierung" selbst kennzeichnet kein fest umrissenes deutsches Rechtsinstitut,[283] dabei

---

derlassung" und "Niederlassung natürlicher Personen" bezeichnet werden, nicht unter die gemeinsame Handelspolitik, vgl. EuGH, a. a. O., Rz. 47.

276 A.A. *K. Windthorst*, Universaldienst, S. 44 f., Fn. 183, der Konstitution und Konvention der ITU sowie GATT und GATS ohne Differenzierung für innerstaatlich anwendbar hält.

277 Dem Europäischen Gerichtshof zufolge ist die Gemeinschaft nach Art. 113 EGV a. F. mit Ablauf der Übergangszeit (31.12.1969) "ausschließlich" zuständig, vgl. EuGH, Gutachten 1/75 v. 11.11.1975, Slg. 1975, 1355 (1363); siehe auch EuGH, Urt. v. 15.12.1976, Slg. 1976, 1921 (1937); Urt. v. 18.02.1986, Slg. 1986, 559 (586).

278 Hiervon unberührt bleibt die vom Europäischen Gerichtshof bejahte Notwendigkeit, das WTO-Übereinkommen als gemischtes Übereinkommen abzuschließen.

279 EuGH, Gutachten vom 15.11.1994–1/94, EuZW 1995, 210 (218, Rz. 108 f.).

280 ABl. EG Nr. L 336 v. 23.12.1994, S. 1 (2).

281 Vgl. EuGH, Urt. v. 22.06.1989, Slg. 1989, 1781 (1830 f.).

282 Vgl. EuGH, Urt. v. 12.12.1995, EuZW 1996, 118 (119).

283 Das deutsche Telekommunikationsgesetz übernimmt hier das dem amerikanischen Telekommunikationsrecht zugrunde liegende institutionalisierte Konzept der "Regulierung" (regulation); vgl. hierzu *Ladeur*, K&R 1998, 479 (479 f.). In der Bundesrepublik liegt nach einer engen Auffassung Regulierung in einem Marktsystem nur vor, "wenn die staatliche Politik zielorientiert auf den Marktprozess einwirkt, um den Wettbewerb ganz oder teilweise durch staatliche Eingriffe auszuschalten." Nach einem weiteren Verständnis ist Regulierung "die Gesamtheit des wirtschaftsrechtlichen Instrumentariums zur Steuerung des Verhaltens

wird er als einer der Kernbegriffe des Telekommunikationsgesetzes angesehen.[284] Für das Telekommunikationsgesetz bezeichnet § 3 Nr. 13 als Regulierung "die Maßnahmen, die zur Erreichung der in § 2 Abs. 2 genannten Ziele ergriffen werden und durch die das Verhalten von Telekommunikationsunternehmen beim Angebot von Telekommunikationsdienstleistungen[285], von Endeinrichtungen[286] oder von Funkanlagen[287] geregelt werden, sowie die Maßnahmen, die zur Sicherstellung einer effizienten und störungsfreien Nutzung von Frequenzen ergriffen werden.[288] Die spezifischen Regulierungsziele benennt das Gesetz in § 2 Abs. 2 TKG.[289] Die einfachgesetzliche Definition des Regulierungsbegriffs erscheint dadurch auf den ersten Blick als sehr präzise. In § 2 Abs. 1 stellt das Gesetz darüber hinaus deklaratorisch fest, dass die Regulierung der Telekommunikation eine hoheitliche Aufgabe des Bundes ist.[290] Nach der Intention des Gesetzgebers sollten durch diese Norm in Anlehnung an Art. 87f GG die hoheitlichen Aufgaben klargestellt werden, die allein in der Kompetenz des Bundes liegen.[291]

Art. 87f Abs. 2 Satz 2 GG ordnet in diesem Zusammenhang an, dass Hoheitsaufgaben in diesem Bereich in bundeseigener Verwaltung ausgeführt werden. Der *kompetenzielle* Gehalt dieser Vorschrift erfasst auch die sog. sektorspezifischen Regulierungsmaßnahmen i. S. v. *verwaltungsmäßigen* – nicht gesetzgeberischen – hoheitlichen Steuerungsmaßnahmen.[292] Die Notwendigkeit zu einer umfassenden Regulierung, die neben exekutiven auch normativhoheitliche Steuerungsmaßnahmen beinhaltet, um die ordnungspolitischen Aufgaben umzusetzen, die aus dem grundsätzlichen "Schritt vom Monopol zum Wettbewerb" resultieren,[293] ergibt sich aus dem Spannungsfeld von Privatisierung, Liberalisierung und der verfassungsrechtlich angeordneten Gewährleistung eines Universaldienstes durch Art. 87f Abs. 1 GG.[294] Das wirtschaftsaufsichtliche Modell ist gekennzeichnet durch die ausschließlich privatwirt-

---

privater Wirtschaftssubjekte durch Handlungsverbote oder Tätigkeitsverbote". Vgl. hierzu *R. Schmidt*, Öffentliches Wirtschaftsrecht, Allg. Teil, S. 48. Zum Begriff der Regulierung vgl. auch *K. Windthorst*, Universaldienst, S. 342 f.

284 Vgl. nur *Manssen*, in: TMR, C, § 3, Rdnr. 17.

285 "Telekommunikationsdienstleistungen" im Sinne des Gesetzes sind das gewerbliche Angebot von Telekommunikation einschließlich des Angebots von Übertragungswegen für Dritte (§ 3 Nr. 18 TKG).

286 "Endeinrichtungen" im Sinne des Gesetzes sind Einrichtungen, die unmittelbar an die Abschlusseinrichtung eines Telekommunikationsnetzes angeschlossen werden sollen oder die mit einem Telekommunikationsnetz zusammenarbeiten und dabei unmittelbar oder mittelbar an die Abschlusseinrichtung eines Telekommunikationsnetzes angeschlossen werden sollen (§ 3 Nr. 3 TKG).

287 "Funklagen" im Sinne des Gesetzes sind elektrische Sende- oder Empfangseinrichtungen, zwischen denen die Informationsübertragung ohne Verbindungsleitung stattfinden kann (§ 3 Nr. 4 TKG).

288 Dieser Zirkelschluss zeigt, wie wenig geglückt die Legaldefinitionen des Telekommunikationsgesetzes sind. Warum das Telekommunikationsgesetz die Sicherstellung einer effizienten und störungsfreien Nutzung von Frequenzen, die auch als Regulierungsziel nach § 2 Abs. 2 Nr. 5 TKG auftaucht, an dieser Stelle nochmals betont, bleibt offen. Zur Konzeptlosigkeit bei der Formulierung der Regulierungsziele vgl. auch *Manssen*, in: TMR, C, § 2, Rdnr. 10.

289 Siehe S. 1.

290 So auch die Festlegung einer Frequenzordnung.

291 Vgl. die Begründung zum TKG-E, BT-Drs. 13/4438, S. 4, i. V. m. BT-Drs. 13/3609, S. 36 ("Zu § 2 [Regulierung], Absatz 1").

292 Vgl. *Lerche*, in: *Maunz/Dürig*, GG, Art. 87f, Rdnr. 88; *Badura* bezeichnet dabei die Regulierung als das Kernstück der Hoheitsaufgaben. Daneben umfasse der Begriff der Hoheitsaufgaben auch die Wahrnehmung der Befugnisse der Aufsicht in diesem Bereich, vgl. *Badura*, in: Bonner Komm., Art. 87f GG, Rdnr. 13 f.

293 Vgl. *Lerche*, in: *Maunz/Dürig*, GG, Art. 87f, Rdnr. 88.

294 Vgl. *K. Windthorst*, Universaldienst, S. 344. Zur Zulässigkeit der Universaldienstgewährleistung durch eine Beteiligungsverwaltung des Bundes vgl. ebd., S. 347 ff.

schaftliche Leistungserbringung einerseits und staatliche Aufsicht und Kontrolle andererseits.[295]

Bötsch hat es gleichermaßen als einen von vier wesentlichen Gestaltungsgrundsätzen des Telekommunikationsgesetzes bezeichnet, dass der reibungslose Übergang vom Monopol zum Wettbewerb durch Regulierung gewährleistet werden soll.[296] Für den Regelungskomplex Telekommunikationsgesetz, der übergangsweise nur einen Ausschnitt der vorgenannten hoheitlichen Aufgaben des Art. 87f Abs. 2 Satz 2 GG erfasste,[297] beschreibt *Schuster* solche Regulierungsmaßnahmen zusammenfassend als "alle Mittel des öffentlichen Rechts, die auf der Grundlage entsprechender Ermächtigungen im TKG von den zuständigen Rechtspersonen erlassen werden".[298] Nach seiner Auffassung fallen hierunter nicht nur Verordnungen des jeweiligen Verordnungsgebers, sondern auch alle Entscheidungen der Regulierungsbehörde, soweit diese aufgrund des Telekommunikationsgesetzes ergehen.[299] Dagegen differenziert *Manssen* dem Wortlaut des § 3 Nr. 13 TKG entsprechend und nimmt vom einfachgesetzlichen Regulierungsbegriff sonstige Befugnisse, die das Telekommunikationsgesetz der Regulierungsbehörde vorbehält (z. B. § 72 TKG, § 83 Abs. 3 i. V. m. § 90 Abs. 1 und Abs. 2 GWB n. F.), aus.[300] Durch diese besonderen Informations- und Beteiligungsrechte soll die Effektivität der sektorspezifischen Regulierung des Telekommunikationsmarktes gefördert werden.[301]

Grundsätzlich lässt sich feststellen, dass der Gesetzgeber unter den Begriff der Regulierung die *besondere Regulierung* von marktbeherrschenden Unternehmen[302] und die *Lizenzierung* nach § 6 TKG subsumiert.[303] Anknüpfend an die Lizenzierung verbleiben allgemeine Regulierungsmaßnahmen, denen Marktteilnehmer unabhängig von ihrer Marktmacht auf einem bestimmten sachlichen Markt unterworfen werden.[304] § 1 i. V. m. § 2 Abs. 1 TKG macht deutlich, dass die *Festlegung* einer Frequenzordnung selbst nicht zur Regulierung zählt, die festgelegte Frequenzordnung dann aber selbst der Regulierung unterworfen ist.

Schon diese einleitenden Ausführungen zeigen, dass sich der sektorspezifische Regulierungsbegriff nicht allein durch die Legaldefinition des § 3 Nr. 13 i. V. m. § 2 Abs. 2 TKG bestimmen lässt. Zwar werden der Regulierung durch die in § 2 Abs. 2 TKG aufgeführten Ziele

---

295 Vgl. *Spoerr/Deutsch*, DVBL. 1997, 300 (301).

296 *Bötsch*, in: Das neue Telekommunikationsgesetz 1996, S. 3 (6).

297 Die weiteren Grundlagen der Regulierung neben dem Telekommunikationsgesetz – das Gesetz über die Regulierung der Telekommunikation und des Postwesens und das Fernmeldeanlagengesetz – waren schließlich jeweils nur bis zum 31.12.1997 befristet worden, vgl. Fn. 60.

298 Vgl. *Schuster*, in: Beck'scher TKG Komm., § 1, Rdnr. 23.

299 Vgl. ebd. Ähnlich weit auch *Spoerr/Deutsch*, DVBL. 1997, 300 (302), die Regulierung nach dem Telekommunikationsgesetz als "Sammelbegriff für alle notwendigen staatlichen Steuerungsmechanismen und Kontrollen über die privatwirtschaftliche Leistungserbringung" verstehen.

300 *Manssen*, in: TMR, C, § 3, Rdnr. 17.

301 Vgl. die Begründung zum TKG-E, BT-Drs. 13/4438, S. 4, i. V. m. BT-Drs. 13/3609, S. 51 ("Zu § 69 [Befugnisse]") und S. 52 ("Zu § 77 [Wirkung von Klagen]").

302 Ebd., S. 34 ("Regulierung von marktbeherrschenden Unternehmen"), insbesondere für die Vorschriften des dritten und vierten Teils des Gesetzes.

303 Vgl. ebd., S. 37 ("Zu § 6 [Lizenzpflichtiger Bereich], Zu Absatz 1").

304 Vgl. beispielsweise die Vorschriften zur Nummerierung, die sich allgemein an alle Betreiber von Telekommunikationsnetzen richten (§ 43 Abs. 5 und 6 TKG), sowie die entsprechenden Anordnungsbefugnisse der Regulierungsbehörde nach § 43 Abs. 7 TKG.

Konturen verliehen,[305] dennoch ist die Legaldefinition nicht geeignet, den Ansatz der sektorspezifischen Konzeption umfassend zu beschreiben. Die Schwerpunktaufgaben der einfachgesetzlichen Regulierung zeigt bereits § 1 TKG selbst auf: Förderung des Wettbewerbs, Gewährleistung eines Universaldienstes. Bereits an dieser Stelle ist festzuhalten, dass der mit dem Telekommunikationsgesetz angestrebten Regulierung hierdurch ein weiterer Aufgabenbereich zugewiesen wird als dem nach Art. 87f Abs. 1 GG relevanten Regulierungsbegriff, der ausschließlich im Zusammenhang mit staatlichen Steuerungsmöglichkeiten zur *Gewährleistung eines Universaldienstes* verwendet wird.[306] Während auch die *Festlegung einer Frequenzordnung* den Hoheitsaufgaben des Art. 87f Abs. 2 Satz 2 GG unmittelbar zuzuordnen ist, besteht für die einfachgesetzliche Aufgabe *Förderung des Wettbewerbs* keine unmittelbare verfassungsrechtliche Vorgabe.[307]

Der Begriff der Regulierung ist somit sehr komplex und geht über einen reinen Verwaltungsvollzug weit hinaus.[308] Das neue Modell der Regulierung zeichnet sich letztlich durch die Gesamtheit der regulierungsrelevanten gesetzlichen Bestimmungen und der hierauf basierenden Maßnahmen der Verwaltung aus.[309] Dabei vertraut das Gesetz grundsätzlich auf die Allokationseffizienz der Märkte und schafft nur für die Bereiche, in denen ein Marktversagen befürchtet wird, Instrumentarien für marktgestaltende Eingriffe. Deshalb soll nachfolgend ein kurzer Überblick über den Regulierungsansatz des Gesetzes selbst gegeben werden.

1. Regulierungsansatz des Telekommunikationsgesetzes

a) Sektorspezifische, asymmetrische Regulierung

Der Regulierungsansatz des Telekommunikationsgesetzes zeichnet sich durch zwei Eigenheiten aus. Er ist zum einen sektorspezifisch, d. h., er erstreckt sich auf den Bereich der Telekommunikation und ist hierbei primär auf die Steuerung des Verhaltens von Telekommunikationsunternehmen ausgerichtet; zum anderen ist die Regulierung asymmetrisch angelegt.

Der Begriff der Asymmetrie wird in diesem Zusammenhang nicht einheitlich gebraucht. Das Gesetz kommt dabei ohne den Begriff der Asymmetrie aus. Ein Teil der Literatur verwendet den Begriff im Zusammenhang mit der DT AG, die der eigentliche Adressat der Sondervorschriften für marktbeherrschende Unternehmen sein soll.[310] Teilweise wird asymmetrische Regulierung mit sektorspezifischer Regulierung gleichgesetzt.[311] Nach einem anderen Begriffsverständnis bedeutet asymmetrische Regulierung, dass diese nicht alle Marktteilnehmer in

---

305 Vgl. *K. Windthorst*, Universaldienst, S. 411, der an anderer Stelle auf eine "einseitig zu Lasten der ehemaligen Monopolunternehmen gehende Regulierung" abstellt, vgl. ebd., S. 395 f.

306 Vgl. ebd., S. 411.

307 A. A. *K. Windthorst*, a. a. O., S. 411, der aus Art. 87f Abs. 2 Satz 1 GG fälschlich einen Grundsatz zur Wettbewerbsförderung ableitet. Vgl. hierzu unten Kap. C.I.1.b)(bb)(2).

308 Vgl. nur *Manssen*, in: TMR, C, § 3, Rdnr. 18.

309 Dieser offene Regulierungsbegriff wird auch durch die übergangsweise Aufspaltung der Regulierung im Bereich des Universaldienstes durch die zeitweise parallele Geltung des Fernmeldeanlagengesetzes, des Gesetzes über die Regulierung der Telekommunikation und des Postwesens und des Telekommunikationsgesetzes unterstrichen, vgl. Fn. 60.

310 Vgl. *Spoerr/Deutsch*, DVBl. 1997, 300 (302).

311 *C. Engel/G. Knieps*, Die Vorschriften des Telekommunikationsgesetzes über den Zugang zu wesentlichen Leistungen, S. 66, m. w. N. in Fn. 169.

gleicher Weise betrifft, sondern sich allgemein konzentriert auf marktbeherrschende Unternehmen.[312] Nach einer hier weiter differenzierenden Ansicht ist dagegen die Regulierung asymmetrisch angelegt in dem Sinne, dass zum einen nicht jedes Angebot, sondern lediglich die lizenzpflichtigen Kommunikationsdienste der Regulierung unterliegen und dass zum zweiten Lizenzauflagen zur Sicherstellung eines Universaldienstangebotes und die Maßnahmen der Verhaltenskontrolle auf marktbeherrschende Anbieter beschränkt bleiben.[313]

Der zuletzt genannten Begriffsbestimmung ist schon deshalb zuzustimmen, als nur nach diesem Verständnis der Begriff der asymmetrischen Regulierung eine eigenständige Bedeutung erlangt. Zwar war mit ein Grund für den Regulierungsansatz des Telekommunikationsgesetzes, dass die DT AG auf einer Vielzahl von Teilmärkten als Monopolist und damit als marktbeherrschendes Unternehmen im Sinne des § 19 GWB n. F. entlassen wurde.[314] Die erste Auffassung verkennt aber, dass die DT AG an keiner Stelle im Gesetz ausdrücklich als Adressat der Regulierung genannt wird, was ohnehin als Einzelfallgesetz zu Lasten eines Marktteilnehmers verfassungswidrig wäre. Zudem hat der Gesetzgeber die in den ersten Entwürfen des zwischenzeitlich aufgelösten BMPT hervorgegangenen Vorstellungen – ursprünglich war es eine Lex Telekom – nicht aufgegriffen.[315] Die drittgenannte Auffassung verkennt, dass eine in diesem Sinne verstandene asymmetrische Regulierung mit dem im Gesetzgebungsverfahren verwendeten Begriff der *besonderen*[316] Regulierung zusammenfallen würde.

b) Offene, dynamische Regulierung

Der Regulierungsansatz des Telekommunikationsgesetzes zeichnet sich noch durch eine weitere Besonderheit aus: Er ist offen angelegt, so dass eine stetige Anpassung an veränderte Marktverhältnisse möglich ist. Für die Telekommunikationsmärkte ist eine flexible Anpassung des Rechtsrahmens an Marktentwicklungen von wesentlicher Bedeutung, wenn die Erreichung der mit dem Gesetz verfolgten Zwecke verlässlich gewährleistet werden soll. Der Gesetzgeber konnte 1996 nicht den Anspruch erheben, die Entwicklungen der nächsten Jahre auf den Telekommunikationsmärkten vollständig prognostizieren zu können. Detailregelungen wären hier wenig hilfreich gewesen, da sie schnell von den rasanten technische Entwicklungen überholt worden wären und eine stetige Anpassung an die Verhältnisse auf den Märkten erfordert hätten, was zu Lasten der Rechtssicherheit gegangen wäre.[317] Die Alternative wäre gewesen, bei jeder unvorhergesehenen Situation das Gesetz zu novellieren und damit das Parlament erneut anzurufen. Das Ergebnis wäre ein bürokratischer, aufwendiger und mit Hindernissen versehener Ordnungsrahmen gewesen, der nicht die notwendige Flexibilität gehabt hätte. Aufgrund der gesetzgeberischen Intention, nur den Rahmen der Regulierung

---

312 So *K. Windthorst*, Universaldienst, S. 412.

313 So die Monopolkommission, Sondergutachten 24, S. 11 f. Vgl. auch *Rittaler*, WuW 1996, 699 (701); *Schuster*, in: Beck'scher TKG Komm., § 2, Rdnr. 9.

314 Vgl. die Begründung zum TKG-E, BT-Drs. 13/4438, S. 4, i. V. m. BT-Drs. 13/3609, S. 33 ("Zweck des Gesetzes").

315 Vgl. *C. Engel/G. Knieps*, Die Vorschriften des Telekommunikationsgesetzes über den Zugang zu wesentlichen Leistungen, S. 40.

316 Vgl. die Begründung zum TKG-E, BT-Drs. 13/4438, S. 4, i. V. m. BT-Drs. 13/3609, S. 34 ("2. Regulierung marktbeherrschender Unternehmen").

317 Vgl. *Börnsen*, in: Das Telekommunikationsgesetz 1996, S. 12.

durch Gesetz festzulegen, verbleiben nun der vollziehenden Gewalt bedeutende Ermessensspielräume bei der Beurteilung und Gestaltung.[318]

Entsprechende Beispiele hierfür lassen sich an vielen Stellen im Gesetz finden, so z. B. die Wahlmöglichkeit zwischen Versteigerung oder Ausschreibung knapper Frequenzen (§ 11 Abs. 1 TKG), die Festlegung der Anforderungen der Kundenschutzverordnung bezüglich der Preisgewahr- und -klarheit (§ 41 Abs. 3 Nr. 7 TKG) sowie die Bestimmungen zur Universaldienstverpflichtung (§ 19 TKG).[319] Diese gesetzlichen Gestaltungsräume treten auch im Bereich der Entgeltregulierung (§§ 23 ff. TKG) [320] und des Netzzugangs (§§ 33 ff. TKG) offen zu Tage.

Bestärkt wird der offene Regelungsansatz durch die zahlreichen Verordnungsermächtigungen, die eine Reihe von Entscheidungen an die Verwaltung delegieren und die gesetzlichen Vorgaben konkretisieren sollen.[321] Hierdurch wird es der Exekutive ermöglicht, aufgrund Gesetzes, jedoch mit begrenzt eigenem normativem Ermessen, rasch, flexibel und mit spezialisiertem Sachverstand rechtssetzend tätig zu werden.[322] Besonders deutlich wird der offene Regulierungsansatz bei der Lizenzierung. In der mit individuellen Nebenbestimmungen versehenen Lizenz für den Marktzugang sah der Gesetzgeber das entscheidende Regulierungsinstrument, um eine abgestufte, dem Prinzip der Verhältnismäßigkeit folgende effiziente Regulierung zu erreichen.[323] Die Lizenzpflicht sei notwendig, weil die Verpflichtungen, denen Lizenznehmer unterliegen würden, in vielen Bereichen nur einzelfallbezogen beschrieben werden könnten.[324] Bestimmte Auflagen seien von subjektiven Voraussetzungen abhängig, die eine individuelle Zuordnung von Auflagen erforderlich machten.[325] Auch müssten notwendige Anpassungen individuell und flexibel durchgeführt werden können.[326] Deshalb müsse es möglich sein, mit der Lizenz Auflagen individuell zu erteilen und nicht alle Verpflichtungen unmittelbar gesetzlich zu normieren.[327]

Die offene Gestaltung der gesetzlichen Regulierung steht zwar im Einklang mit den verfassungsrechtlichen Vorgaben des Art. 87f Abs. 1 GG, da zur Umsetzung von dessen Maßgabevorbehalt ein förmliches Gesetz genügt, das die grundlegenden sachlichen Entscheidungen selbst getroffen hat.[328] Auch die Europäische Kommission sah im Mai 1997 bei der Umsetzung der europäischen Vorgaben durch den offen angelegten Regulierungsrahmen des Telekommunikationsgesetzes keinen Grund für Beanstandungen.[329] Dagegen ist die Gewährung

---

318 Vgl. nur *Manssen*, in: TMR, C, § 3, Rdnr. 18. Vgl. zu den Gestaltungsräumen für den Regulierer auch *Schrader*, in: Das Telekommunikationsgesetz 1996, S. 35 (38 ff.).

319 Vgl. *Schrader*, in: Das Telekommunikationsgesetz 1996, S. 35 (40).

320 Vgl. nur *Manssen*, in: TMR, C, § 3, Rdnr. 18.

321 Vgl. hierzu das Beispiel von *Schrader*, in: Das Telekommunikationsgesetz 1996, S. 35 (39), zur Frage der Höhe der Entgelte für Netzzugangsleistungen (§ 39 TKG) und der hierzu ergangenen konkretisierenden Regelung des § 3 TEntgV, die nach wie vor bedeutenden Ermessensspielräume lässt.

322 Vgl. *Badura*, in: Besonderes Verwaltungsrecht, 3. Abschn. II 3, Rdnr. 31.

323 Vgl. die Begründung zum TKG-E, BT-Drs. 13/4438, S. 4, i. V. m. BT-Drs. 13/3609, S. 37 ("Zu § 6 [Lizenzpflichtiger Bereich"]).

324 Vgl. ebd., S. 34 ("1. Lizenz als Marktzugangsvoraussetzung").

325 Vgl. ebd.

326 Vgl. ebd.

327 Vgl. ebd.

328 Zu den Anforderungen des Maßgabevorbehalts vgl. *K. Windthorst*, Universaldienst, S. 296 ff., 305.

329 In ihrer Mitteilung über die Umsetzung des Reformpaketes für den Telekommunikationssektor, KOM (97) 236 endg. vom 29.05.1997, bezeichnete die Kommission das bundesdeutsche Telekommunikationsgesetz

so bedeutender Gestaltungsspielräume für die Verwaltung insofern widersprüchlich, als der Gesetzgeber während des Gesetzgebungsverfahrens auch betont hatte, dass mit dem Gesetz den Marktteilnehmern die notwendige Rechts- und Planungssicherheit verschafft werde.[330]

2. *Regulierungskonzeption im Einzelnen*

Zur Verwirklichung der Regulierung schafft das Telekommunikationsgesetz ein sehr komplexes Regelungssystem.[331] Zur Wahrnehmung der Regulierungsaufgaben wurde eine unabhängige[332] Regulierungsbehörde als Bundesoberbehörde im Geschäftsbereich des Bundesministeriums für Wirtschaft mit Sitz in Bonn errichtet, § 66 i. V. m. § 71 TKG.[333] Sie ist zur Durchsetzung der Regulierungsziele mit umfänglichen hoheitlichen Befugnissen einschließlich Informations- und Untersuchungsrechten sowie abgestuften Sanktionsmöglichkeiten ausgestattet, vgl. § 72 TKG. Die Regulierungsaufgaben erstrecken sich vorwiegend auf das Marktverhalten und die Marktgestaltung.[334] Im Mittelpunkt der Regulierungsaufgaben der Behörde stehen die nachfolgend erläuterten vier Regulierungskomplexe: erstens die Regelung des Marktzugangs, zweitens Regelungen zu einer besonderen Verhaltenskontrolle marktbeherrschender Unternehmen, drittens die Ordnung zur Bewirtschaftung knapper Ressourcen und viertens die Verpflichtung zu Universaldiensten.[335]

a) Marktzugangsregelungen

Damit Wettbewerb entstehen kann, muss für potenzielle Wettbewerber die Möglichkeit bestehen, mit einem eigenen Angebot in den Markt einzutreten, so dass keine unüberwindbaren Markteintrittsbarrieren bestehen dürfen. Der Zutritt zu den Telekommunikationsmärkten steht daher nun grundsätzlich jedermann offen. Jeder, der Telekommunikationsdienstleistungen

---

lediglich als einen breit gestreckten ordnungspolitischen Rahmen für die Umsetzung des gesamten Telekommunikations-Reformpakets, S. 24.

330 Vgl. die Begründung zum TKG-E, BT-Drs. 13/4438, S. 4, i. V. m. BT-Drs. 13/3609, S. 34 ("Notwendigkeit eines Gesetzes").

331 Zu den gesetzlichen Regelungsinstrumenten vgl. auch *Spoerr/Deutsch*, DVBL. 1997, 300 (302). Bez. Details der einzelnen Regulierungsvorschriften muss auf die einschlägigen Kommentierungen verwiesen werden.

332 Die Kommission hatte hinsichtlich der Unabhängigkeit der Regulierungsbehörde Bedenken, vgl. KOM (97) 236 endg. vom 29.05.1997. Diese Bedenken tauchten im letzten Bericht der Kommission aber nicht mehr auf, vgl. Fünfter Bericht über die Umsetzung des Reformpakets für den Telekommunikationssektor, KOM (1999) 537, S. 11 f. Jedoch wurde von Wettbewerbern geäußert, dass die Regulierungsbehörde sich nicht bemühe, ihre Befugnisse umfassend zu nutzen, und es bei den Verfahren zu Verzögerungen komme, S. 12.

333 Zur Problematik der Abgrenzung des Zuständigkeitsbereichs der Regulierungsbehörde und des Bundeskartellamts vgl. unten Kap. E.VII.3.

334 *Weber/Rommersbach*, in: TMR, C, § 66, Rdnr. 2.

335 Daneben enthält das Gesetz Regelungen zur Bekämpfung spezifischer Gefahren der elektronischen Kommunikation wie Vorschriften zum Datenschutz (§§ 85 ff. TKG). Speziell § 90 TKG normiert hier eine Verpflichtung der Telekommunikationsdienstleister zur Kooperation mit den Sicherheitsbehörden im Zusammenhang mit Kundendateien. Zusätzlich beinhaltet das Gesetz Bestimmungen über die Zulassung, das In-Verkehr-Bringen, die Einhaltung grundlegender Anforderungen, die Anschaltung an öffentliche Telekommunikationsnetze und die technischen Zulassungen von Einrichtungen (§§ 59 ff. TKG). Den besonderen Schutz von Nutzern regelt schließlich der fünfte Teil.

erbringt, unterliegt gemäß § 4 TKG einer Anzeigepflicht bzw. gemäß § 5 TKG Berichtspflichten.

(aa) Lizenzierung

Lediglich die Ausübung bestimmter Tätigkeiten im Telekommunikationsbereich ist von der vorherigen Einholung einer Lizenz i. S. d. § 3 Nr. 7[336] abhängig, § 6 Abs. 1 TKG[337]. Eine Begrenzung der Anzahl zu vergebender Lizenzen von vornherein sieht das Gesetz nicht vor.[338] Jeder Antragsteller hat nach § 8 Abs. 1 Satz 1 TKG grundsätzlich einen Anspruch auf Erteilung der beantragten Lizenz ("wird (...) erteilt"), wenn nicht einer der in Abs. 3 abschließend[339] aufgeführten subjektiven oder objektiven Versagungsgründe gegeben ist.[340] § 8 Abs. 2 S. 2 TKG räumt der Regulierungsbehörde ein Ermessen ein, die zu erteilende Lizenz mit Nebenbestimmungen zu versehen. Nach Absatz 4 der Vorschrift kann die Lizenz befristet werden.[341]

Das Erfordernis zur Erteilung einer Lizenz gibt der Regulierungsbehörde maßgebliche Kontrolle über den Markteintritt.[342] Der Gesetzgeber hat die Lizenzpflicht als für notwendig erachtet, "weil die Verpflichtungen, denen Lizenznehmer unterliegen, in vielen Bereichen nur einzelfallbezogen beschrieben werden können. Es geht dabei um die Einhaltung grundlegender Anforderungen, wie der Netzsicherheit, der Katastrophen- und Krisenvorsorge, des Schutzes des Fernmeldegeheimnisses, der Sicherstellung einer flächendeckenden Grundversorgung mit Telekommunikationsdienstleistungen. Bestimmte Auflagen sind darüber hinaus von subjektiven Voraussetzungen abhängig, die eine individuelle Zuordnung von Auflagen erforderlich machen. Auch müssen notwendige Anpassungen individuell und flexibel durchgeführt werden können."[343]

---

336 Als "Lizenz" wird hiernach die Erlaubnis zum Angebot bestimmter Telekommunikationsdienstleistungen für die Öffentlichkeit bezeichnet. Eingehend zur telekommunikationsrechtlichen Lizenz vgl. *Spoerr/Deutsch*, DVBL. 1997, 300 (303 f.).

337 Danach bedarf einer Lizenz, wer Übertragungswege betreibt, die die Grenzen eines Grundstücks überschreiten und für Telekommunikationsdienstleistungen für die Öffentlichkeit genutzt werden (Nr. 1), bzw. wer Sprachtelefondienst auf der Basis selbst betriebener Telekommunikationsnetze anbietet (Nr. 2).

338 Vgl. aber § 10 f. TKG für den Fall knapper Frequenzen. Vgl. hierzu auch Art. 3 Absatz 4 der Wettbewerbsrichtlinie 90/388/EWG und Art. 10 Abs. 1, 2 der Richtlinie 97/13/EG. Zur Möglichkeit der Zurückweisung von Lizenzanträgen zur Stärkung des Wettbewerbs vgl. *Manssen*, in: TMR, C, § 8, Rdnr. 4.

339 So die Begründung zum TKG-E, BT-Drs. 13/4438, S. 4, i. V. m. BT-Drs. 13/3609, S. 38 ("Zu § 8 [Lizenzerteilung], Zu Abs. 3").

340 Zum Streit, ob es sich um eine gebundene Entscheidung handelt, vgl. nur *Manssen*, in TMR, C, § 8, Rdnrn. 3 u. 10.

341 Vgl. zur Unzulässigkeit einer unverhältnismäßig knapp bemessenen Höchstgeltungsdauer *Manssen*, in TMR, C, § 8, Rdnr. 23.

342 Zum Zwang zur Zulassung als Marktgestaltungsinstrument vgl. auch *Schnyder*, in: Kommunikation ohne Monopole II, S. 211 (218).

343 Vgl. die Begründung zum TKG-E, BT-Drs. 13/4438, S. 4, i. V. m. BT-Drs. 13/3609, S. 34 ("1. Lizenz als Marktzugangsvoraussetzung").

(bb) Weitreichende Marktzutrittsmöglichkeiten

Die im Telekommunikationsgesetz angelegten rechtlichen Markteintrittsbarrieren sind somit formal als sehr niedrig anzusehen, auch wenn die aufgezeigten Versagungs- und Einschränkungsgründe (§ 8 Abs. 2 und 3 TKG) in der Literatur als "Einfallstore für diskretionäre staatliche Eingriffe in den Markteintritt" bezeichnet werden.[344] Anbieter, die Telekommunikationsdienstleistungen ohne Rückgriff auf eigene Netze vertreiben, benötigen zum Beispiel grundsätzlich keine Lizenz. So kann ein Unternehmen im Rahmen eines Rebillings ohne Lizenz alle Bausteine eines Telekommunikationsnetzes mieten und darauf aufbauend Telekommunikationsdienstleistungen für Dritte anbieten.

Die sehr weit reichenden Markteintrittsmöglichkeiten sind gleichzeitig auch verfassungsrechtlich geboten. Das Lizenzierungssystem muss zum einen für die (potenziellen) Wettbewerber berechenbar sein, zum anderen darf es die Antragsteller nur so wenig wie möglich belasten. Die wirtschaftliche Betätigung der Teilnehmer auf den Telekommunikationsmärkten fällt in die verfassungsrechtlich garantierten Rechte der Berufs- und Gewerbefreiheit, wonach jedermann berechtigt ist, Telekommunikationsdienstleistungen am Markt anzubieten.[345] Der regulatorische Rahmen des Telekommunikationsgesetzes muss daher weit reichende Marktzutrittsmöglichkeiten vorsehen,[346] so dass die durch die Verfassung garantierten Rechte nur im unbedingt erforderlichen Umfang eingeschränkt werden.[347] Wie oben bereits ausgeführt, sah der Gesetzgeber in der mit individuellen Nebenbestimmungen versehenen Lizenz für den Marktzugang das entscheidende Regulierungsinstrument, um eine abgestufte, dem Prinzip der Verhältnismäßigkeit folgende effiziente Regulierung zu erreichen.[348] Vor allem hier besteht jedoch die Gefahr, dass Auflagen bei der Netzzulassung als Schranken wirken und dadurch potenzielle Wettbewerber vom Markteintritt abhalten.[349] Die Begründung zum Gesetzentwurf betont daher auch die Notwendigkeit verhältnismäßiger Auflagen, "so dass auch kleineren und mittleren Unternehmen ein Markteintritt möglich und die Lizenzvergabe nicht von vorneherein auf wenige große Unternehmen oder Konsortien beschränkt ist."[350] Erst Recht sind daher auch die in § 8 Abs. 3 TKG niedergelegten Versagungstatbestände eng auszulegen.[351]

b) Verhaltenskontrolle

Das Telekommunikationsgesetz begründet für das Angebot lizenzpflichtiger Telekommunikationsdienste durch marktbeherrschende Unternehmen eine eigene, (sektorspezifische) Verhaltenskontrolle,[352] die eine "besondere Missbrauchsaufsicht" über die Bedingungen des gegen-

---

344 Vgl. *Schwintowski*, CR 1997, 630 (631).

345 So auch die Begründung zum TKG-E, BT-Drs. 13/4438, S. 4, i. V. m. BT-Drs. 13/3609, S. 34 ("1. Lizenz als Marktzugangsvoraussetzung").

346 Vgl. ebd.

347 Vgl. ebd.

348 Vgl. ebd., S. 37 ("Zu § 6 [Lizenzpflichtiger Bereich"]).

349 Vgl. *Schwintowski*, CR 1997, 630 (631).

350 Vgl. die Begründung zum TKG-E, BT-Drs. 13/4438, S. 4, i. V. m. BT-Drs. 13/3609, S. 34 ("1. Lizenz als Marktzugangsvoraussetzung").

351 Zur Notwendigkeit einer richtlinienkonformen Auslegung des § 8 Abs. 3 Satz 1 Nr. 2 lit. b) TKG vgl. *Nolte*, CR 1996, 459 (461).

352 Das Angebot der übrigen Kommunikationsdienste bleibt den allgemeinen Regelungen des Gesetzes gegen Wettbewerbsbeschränkungen unterstellt.

seitigen Netzzugangs und der Zusammenschaltung von Netzen sowie die Entgeltregulierung umfasst.

(aa) Offener Netzzugang und Zusammenschaltung, §§ 33 ff. TKG

(1) Problem der wirtschaftlichen Markteintrittsbarriere

Trotz des vom Telekommunikationsgesetz angestrebten Abbaus des Staatsmonopols und trotz der aufgezeigten geringen rechtlichen Barrieren, können *wirtschaftliche Markteintrittsbarrieren* für die neuen Wettbewerber faktisch bedeutsamer sein. Für sie wäre der Aufbau eines eigenen, konkurrierenden Leitungsnetzes mit hohen, langfristig zu kalkulierenden Kosten verbunden. Einmal errichtete Netzkapazitäten werden in der Regel kaum anderweitig nutzbar sein, was ein flexibles Reagieren auf veränderte Marktverhältnisse erschweren wird. Zusätzlich ist zu bedenken, dass der Aufbau eines eigenen Netzes einen längeren Zeitraum in Anspruch nehmen wird. Sofern für eine erfolgreiche Teilnahme am Wettbewerb ein vollständiges eigenes investitionsintensives Netz aufgebaut werden müsste, wäre eine Vielzahl von Telekommunikationsunternehmen nicht in der Lage, ihre Dienstleistungen konkurrenzfähig anzubieten.

In diesem Zusammenhang kommt der möglichen Mitbenutzung der Ressourcen anderer Anbieter eine besondere Bedeutung zu.[353] Die Mitbenutzungsrechte Dritter tragen zum einen dazu bei, den Übergang vom Monopol zum Wettbewerb zu bewerkstelligen.[354] Zum anderen soll die Regulierung des Zugangs zur Infrastruktur im Bereich der Dienstleistungen Marktstrukturen etablieren helfen, die an Stelle der auch bei den Diensten weggefallenen gesetzlichen Bindungen eine Grundversorgung der Bevölkerung sichern.[355]

Die Bundesregierung ging während des Gesetzgebungsverfahrens davon aus, dass mit der Öffnung des Wettbewerbs neben den Telekommunikationsnetzen der DT AG weitere Netze entstehen würden, über die Telekommunikationsdienstleistungen angeboten werden würden.[356] Damit die Nutzer der verschiedenen Telekommunikationsnetze Verbindungen zueinander aufbauen könnten, seien Möglichkeiten für die Zusammenschaltung und das Zusammenwirken von Netzen zu schaffen.[357] Weiter ging die Bundesregierung davon aus, dass es hierfür besonderer Regelungen bedürfe, die Anbieter öffentlicher Telekommunikationsnetze in Abhängigkeit von ihrer Marktstellung im Ergebnis dazu anhalte bzw. verpflichte, Zusammenschaltungen ihrer Netze mit öffentlichen Netzen anderer Anbieter zu ermöglichen sowie den Zugang anderer Nutzer zu ihren Netzen zu gewähren.[358] Die Regelungen zur Zusammen-

---

353 Zudem helfen solche Mitbenutzungsrechte Dritter, volkswirtschaftlich und umweltpolitisch unsinnige Doppelinvestitionen zu vermeiden.

354 Dies gilt gleichermaßen für die Bereiche Bahn, Post und Energieversorgung, vgl. *Fehling*, AöR 121 (1996), 59 (68).

355 Vgl. ebd., (74).

356 Vgl. die Begründung zum TKG-E, BT-Drs. 13/4438, S. 4, i. V. m. BT-Drs. 13/3609, S. 35 ("5. Zusammenschaltungen").

357 Vgl. ebd.

358 Vgl. ebd.

schaltung[359] und zum Netzzugang[360] würden technische, betriebliche und kommerzielle Aspekte umfassen und seien von wesentlicher Bedeutung für den Erfolg des Wettbewerbs.[361]

(2) Regulierungsansatz des Gesetzes

Das Gesetz verpflichtet nun die Betreiber von Telekommunikationsnetzen, zum einen anderen Nutzern den Zugang zu ihren Netzen oder Teilen derselben zu ermöglichen und zum anderen insbesondere eine Zusammenschaltung ihres Netzes mit den öffentlichen Netzen anderer Betreiber zu ermöglichen (§§ 35, 37 TKG).[362] Diese Verpflichtung trifft jedoch nur solche Netzbetreiber, die Telekommunikationsdienstleistungen für die Öffentlichkeit anbieten und über eine marktbeherrschende Stellung i.S.d. § 19 GWB n. F. verfügen.[363] Grundsätzlich soll eine Vereinbarung über die Zusammenschaltung nach Abschluss bilateraler Verhandlungen im Wege eines privatrechtlichen Vertrags erfolgen.[364]

Ergänzt werden diese Regelungen durch eine besondere Missbrauchsaufsicht (§ 33 TKG). Danach muss der marktbeherrschende Anbieter von Telekommunikationsdienstleistungen für die Öffentlichkeit Wettbewerbern den Zugang zu seinen intern genutzten und zu seinen am Markt angebotenen Leistungen, soweit sie wesentlich sind, zu den Bedingungen ermöglichen, die er sich selbst bei der Nutzung dieser Leistungen einräumt. Ungünstigere Bedingungen oder Beschränkungen sind nur zulässig, wenn sie sachlich gerechtfertigt sind. Auf diese Weise sollen Rabattsysteme (Mengenrabatt, Umsatzrabatte) nur dann zulässig sein, wenn sie sachlich gerechtfertigt sind.[365] Bei der Prüfung, ob eine Abweichung von dem Grundsatz "interne Behandlung gleich externe Behandlung" gerechtfertigt ist, sind die Interessen der Beteiligten unter Beachtung der auf die Förderung eines funktionsfähigen Wettbewerbes und eines diskriminierungsfreien, offenen Netzzugangs gerichteten Zielsetzung dieses Paragraphen ge-

---

359 Gemäß § 3 Nr. 24 TKG ist die "Zusammenschaltung" derjenige Netzzugang, der die physische und logische Verbindung von Telekommunikationsnetzen herstellt, um Nutzern, die an verschiedenen Telekommunikationsnetzen angeschaltet sind, die mittelbare oder unmittelbare Kommunikation zu ermöglichen.

360 Gemäß § 3 Nr. 9 TKG ist der "Netzzugang" die physische und logische Verbindung von Endeinrichtungen oder sonstigen Einrichtungen mit einem Telekommunikationsnetz oder Teilen desselben sowie die physische und logische Verbindung von Telekommunikationsnetzen mit einem anderen Telekommunikationsnetz oder Teilen desselben zum Zwecke des Zugriffs auf Funktionen dieses Telekommunikationsnetzes oder auf die darüber erbrachten Telekommunikationsdienstleistungen.

361 Vgl. die Begründung zum TKG-E, BT-Drs. 13/4438, S. 4, i. V. m. BT-Drs. 13/3609, S. 35 ("5. Zusammenschaltungen").

362 Ausführlich zu den Vorschriften des vierten Teils vgl. nur *Piepenbrock*, in: Beck'scher TKG Komm., §§ 33 ff.

363 Dagegen sind nicht marktbeherrschende Betreiber öffentlicher Telekommunikationsnetze nach § 36 TKG lediglich verpflichtet, auf Nachfrage ein Angebot auf Zusammenschaltung abzugeben. Erst wenn eine Zusammenschaltungsvereinbarung zwischen den Anbietern nicht zustande kommt, ordnet die Regulierungsbehörde eine Zusammenschaltung an. Vgl. zum Streit über die Frage, ob jedes Unternehmen, das lizenzpflichtige Telekommunikationsdienstleistungen für die Öffentlichkeit anbietet, oder nur Lizenznehmer mit marktbeherrschender Stellung dazu verpflichtet werden sollen, die schriftliche Stellungnahme des Sachverständigen und der Interessenverbände zur öffentlichen Anhörung des Ausschusses für Post und Telekommunikation am 13.03.1996, Synopse II, S. 440 ff. Zur Unzulässigkeit der Regulierung von Zusammenschaltungsentgelten nicht marktmächtiger Netzbetreiber vgl. *Scherer/Ellinghaus*, MMR 2000, 201 ff.

364 Zu den Zusammenschaltungsverhandlungen und -vereinbarungen vgl. *Badura/Schneider*, RTkom 1999, 161 (162 f.).

365 Vgl. die Begründung zum TKG-E, BT-Drs. 13/4438, S. 4, i. V. m. BT-Drs. 13/3609, S. 46 ("Zu § 32 [Besondere Missbrauchsaufsicht], Zu Abs. 1").

geneinander abzuwägen.[366] Insbesondere darf der Zugang nur entsprechend den Anforderungen von Art. 3 Abs. 2 der ONP-Rahmenrichtlinie beschränkt werden.[367]

Zudem muss der Betreiber eines Telekommunikationsnetzes seine Leistungen gemäß § 33 Abs. 1 TKG einschließlich der jeweils erforderlichen Schnittstellen[368] in einer Weise anbieten, dass keine Leistungen abgenommen werden müssen, die nicht nachgefragt wurden (Entbündelungsgebot). Er hat hierbei entbündelten Zugang zu allen Teilen seines Telekommunikationsnetzes einschließlich der Teilnehmeranschlussleitungen zu gewähren (§ 2 NZV). Schließlich stellt § 3 NZV klar, dass der räumliche Zugang (Kollokation), d. h. die Nutzung einer entbündelten Leistung an der Schnittstelle, diskriminierungsfrei und zu den Bedingungen ermöglicht werden muss, die sich der Netzbetreiber selbst bei der Nutzung einer solchen Leistung einräumt.

Die Vorschriften des vierten Teils haben insofern den zu Tage tretenden Konflikt zwischen dem unternehmerischen Eigeninteresse des marktbeherrschenden Netzbetreibers und seinen auf den Zugang zum Netz angewiesenen Wettbewerbern aufzulösen. Während den marktbeherrschenden Unternehmen kaum daran gelegen sein wird, Wettbewerbern Zugang zu intern genutzten und am Markt angebotenen Leistungen bzw. zu ihren Netzen zu gewähren, sind die potenziellen Wettbewerber u. U. genau auf einen solchen Zugang angewiesen. Weigert sich beispielsweise in einem solchen Fall das etablierte Unternehmen, das für den Wettbewerber notwendige Vorprodukt (isoliert) anzubieten, errichtet der etablierte Anbieter ein strukturelles Marktzutrittshindernis für den eigentlich angreifbaren komplementären Markt.[369] Während die Verpflichtung des marktbeherrschenden Unternehmens auf Gewährung von Zugang einen Eingriff in dessen grundrechtlich geschützte Gewerbe- und Berufsfreiheit darstellt, beschneidet die Entscheidung des Gesetzgebers, die DT AG im Bereich des Sprachtelefondienstes und der Übertragungswege nach der jeweiligen Liberalisierung mit einem Marktanteil in Höhe von 100 % in den Wettbewerb zu entlassen und somit von der Möglichkeit einer Zerschlagung dieser Marktmacht keinen Gebrauch zu machen, die vorgenannten Grundrechte der Wettbewerber in gleicher Weise. In dieser Situation haben die Vorschriften des vierten Teils die vermittelnde Funktion, die Interessen aller Nutzer auf dem Gebiet der Telekommunikation zu wahren, um den Übergang vom staatlich sanktionierten Monopol zum chancengleichen und funktionsfähigen Wettbewerb zu ermöglichen.[370]

(bb) Entgeltregulierung, § 23 ff. TKG

Neben der allgemeinen Anzeigepflicht für AGB für lizenzpflichtige Telekommunikationsdienstleistungen und Universaldienstleistungen sieht das Gesetz in den §§ 23 ff. eine Regulie-

---

366 Vgl. ebd.

367 Diese grundlegenden Anforderungen sind die Sicherheit des Netzbetriebs, die Aufrechterhaltung der Netzintegrität, die Interoperabilität der Dienste und der Datenschutz. Vgl. ebd.

368 § 34 TKG enthält eine spezielle Regelung über Schnittstellen für den Netzzugang. Werden die europäischen Normen für Schnittstellen und Dienstleistungsmerkmale von einem Anbieter oder Nutzer eingehalten, so wird nach § 34 Abs. 2 TKG vermutet, dass er die grundlegenden Anforderungen für einen offenen Netzzugang erfüllt.

369 So zur speziellen Interessenlage bei § 33 TKG vgl. *C. Engel/G. Knieps*, Die Vorschriften des Telekommunikationsgesetzes über den Zugang zu wesentlichen Leistungen, S. 14.

370 Ähnlich *Piepenbrock*, in: Beck'scher TKG Komm., § 33, Rdnr. 2.

rung von Entgelten der Lizenznehmer vor, die auf dem jeweiligen Markt über eine marktbeherrschende Stellung nach § 19 GWB n. F. verfügen.[371] Das Gesetz hat in § 25 Abs. 1 eine Vorabpreisregulierung vor allem für das Angebot von Übertragungswegen und Sprachtelefondienst eingeführt (sog. "Ex-ante-Regulierung"). Zusätzlich unterliegen die Tarife für alle übrigen Telekommunikationsdienstleistungen – im vorgenannten Rahmen – nach § 25 Abs. 2 TKG einer nachträglichen Preismissbrauchsaufsicht (sog. "Ex-post-Regulierung").[372] Maßstab für eine Genehmigungsfähigkeit der Entgelte sind die Kosten einer effizienten Leistungsbereitstellung (§ 24 Abs. 1 TKG). Insbesondere dürfen die Entgelte keine missbräuchlichen Aufschläge (§ 24 Abs. 2 Nr. 1 TKG) und keine die Wettbewerbsmöglichkeiten der Konkurrenten beschränkenden Abschläge (§ 24 Abs. 2 Nr. 2 TKG) enthalten. Darüber hinaus sind Preisdifferenzierungen bei gleichen Leistungen unzulässig (§ 24 Abs. 2 Nr. 3 TKG).[373] Neben den zwei unterschiedlichen Überprüfungszeitpunkten bietet das Gesetz auch zwei verschiedene Genehmigungsverfahren an, nämlich das sog. Price-Cap-Verfahren (§ 27 Abs. 1 Nr. 1 TKG) und die Einzelgenehmigung (§ 27 Abs. 1 Nr. 2 TKG), während in der Praxis bei der Abwägung zwischen den beiden Methoden mit dem Hinweis auf § 1 EntgVO dem Price-Cap-Verfahren der Vorrang eingeräumt wird.[374]

Der Gesetzgeber hat die Preisregulierung als zentrale Aufgabe der Regulierungsbehörde angesehen.[375] In der Praxis galt die Ex-ante-Regulierung zunächst nur für die DT AG.[376] Da die Entgeltregulierung erheblich die Autonomie der betroffenen Unternehmen einschränkt, sah der Gesetzgeber eine besondere Rechtfertigung hierfür als erforderlich an.[377] Insbesondere wegen der über den 01.01.1998 hinaus bestehenden überragenden Stellung der DT AG auf den Märkten für den Sprachtelefondienst und das Übertragungswegeangebot wurde im Gesetzgebungsverfahren eine allgemeine Preisaufsicht auf der Grundlage des Gesetzes gegen Wettbewerbsbeschränkungen für nicht ausreichend erachtet.[378] Der Gesetzgeber hielt es daher für erforderlich, "den dominanten Anbieter daran zu hindern, die Nachfrager auf Teilmärkten mit niedriger Preiselastizität der Nachfrage durch hohe Preise auszubeuten, um auf anderen Teilmärkten durch systematische Preisunterbietung Wettbewerb zu beeinträchtigen."[379]

---

371 Zum Anwendungsbereich und zu den Rechtsgrundlagen der Entgeltregulierung vgl. weiterführend *Schmidt*, K&R 1999, 385 (386 f.). Vgl. zur Entgeltregulierung auch *Becker*, K&R 1999, 113 ff.

372 Dies entspricht konzeptionell der allgemeinen Missbrauchsaufsicht des Bundeskartellamts gegenüber marktbeherrschenden Unternehmen.

373 Ein Überblick zur Preiskontrolle nach den § 24 ff. findet sich bei *Ladeur*, K&R 1998, 479 (482 f.).

374 Vgl. *Schmidt*, K&R 1999, 385 (388); *Ladeur*, K&R 1999, 479 (482 f.).

375 Vgl. die Begründung zum TKG-E, BT-Drs. 13/4438, S. 4, i. V. m. BT-Drs. 13/3609, S. 35 ("4. Preisregulierung").

376 Vgl. *Schwintowski*, CR 1997, 630 (631). Hiervon ging auch der Gesetzgeber aus, vgl. die Begründung zum TKG-E, BT-Drs. 13/4438, S. 4 i. V. m. BT-Drs. 13/3609, S. 35 ("4. Preisregulierung").

377 Vgl. ebd., S. 43 ("Zu § 24. Regulierung von Entgelten").

378 Vgl. ebd.

379 Vgl. ebd.

c) Bewirtschaftung knapper Ressourcen

(aa) Frequenzordnung, §§ 44 ff. TKG

Die Regelungen der §§ 44 bis 49 TKG beziehen sich auf die Frequenzordnung.[380] Soweit es um die Nutzung von Frequenzen für funktechnische Anwendungen geht, sind sie zumindest potenziell ein knappes Gut.[381] Die Marktentwicklungen haben die Nutzung des Frequenzspektrums revolutioniert und führen zu einer erhöhten Nachfrage an der Ressource, da ihre Bedeutung nicht nur für den Kommunikationssektor als wirtschaftlich wertvolle Ressource gestiegen ist. Nach der Terminologie des Telekommunikationsgesetzes wird die Reservierung einzelner Frequenzbereiche für bestimmte Nutzungsarten als "Zuweisung" und die Vergabe an einzelne Nutzer als "Zuteilung" bezeichnet.[382] Zur Sicherstellung einer effizienten und störungsfreien Nutzung von Frequenzen werden der Frequenzbereichszuweisungsplan[383] und der Frequenzbereichsnutzungsplan[384] aufgestellt, Frequenzen zugeteilt und Frequenznutzungen überwacht, § 44 TKG.

Die der Frequenzverwaltung obliegende Aufgabe der Frequenzzuteilung hat die Entscheidung über Rechte der Wettbewerber zum Gegenstand, eine bestimmte Frequenz für einen bestimmten Zweck zu nutzen. Die Frequenzzuteilung erfolgt dabei unter Berücksichtigung der von der Regulierungsbehörde zu erstellenden Frequenzbereichszuweisungs- und Frequenznutzungspläne auf Antrag und gegen Gebühr, § 47 TKG. Die Regulierung der Frequenzordnung verbindet folglich die öffentliche Planung zur Bewirtschaftung der verfügbaren Frequenzen mit Zuweisungsentscheidungen im Einzelfall.[385]

(bb) Wegerecht, §§ 50 ff. TKG

Der achte Teil des Telekommunikationsgesetzes regelt das Recht der Wegenutzung zu Telekommunikationszwecken. Die Vorschriften differenzieren dabei zwischen der Benutzung öffentlicher Verkehrswege (§§ 50 bis 56 TKG) und privater Grundstücke (§ 57 TKG). Das Recht zur unentgeltlichen Nutzung öffentlicher Wege und Straßen wird dem Bund zugeordnet, der dieses Recht jeweils im Rahmen der Lizenzvergabe auf die Lizenznehmer überträgt.[386]

---

380 Zur Festlegung einer Frequenzordnung vgl. unten Kap. C.I.3.

381 Vgl. die Begründung zum TKG-E, BT-Drs. 13/4438, S. 4, i. V. m. BT-Drs. 13/3609, S. 35 ("7. Frequenzordnung").

382 Zu den Begriffen der Zuweisungs- und Zuteilungsentscheidung vgl. auch *J. Scherer*, Frequenzverwaltung zwischen Bund und Ländern, S. 11 f.

383 Die Festlegung erfolgt gemäß § 45 TKG durch Rechtsverordnung.

384 Die Regulierungsbehörde erstellt den Frequenznutzungsplan gemäß § 46 TKG.

385 Vgl. *Spoerr/Deutsch*, DVBl. 1997, 300 (302).

386 Vgl. zum Streit bez. der Unentgeltlichkeit *Demmel*, in: TMR, C, § 50, Rdnr. 2, 21 ff.

(cc) Nummerierung, § 43 TKG

Auch die Rufnummern stellen aufgrund internationaler Festlegungen ein knappes Gut dar.[387] Zu den Aufgaben der Nummerierung zählt die Schaffung von Nummern, d. h. die allgemeine Gestaltung des Nummernplans, die Gestaltung der nationalen Bereichskennzahlen, der Teilnehmerrufnummern und anderer Nummern.[388] Die Regulierungsbehörde erstellt einen Nummernplan und nimmt die Aufgaben der Nummernverwaltung, insbesondere die Zuteilung von Nummern an die Telekommunikationsdienstleister oder Teilnehmer wahr.[389] Die Zuteilung der Nummern erfolgt auf Antrag und gegen Gebühr. Sie soll auf objektive, nachvollziehbare und nicht diskriminierende Weise erfolgen und die Portabilität der Rufnummern sicherstellen (§ 43 Abs. 5 TKG). Mittelbar zielt diese Vorschrift auf eine Förderung des Wettbewerbs, indem sie komfortabel einen Anbieterwechsel ohne Nummernwechsel ermöglicht.[390]

d) Universaldienstverpflichtung, § 17 ff. TKG

Das im 2. Abschnitt des Telekommunikationsgesetzes geregelte Universaldienstregime soll eine Grundversorgung der Bevölkerung mit bestimmten Telekommunikationsdienstleistungen sicherstellen.[391] Dafür sehen die §§ 17 ff. TKG ein abgestuftes Regelungssystem vor, um bei drohendem Versagen des Wettbewerbs durch hoheitliche Maßnahmen (Auferlegung von Universaldienstleistungserbringungspflichten) einen Universaldienst durch private Anbieter bereitzustellen. Universaldienstleistungen werden in § 17 Abs. 1 Satz 1 TKG bezeichnet als das Mindestangebot an Telekommunikationsdienstleistungen für die Öffentlichkeit, für die eine bestimmte Qualität festgelegt ist und zu denen alle Nutzer, unabhängig von ihrem Wohn- oder Geschäftsort, zu einem erschwinglichen Preis Zugang haben müssen.[392]

Die Festlegung von Telekommunikationsdienstleistungen als Universaldienstleistungen, ihre qualitative Mindestausstattung sowie die Maßstäbe für die Bestimmung des Preises einer Universaldienstleistung erfolgte auf der Grundlage des § 17 Abs. 2 TKG in der Telekommunikations-Universaldienstleistungsverordnung (TUDLV[393]). Die Regulierungsbehörde prüft laufend, ob die festgesetzten Universaldienstleistungen im Wettbewerb erbracht werden, § 19 Abs. 1 TKG. Ist dies nicht der Fall, können marktbeherrschende Unternehmen im Sinne des § 19 GWB n. F. mit entsprechenden Auflagen belegt werden, § 19 Absätze 2 und 3 TKG. Dabei können gemäß § 20 TKG an das erbringende Unternehmen Ausgleichszahlungen notwendig werden, für deren Finanzierung alle Lizenznehmer mit einem Mindestmarktanteil von vier Prozent auf dem jeweils relevanten Markt herangezogen werden (§ 21 TKG).[394] Vor der

---

[387] Vgl. die Begründung zum TKG-E, BT-Drs. 13/4438, S. 4, i. V. m. BT-Drs. 13/3609, S. 35 ("6. Nummernverwaltung").

[388] Vgl. *Demmel*, in: TMR, C, § 43, Rdnr. 5.

[389] Ebd.

[390] Vgl. *K. Windthorst*, Universaldienst, S. 437.

[391] Zum Verhältnis des § 17 und § 11 Abs. 7 TGK vgl. ebd., S. 445, 468 ff.

[392] Zur Legaldefinition des § 17 Abs. 1 Satz 1 TKG vgl. *Klein*, in: TMR, C, § 17, Rdnr. 5 f.

[393] Telekommunikations-Universaldienstleistungsverordnung (TUDLV) vom 30.01.1997, BGBl. I 1997, S. 141; Ermächtigungsgrundlage ist § 17 Abs. 2 TKG. Dieser entwicklungsoffene Ansatz ermöglicht eine flexible Anpassung an die erwarteten, sich stetig verändernden Marktverhältnisse und Nachfragebedürfnisse.

[394] Zur Verfassungsmäßigkeit der Universaldienstleistungsabgabe vgl. *S. Pohl*, Universaldienst in der Telekommunikation, S. 1 ff.

Verpflichtung eines ausgleichsberechtigten marktbeherrschenden Unternehmens kann die Regulierungsbehörde zunächst über eine Ausschreibung versuchen, einen anderen fachkundigen und günstigeren Anbieter zu finden, der die fragliche Leistung bereitstellt, § 19 Abs. 5 TKG. Ist dagegen eine Verpflichtung eines marktbeherrschenden Unternehmens generell nicht möglich, sind die Universaldienstleistungen gleichfalls auszuschreiben (§ 19 Abs. 6 TKG).

3. *Ziele der Regulierung*

a) Ziele der Regulierung nach § 2 Abs. 2 TKG

Auf die bereits angesprochenen Regulierungsziele des § 2 Abs. 2 TKG[395] nehmen eine Reihe von Vorschriften ausdrücklich Bezug.[396] Im Übrigen sind die Regulierungsziele im Rahmen jeder Regulierungsmaßnahme, bei der der Regulierungsbehörde Beurteilungs-, Ermessens- und (planerische) Gestaltungsspielräume eingeräumt werden, im Wege eines Abwägungsvorgangs zu berücksichtigen. Nach der Begründung zum Gesetzentwurf soll § 2 Abs. 2 TKG die wichtige Maßgröße sein, an der sich die gesamte Regulierung auszurichten hat.[397]

Die verschiedenen Regulierungsziele stehen zwar nicht widerspruchsfrei, aber gleichberechtigt nebeneinander.[398] Nach der Intention des Gesetzgebers werden in § 2 Abs. 2 TKG die Interessen der Nutzer als Hauptmotiv der Liberalisierung lediglich noch einmal hervorgehoben.[399] Nach der Terminologie des Gesetzes ist "Nutzer" derjenige, der gewerbliche Telekommunikationsangebote nachfragt, § 3 Nr. 11 TKG. Begünstigte des Wettbewerbs auf dem Telekommunikationssektor sollen nach den Vorstellungen des Gesetzgebers daher gleichermaßen private Endverbraucher wie gewerbliche, im Wettbewerb stehende Marktteilnehmer sein.[400]

Dennoch stellt die Wahrung der Interessen der Nutzer nach § 2 Nr. 2 TKG nicht den "zentralen Zweck des Gesetzes" dar, dem sich die anderen Zwecke als Mittel zu unterwerfen haben.[401] Hiergegen spricht schon die gesetzliche Systematik, die die Zwecke des Gesetzes gerade in § 1 TKG geregelt wissen will und in § 2 Abs. 2 TKG auf die Ziele der Regulierung abstellt.

---

395 Zu den Regulierungszielen im Einzelnen vgl. die Kommentierungen bei *Manssen*, in: TMR, C, § 2, Rdnr. 5 ff.; *Schuster*, in: Beck'scher TKG Komm., § 2, Rdnr. 5 ff.

396 Vgl. hierzu *Manssen*, in: TMR, C, § 2, Rdnr. 2;

397 Vgl. die Begründung zum TKG-E, BT-Drs. 13/4438, S. 4, i. V. m. BT-Drs. 13/3609, S. 36 ("Zu § 2 [Regulierung], Zu Abs. 2"). Zur Kritik an der wenig geglückten Formulierung der Regulierungsziele vgl. auch *Manssen*, in: TMR, C, § 2, Rdnr. 10.

398 Vgl. Manssen, a. a. O., Rdnr. 3.

399 Vgl. die Begründung zum TKG-E, BT-Drs. 13/4438, S. 4, i. V. m. BT-Drs. 13/3609, S. 36 ("Zu § 2 [Regulierung], Zu Abs. 2").

400 Vgl. *Manssen*, in: TMR, C, § 3, Rdnr. 15. Dieses Verständnis entspricht auch Art. 2 Nr. 1 RL 90/387/EWG und Art. 2 Abs. 2 a) der Sprachtelefondienstrichtlinie (98/10/EG). Auch das Telekommunikationsgesetz bezieht in § 41 Abs. 1 die "Verbraucher" unter den Begriff der "Nutzer" mit ein.

401 So aber *Schuster*, in: Beck'scher TKG Komm., § 2, Rdnr. 5, der § 2 in Zusammenhang mit § 1 TKG sieht, wonach beide Vorschriften gemeinsam den "Sinn und Zweck des Gesetzes aus der Sicht des Gesetzgebers" festlegen, vgl. *Schuster*, in: Beck'scher TKG Komm., § 2, Rdnr. 3.

Gleichwohl hat die Wahrung der Interessen der Nutzer eine besondere Bedeutung im Rahmen der Regulierung, denn nicht umsonst hat der Gesetzgeber dieses Regulierungsziel in der Aufzählung in § 2 Abs. 2 TKG an erster Stelle genannt. Die ausdrückliche gesetzliche Aufführung der Regulierungsziele führt schließlich zu einer Konturierung der auf der Grundlage des Telekommunikationsgesetzes anzustrebenden Regulierung. Einleitend wurde bereits darauf hingewiesen, dass das Telekommunikationsgesetz lediglich die Rahmenbedingungen für die Regulierung der Märkte setzt.[402] Die Ausfüllung der Regulierung mit Hilfe von Regulierungsmaßnahmen wird dagegen der Verwaltung, mithin der Regulierungsbehörde überlassen, um so jederzeit ein flexibles Reagieren auf Veränderungen der Marktverhältnisse zu ermöglichen. Denknotwendig wird dadurch der Verwaltung ein großer Gestaltungsspielraum eröffnet, der aus Gründen der Planungs- und Rechtssicherheit verlässliche Leitlinien benötigt.

Insgesamt hat die Verwaltung eine Vielzahl von Einzelinteressen der verschiedensten Nutzergruppen im Rahmen jeder Regulierungsmaßnahme zu berücksichtigen. Hier kann man insbesondere differenzieren zwischen den Interessen der Privathaushalte, der gewerblichen Klein-, Mittel- oder Großanwender, der Nutzer der Fern- oder Ortsnetze, der neuen Wettbewerber und der etablierten bzw. marktbeherrschenden Unternehmen. Weitere Interessenkonflikte ergeben sich beispielsweise aus der gleichwertigen Versorgungsbedürftigkeit entlegener Regionen bzw. der spezifischen Versorgungsbedürftigkeit von Alten, Behinderten etc.[403] Zusammenfassen lassen sich diese Interessen als die Interessen der Nutzer i. S. d. § 3 Nr. 11 TKG bezeichnen, der allgemein auf alle Nachfrager von Telekommunikationsdienstleistungen abstellt, so dass hierunter neben Endverbrauchern auch die auf den Märkten tätigen Telekommunikationsunternehmen, unabhängig von der Lizenzpflichtigkeit ihrer Tätigkeit, fallen. Besonders deutlich zeigt sich die Verschränkung der verschiedensten Belange als Teilaspekte der Interessen der Nutzer im Bereich des Kundenschutzes. § 41 TKG ermächtigt die Bundesregierung mit Zustimmung des Bundesrates, eine Rechtsverordnung zur Gestaltung der Bedingungen für die Inanspruchnahme von Telekommunikationsdienstleistungen für die Öffentlichkeit im Interesse der Nutzer, insbesondere der Verbraucher, zu erlassen. Die auf dieser Rechtsgrundlage erlassene Rechtsverordnung steht nach der Intention des Gesetzgebers wiederum im Einklang mit der verfassungsrechtlichen Vorgabe, eine "angemessene" Versorgung mit Telekommunikationsdienstleistungen sicherzustellen.[404]

Dieses Beispiel macht deutlich, dass die Wahrung der Interessen der Nutzer ein Sammeltatbestand für sämtliche weitere in § 2 Abs. 2 TKG aufgeführten Regulierungsziele darstellt. Die Nennung dieser Interessen als erster Belang der Regulierung in § 2 Abs. 2 TKG verdeutlicht, dass jede Regulierungsentscheidung einen Abwägungsvorgang voraussetzt, in den eine Vielzahl von Interessen einzustellen sind. Das Gesetz kann die zwangsläufig entstehenden Zielkonflikte nicht selbst auflösen, sondern allenfalls hierfür einen organisations- bzw. verfah-

---

402 Zur Notwendigkeit von gesetzlichen Rahmenbedingungen für die Telekommunikationsmärkte vgl. *Spoerr/Deutsch*, DVBl. 1997, 300 (301).

403 Zu den Zielkonflikten vgl. auch *J. Scherer*, Nachrichtenübertragung und Datenverarbeitung im Telekommunikationsrecht, S. 181 ff., der u. a. weiter auf ökonomische, soziale, kulturelle, (grund-)rechtliche Ziele – wie wirtschaftliches Wachstum oder Wettbewerbsfähigkeit der (Telekommunikations-)Industrie – mittelstandspolitische Ziele – wie technische Innovation oder Vollbeschäftigung – und den Schutz der Privatheit bzw. der informationellen Selbstbestimmung verweist.

404 Vgl. die Begründung zum TKG-E, BT-Drs. 13/4438, S. 4, i. V. m. BT-Drs. 13/3609, S. 47 ("Zu § 41 [Kundenschutzverordnung]").

rensrechtlichen Rahmen schaffen.[405] Auch der Katalog der Regulierungsziele muss daher durch Lizenzierungs-, Zulassungs-, technische Standardisierungs-, Schnittstellenentscheidungen etc. umgesetzt und konkretisiert werden.[406] Besondere Relevanz im Hinblick auf einen im Wettbewerb sicherzustellenden Universaldienst haben die nachfolgend dargestellten Regulierungsziele.

(aa) Sicherstellung eines chancengleichen und funktionsfähigen Wettbewerbs

In § 2 Abs. 2 Nr. 2 TKG wird als Regulierungsziel "die Sicherstellung eines chancengleichen und funktionsfähigen Wettbewerbs, auch in der Fläche, auf den Märkten der Telekommunikation" festgeschrieben. Hier taucht das bereits in der Zwecksetzung des § 1 TKG normierte gesetzliche Leitbild "Wettbewerb" wieder auf und erfährt durch § 2 Abs. 2 TKG für die Verwaltung eine eigenständige Ausgestaltung.[407] Dieses Ziel beinhaltet insbesondere das Bestreben, neu hinzutretenden Wettbewerbern chancengleichen Wettbewerb zu solchen Marktteilnehmern zu ermöglichen, die im Zeitpunkt der Marktöffnung marktbeherrschend sind. Dies ergibt sich ausdrücklich aus der Begründung des Gesetzentwurfs, wonach "potenzielle Anbieter (...) ohne besondere regulatorische Vorkehrungen keine Chance gegenüber dem dominanten Anbieter" haben.[408] Zur Schaffung der Rahmenbedingungen für einen "chancengleiche(n) Wettbewerb durch die neu hinzutretenden Anbieter" und "durch regulierende Eingriffe in das Marktverhalten beherrschender Unternehmen" sei daher funktionsfähiger Wettbewerb zu fördern.[409]

Bei dem Merkmal der *Funktionsfähigkeit* eines sicherzustellenden Wettbewerbs handelt es sich nach einer Auffassung in der Literatur lediglich um ein schmückendes Beiwort ohne eigenständige Bedeutung.[410] Das Telekommunikationsgesetz macht selbst keine Vorgaben zur konzeptionell-inhaltlichen Auslegung und praktisch-empirischen Erfassung zum Merkmal der Funktionsfähigkeit des Wettbewerbs. Die Monopolkommission hat sich in ihrem Sondergutachten dafür entschieden, Funktionsfähigkeit von Wettbewerb dann zu unterstellen, wenn zu erwarten ist, dass auch nach Fortfall von Netzzugangsleistungsverpflichtungen und Höchstpreisen für diese Pflichtleistungen für marktbeherrschende Unternehmen durch sektorspezifische staatliche Eingriffe auf Endkundenmärkten für Sprachtelefondienst/Übertragungswege Wettbewerbsangebote in signifikantem Ausmaß fortbestehen.[411] Auf den Gehalt dieses Tatbestandsmerkmals wird noch an späterer Stelle, im Zusammenhang mit der Erörterung der Zweckbestimmung des § 1 TKG, vertieft einzugehen sein.[412]

Das Merkmal der *Chancengleichheit* wird zwar in der Gesetzesbegründung primär mit den neuen Wettbewerbern in Zusammenhang gebracht, bedeutet aber im Rahmen von Regulierungsmaßnahmen eine strikte formale Gleichbehandlung aller Telekommunikationsunterneh-

---

405 Vgl. *J. Scherer*, Nachrichtenübertragung und Datenverarbeitung im Telekommunikationsrecht, S. 182.
406 Vgl. ebd., S. 182 f.
407 Bei § 3 Nr. 2 TKG handelt es sich im Gegensatz zu den anderen Regulierungszielen, die die Wirtschaftsaufsicht betreffen, um eine Wettbewerbsaufsicht, vgl. *Manssen*, TMR, C, § 2, Rdnr. 4, m. w. N.
408 Vgl. die Begründung zum TKG-E, BT-Drs. 13/4438, S. 4, i. V. m. BT-Drs. 13/3609, S. 1/34 f.
409 Vgl. ebd.
410 *E. Hoppmann*, Marktmacht und Wettbewerb, S. 19.
411 Vgl. *Gerpott*, MMR 2000, 191 (192).
412 Vgl. unten Kap. C.I.1.a)(cc)(2)(ii).

men hinsichtlich ihrer Position als Wettbewerber untereinander.[413] Die besonderen Marktverhältnisse im Hinblick auf die dominante Anbieterin DT AG hat das Gesetz bereits durch seinen asymmetrischen Regulierungsansatz berücksichtigt.[414] Die Umstände, die eine marktbeherrschende Stellung der DT AG zum Zeitpunkt des Gesetzeserlasses begründet haben, können daher ebenso wenig im Rahmen von Ermessensregulierungsentscheidung berücksichtigt werden wie solche, die eine marktbeherrschende Stellung von neuen Anbietern künftig begründen werden.[415] Diese Konstellationen auf den Märkten werden bereits von der Zwecksetzung des § 1 TKG ausreichend berücksichtigt, die im Interesse der Gewährleistung eines Universaldienstes eine Förderung des förderungsbedürftigen Wettbewerbs vorsieht.[416] Eine nochmalige Einstellung der besonderen Machtverhältnisse auf den Telekommunikationsmärkten in Ermessenentscheidungen der Verwaltung wäre aus verfassungsrechtlichen Gründen bedenklich und würde in der Regel einer zusätzlichen Rechtfertigung bedürfen. Daher ist auch das Merkmal der "Sicherstellung" nicht so weit zu interpretieren, dass hiervon auch die *Förderung* des Wettbewerbs erfasst wäre.[417] Die Förderung des förderungsbedürftigen Wettbewerbs wird allein durch den asymmetrischen Regulierungsansatz des Gesetzes erreicht, wie er verkürzt durch die Zwecksetzung des § 1 TKG "Förderung des Wettbewerbs" beschrieben wird.

Die Ergänzung des Zielkatalogs um die Sicherstellung eines chancengleichen und funktionsfähigen Wettbewerbs "auch in der Fläche" sollte insbesondere die Anliegen der Länder berücksichtigen, dafür Sorge zu tragen, dass auch im ländlichen Bereich Wettbewerb möglich wird. [418] § 2 Abs. 2 Nr. 2 TKG soll einer unverhältnismäßigen Benachteiligung einzelner Gebiete entgegenwirken[419] und ist daher im Zusammenhang mit dem Regulierungsziel nach § 2 Abs. 2 Nr. 3 TKG zu sehen.

(bb) Sicherstellung einer flächendeckenden Grundversorgung

§ 2 Abs. 2 Nr. 3 TKG führt als weiteres Regulierungsziel die Sicherstellung einer flächendeckenden Grundversorgung mit Telekommunikationsdienstleistungen (Universaldienstleistungen) zu erschwinglichen Preisen auf. Erst aufgrund der Beschlussempfehlung des Vermittlungsausschusses wurden nach dem Wort "(Universaldienstleistung)" die Wörter "zu erschwinglichen Preisen" angefügt.[420] Hintergrund dieser Ergänzung hinsichtlich einer Tarifierung des Universaldienstes war das Bestreben des Bundesrates, die Bewohner ländlicher

---

[413] Insoweit lassen sich Parallelen zu dem auf der Grundlage der Art. 3 Abs. 1 GG, Art. 12 Abs. 1 GG entwickelten Anspruch auf Chancengleichheit im Prüfungsrecht ziehen, vgl. hierzu *Osterloh*, in: *Sachs* (Hrsg.), Grundgesetz, Art. 3, Rdnr. 58 f. Mit umfasst von der Chancengleichheit wird auch die sog. Rechtsschutzgleichheit der Wettbewerber, vgl. hierzu *Osterloh*, a. a. O., Rdnr. 204 ff. Zur Möglichkeit der Konkurrentenklage bei Beeinträchtigung der Chancengleichheit vgl. *Scherer*, NJW 1996, 2953 (2957).

[414] Zum Begriff der asymmetrischen Regulierung vgl. oben Kap. B.II.1.a).

[415] A. A. *Manssen*, in: TMR, C, § 2, Rdnr. 6.

[416] Vgl. zum Verhältnis der Wettbewerbsförderung zum Gemeinwohlzweck unten Kap. C.II.1.b)(aa).

[417] A. A. *K. Windthorst*, Universaldienst, S. 414, Fn. 94.

[418] Der Einschub "auch in der Fläche" fand erst auf Empfehlung des Ausschusses für Post und Telekommunikation (17. Ausschuss) Eingang in den Gesetzestext, um dem Anliegen der Länder Rechnung zu tragen, dass auch im ländlichen Bereich Wettbewerb möglich wird, vgl. Beschlussempfehlung und Bericht, BT-Drs. 13/4864 (neu), S. 4, i. V. m. S. 75.

[419] Vgl. *K. Windthorst*, Universaldienst, S. 415.

[420] Nr. 1 der Anlage zur Beschlussempfehlung des Vermittlungsausschusses zum TKG-E, BT-Drs. 13/5066.

Räume nicht nur allgemein in den Genuss der durch Wettbewerb verursachten Preis- und Leistungsverbesserung zu bringen, sondern auch im Falle einer Unterversorgung.[421] An der Notwendigkeit der Ergänzung bestehen jedoch insofern Zweifel, als erschwingliche Preise bereits in der Definition des TKG-E der Bundesregierung zum Universaldienst (§ 16 Abs. 1 TKG-E) berücksichtigt wurden.[422] Das Merkmal der Erschwinglichkeit kann daher nur noch außerhalb des Universaldienstregimes des Telekommunikationsgesetzes (§§ 17 ff. TKG) eigenständige Wirkung entfalten.[423]

Trotz der verfassungsrechtlichen Vorgaben des Art. 87f Abs. 1 GG zur Gewährleistung eines Universaldienstes[424] war die Festschreibung dieses Belanges als Regulierungsziel notwendig, da sich zwar eine unmittelbare Bindung der Verwaltung an dieses Staatsziel für die Beurteilungs-, Ermessens- und (planerischen) Gestaltungsspielräume ergibt,[425] das einfachgesetzliche Kriterium der erschwinglichen Preise aber über die verfassungsrechtlichen Vorgaben hinausgeht.[426]

(cc) Sicherstellung einer effizienten und störungsfreien Nutzung von Frequenzen

§ 2 Abs. 2 Nr. 5 TKG nennt als weiteres herauszustellendes Regulierungsziel die Sicherstellung einer effizienten und störungsfreien Nutzung von Frequenzen, auch unter Berücksichtigung der Belange des Rundfunks.[427] Die gesetzlich angeordnete Berücksichtigung der Belange des Rundfunks ist dabei deklaratorisch, wie das oben aufgezeigte Verhältnis zwischen Rundfunk und Telekommunikation zeigt.[428] § 44 Abs. 1 TKG ordnet zur Sicherstellung einer effizienten und störungsfreien Nutzung von Frequenzen ausdrücklich die Aufstellung des Frequenzbereichszuweisungsplans und des Frequenznutzungsplans, die Zuteilung von Frequenzen und die Überwachung der Frequenznutzung an.

Das Ziel zur Sicherstellung einer *effizienten* Nutzung ist nicht eindeutig zu definieren.[429] Effizienz kann grundsätzlich unter ökonomischen, technischen oder sozialen Gesichtspunkten betrachtet werden.[430] Bei den Frequenzen handelt es sich, zumindest soweit es um ihre Nut-

---

421 Vgl. die Stellungnahme des Bundesrates, BT-Drs. 13/4438, Anlage 2, S. 5 ("Zum Gesetzentwurf allgemein") bzw. S. 7 (Nr. 8 "Zu § 2 Abs. 2"). Vgl. auch die Unterrichtung durch den Bundesrat, BT-Drs. 13/4938, Anlage, S. 2 (Nr. 1 "Zum Gesetz allgemein" und Nr. 2 "Zu § 2 Abs. 2").

422 Vgl. die Begründung zum TKG-E, BT-Drs. 13/4438, S. 4, i. V. m. BT-Drs. 13/3609, S. 9. Hierauf hatte auch der Bundesrat in seiner Stellungnahme hingewiesen, vgl. BT-Drs. 13/4438, Anlage 2, S. 11 (Nr. 34 "Zu § 16 Abs. 2").

423 So auch *K. Windthorst*, Universaldienst, S. 416.

424 Vgl. unten Kap. C.I.2.b).

425 Vgl. für die Grundrechte *Brohm*, JZ 1994, 213 (217), vgl. zum ähnlich strukturierten Art. 20a GG und der Frage der Verfassungsbindung der vollziehenden Gewalt *Murswiek*, in: *Sachs* (Hrsg.), Grundgesetz, Art. 20a, Rdnr. 61.

426 Zur Zulässigkeit einer die verfassungsrechtlichen Anforderungen hinsichtlich einer Grundversorgung übersteigenden, einfachgesetzlichen Ausgestaltung vgl. unten Kap.C.I.2.b)(aa)(2).

427 Erst auf Betreiben des Bundesrats im Gesetzgebungsverfahren wurde der Einschub "auch unter Berücksichtigung der Belange des Rundfunks" in den Gesetzestext eingefügt, vgl. die Stellungnahme des Bundesrats, BT-Drs. 13/4438, Anlage 2, S. 6).

428 Vgl. oben Kap. B.I.1.b).

429 Vgl. *Manssen*, in: TMR, C, § 2, Rdnr. 9.

430 Vgl. auch Europäische Kommission, Kommunikationsbericht 1999, KOM (1999) 539 (nicht offizielle Version), S. 42.

zung für funktechnische Anwendungen geht, um potenziell knappe Ressourcen.[431] Die Sicherstellung einer *effizienten* Nutzung von Frequenzen kann man daher bezeichnen als die Sicherstellung des größtmöglichen wirtschaftlichen und sozialen Nutzens der Nutzer an dieser knappen Ressource unter Ausschöpfung aller technischen Möglichkeiten. Schwierige Entscheidungen stellen sich für die Regulierungsbehörde beispielsweise im Bereich des Ausgleichs kommerzieller und nicht kommerzieller Interessen der Nutzer sowie zwischen Interessenten, die ähnliche Dienste anbieten möchten.[432] Zu einer effizienten Frequenznutzung zählt eine Vergabe von Frequenzen, die sich flexibel an Änderungen von Markt- und Technologiebedingungen anpasst und nicht der Entwicklung neuer Dienste entgegensteht, sondern diese fördert.[433]

Dagegen ist die Sicherstellung einer *störungsfreien* Nutzung von Frequenzen im Zusammenhang mit der durch Funkanwendungen verbundenen Freiraumausbreitung elektromagnetischer Wellen zu sehen, die ein hohes Maß an Koordinierung erfordert, um wechselseitige Störungen von Funksignalen auszuschließen.[434] Hieraus ergeben sich staatliche Aufgaben.[435]

Die störungsfreie Nutzung von Frequenzen ist auch im Zusammenhang mit den internationalen Vorgaben der Konvention und Konstitution der IFU zu sehen, die für anerkannte Betriebsunternehmen nach § 7 TKG[436] Rechte und Pflichten begründen.[437] Nach der Definition der IFU handelt es sich bei "schädlichen Störungen" um Störungen, die die Abwicklung des Verkehrs bei einem Navigationsfunkdienst oder bei anderen Sicherheitsfunktionen gefährden oder den Verkehr bei einem Funkdienst, der mit der Übereinstimmung der IFU-Vollzugsordnung für den Funkdienst wahrgenommen wird, ernstlich beeinträchtigen, ihn behindern oder wiederholt unterbrechen.[438] Nach Art. 45 der Konstitution müssen alle Funkstellen, unabhängig von ihrem Verwendungszweck, so eingerichtet und betrieben werden, dass sie keine schädlichen Störungen verursachen bei den Funkverbindungen oder Funkdiensten der anerkannten Betriebsunternehmen der übrigen Mitgliedstaaten und der anderen Unternehmen, die ordnungsgemäß ermächtigt sind, einen Funkdienst wahrzunehmen. Die Bundesrepublik Deutschland ist als Mitglied der IFU verpflichtet, diese Vorgabe der Konstitution umzusetzen.[439]

---

[431] Vgl. die Begründung zum TKG-E, BT-Drs. 13/4438, S. 4, i. V. m. BT-Drs. 13/3609, S. 35 ("7. Frequenzordnung").

[432] Vgl. auch Europäische Kommission, Kommunikationsbericht 1999, KOM (1999) 539 (nicht offizielle Version), S. 41.

[433] Vgl. das Gutachten "Frequenzregulierung in der Bundesrepublik Deutschland" der Gutachterkommission für Grundsatzfragen der Frequenzregulierung im zivilen Fernmeldewesen, S. 81.

[434] Vgl. die Begründung zum TKG-E, BT-Drs. 13/4438, S. 4, i. V. m. BT-Drs. 13/3609, S. 35 ("7. Frequenzordnung").

[435] Vgl. ebd.

[436] Nach § 7 TKG sind anerkannte Betriebsunternehmen i. S. d. Konstitution und Konvention der IFU Lizenznehmer, die internationale Telekommunikationsdienstleistungen erbringen oder im Rahmen ihres Angebots Funkanlagen betreiben, die schädliche Störungen bei Funkdiensten anderer Länder verursachen können.

[437] Vgl. zu den Rechten und Pflichten der anerkannten Betriebsunternehmen *Schütz*, in: Beck'scher TKG Komm., § 7, Rdnr. 10 ff.

[438] Vgl. die Anlage zur Konstitution der Internationalen Fernmeldeunion, BGBl. 1996 II, S. 1316 (1338).

[439] Vgl. *Schütz*, in: Beck'scher TKG Komm., § 7, Rdnrn. 3 u. 10.

b) Keine abschließende Regelung der Regulierungsziele

Offen bleibt die Frage, ob es sich bei den hier erläuterten und den weiteren im Gesetzestext des § 2 Abs. 2 TKG aufgeführten Regulierungszielen um einen abschließenden Katalog handelt. Dagegen spricht, dass beispielsweise das Telekommunikationsgesetz im vierten Teil im Rahmen der Ermessensentscheidung der Regulierungsbehörde nach § 33 Abs. 2 Satz 1 i. V. m. Abs. 1 TKG auf die grundlegenden Anforderungen im Sinne des Art. 3 Abs. 2 der ONP-Rahmenrichtlinie verweist, die vier abschließende Kriterien aufzählt, nach denen eine Zugangsbeschränkung zu rechtfertigen ist: die Sicherheit des Netzbetriebes, die Aufrechterhaltung der Netzintegrität, die Interoperabilität der Dienste (soweit verfügbar) und Gesichtspunkte des Datenschutzes.

Des Weiteren führt das Telekommunikationsgesetz auch im Rahmen der Entgeltregulierung nach § 24 TKG spezifische Maßstäbe auf. Danach müssen sich Entgelte an den Kosten der effizienten Leistungsbereitstellung orientieren und den weiteren Anforderungen nach § 24 Abs. 2 TKG entsprechen, dürfen also

1. keine Aufschläge enthalten, die nur auf Grund der marktbeherrschenden Stellung nach § 22 des Gesetzes gegen Wettbewerbsbeschränkungen eines Anbieters auf dem jeweiligen Markt der Telekommunikation durchsetzbar sind,

2. keine Abschläge enthalten, die die Wettbewerbsmöglichkeiten anderer Unternehmen auf einem Markt der Telekommunikation beeinträchtigen, oder

3. einzelnen Nachfragern keine Vorteile gegenüber anderen Nachfragern gleichartiger oder ähnlicher Telekommunikationsdienstleistungen auf dem jeweiligen Markt der Telekommunikation einräumen,

es sei denn, dass hierfür ein sachlich gerechtfertigter Grund nachgewiesen wird.

Der Katalog des § 2 Abs. 2 TKG enthält daher eine beispielhafte, also keine abschließende Aufzählung der Regulierungsleitlinien bzw. Regulierungsbelange. Hierfür spricht auch die generalklauselartige Formulierung des letzten Regulierungsziels des § 2 Abs. 2 TKG, wonach die öffentliche Sicherheit zu wahren ist, was grundsätzlich immer gilt.[440]

4. *Intensität der Regulierung*

Aus dem verfassungsrechtlich verankerten Privatisierungsgebot nach Art. 87f Abs. 2 Satz 1 GG, das eine privatwirtschaftliche Erbringung von Telekommunikationsdienstleistungen vorsieht, lässt sich im Hinblick auf die Intensität von Regulierungsmaßnahmen auf der Grundlage des Telekommunikationsgesetzes ein Vorrang der interventionsfreien Leistungserbringung und der unternehmerischen Gestaltungsfreiheit ableiten.[441] Darüber hinaus findet die Tätigkeit der Regulierungsbehörde in den Grundrechten direktive Gebundenheit und normative Be-

[440] Vgl. *Manssen*, in: TMR, C, § 2, Rdnr. 28.
[441] So für den Postsektor *Herdegen*, in: Beck'scher PostG Komm., Verfassungsrechtliche Grundlagen, Rdnr. 24.

grenzung.[442] Jedes Gesetz, das Inhalt und Schranken eines Grundrechts, welches für die wirtschaftliche Betätigung von Relevanz ist – so z.B. die Basisfreiheiten des Berufs (Art. 12 Abs. 1 GG), des Eigentums (Art. 14 GG) und der subsidiären allgemeinen Handlungsfreiheit wirtschaftlicher Betätigung (Art. 2 Abs. 1 GG) sowie die wirtschaftliche Assoziationsfreiheit (Art. 9 Abs. 1 GG) und die wirtschaftliche Freizügigkeit im Bundesgebiet (Art. 11 GG) –, bestimmt, muss dann mit dem allgemeinen Gleichheitssatz und mit dem rechtsstaatlichen Grundsatz der Verhältnismäßigkeit vereinbar sein.[443] Die Regulierung hat sich daher tatsächlich auf das Nötigste zu beschränken.[444]

---

[442] Vgl. zu den rechtsstaatlichen Anforderungen an den ordnenden und lenkenden Gesetzgeber vgl. *Badura*, Besonderes Verwaltungsrecht, S. 247 ff.

[443] Vgl. ebd. Zu den verfassungsrechtlichen Anforderungen an die sektorspezifische Regulierung vgl. unten Kap. D.

[444] Vgl. *Fuhr/Kerkhoff*, MMR 1999, 213 (215). So auch im Ergebnis *Knieps*, MMR-Beilage 2/2000, 1 (2). Zur Notwendigkeit einer Rückführung der Regulierung vgl. *v. Meibom/Frhr. v.d. Busche*, MMR 2000, 206 ff.

C. Die Zwecksetzungen des § 1 TKG im Einzelnen

I. Inhalte und Umfang der Zwecksetzungen

1. Förderung des Wettbewerbs

In diametralem Gegensatz zu § 1 FAG a. F., demgemäß ausschließliche Rechte verliehen wurden, bekennt sich das Telekommunikationsgesetz in seinem § 1 zur Förderung des Wettbewerbs. Damit schlägt das Telekommunikationsgesetz verglichen mit dem Fernmeldeanlagengesetz einen gänzlich anderen Weg ein: statt Sonderrechte für Einzelne ist nun die Maxime freier Wettbewerb für alle.[445] Anders als die im Zuge der Postreform II diskutierte Frage, ob der Wettbewerb in den Verfassungstext des Art. 87f GG Eingang finden soll,[446] bekennt sich das Telekommunikationsgesetz über die bloße Zulassung des Wettbewerbs hinaus ausdrücklich zu dessen Förderung. Der Gesetzgeber hat es selbst in der Begründung zum Gesetzentwurf als das *zentrale* Ziel des Gesetzes bezeichnet, durch Regulierung im Bereich der Telekommunikation die Rahmenbedingungen so zu gestalten, dass funktionsfähiger Wettbewerb entstehen kann.[447] Ein Angebot im Wettbewerb werde die Wahlmöglichkeiten der Nachfrager nach Telekommunikationsdienstleistungen hinsichtlich Art, Qualität und Preis erweitern; Wettbewerb werde damit auch in der Telekommunikation – wie auf anderen Märkten üblich – zugunsten der Nutzer wirken.[448]

a) Inhalt und Umfang des Wettbewerbförderzwecks

(aa) Wettbewerbs- und wirtschaftspolitische Grundlagen der Förderung des Wettbewerbs

(1) Wettbewerb als Mittel zu Innovation und Wettbewerbsfähigkeit

Mit Blick ebenfalls auf die Nutzer wies die Bundesregierung an gleicher Stelle auf die grundlegende Bedeutung der Informations- und Kommunikationstechnik für das gesamte gesellschaftliche Leben in modernen Industrienationen hin.[449] Diese Technik sei die Basis für wesentliche Produktivitätssteigerungen in der Wirtschaft und führe zu erheblichen Verbesserungen der Qualität von Dienstleistungen und zum Angebot einer nicht absehbaren Vielzahl und Vielfalt neuer Dienste.[450] Ein einzelnes mit besonderen und ausschließlichen Rechten ausgestattetes Unternehmen war nach Ansicht des Gesetzgebers nicht mehr in der Lage, das Innova-

---

[445] Vgl. *Kemmler*, Archiv PT 1996, 321 (322).

[446] Es wurde befürchtet, dass durch die Formulierung "durch Wettbewerber" eine sofortige verfassungsrechtliche Garantie der Wettbewerbswirtschaft abgeleitet werden könnte, was schon mit der durch Art. 143b Abs. 2 Satz 1 GG abgesicherten befristeten Aufrechterhaltung von Teilmonopolen nicht vereinbar gewesen wäre. Vgl. die unter Nr. 11 seiner Stellungnahme zum 41. GG-ÄndG-E erhobenen Bedenken des Bundesrates und exemplarisch die kritische Stellungnahme von *Badura* im Rahmen der öffentlichen Anhörung vor dem Rechtsausschuss am 08.03.1994, *Badura*, Diskussionsbeitrag, BT-Rechtsausschuss-Prot. 117/94, S. 32.

[447] Vgl. die Begründung zum TKG-E, BT-Drs. 13/4438, S. 4, i. V. m. BT-Drs. 13/3609, S. 36 ("Zu § 1 [Zweck des Gesetzes]").

[448] Vgl. ebd.

[449] Vgl. ebd., S. 33 ("Entwicklung und Bedeutung des Telekommunikationsmarktes").

[450] Vgl. ebd.

tionspotenzial bei kommunikations- und informationstechnischen Anwendungen auszuschöpfen.[451] Die besondere Bedeutung, die moderne elektronische Kommunikationsmittel für Industrie, Handel, öffentliche Verwaltung und Privathaushalte hätten, zeige sich in den Entscheidungen der Europäischen Kommission, europaweit die Monopole für den Sprachtelefondienst und die Telekommunikationsnetze zum 01.01.1998 aufzuheben, um über Wettbewerb im Telekommunikationssektor die Wachstumspotenziale auszuschöpfen.[452]

Schon in ihrer Mitteilung vom 18. Mai 1994 an den Rat über das Fernmeldewesen lieferte die Europäische Kommission erstmals eine eingehende Analyse der wirtschaftlichen, sozialen und technischen Bedeutung dieses Sektors. Unter Hinweis auf die zu erwartenden "beträchtlichen wirtschaftlichen und sozialen Auswirkungen" wurde in dem Bericht ein Sechs-Punkte-Aktionsprogramm für den Bereich der Telekommunikation entwickelt, mit dem Ziel, "den Benutzern so schnell und so preisgünstig wie möglich die technische Ausrüstung und die Dienste zur Verfügung zu stellen, die sie zur Gewährleistung ihrer Wettbewerbsfähigkeit brauchen; die europäische Produktion von Fernmeldeeinrichtungen und -diensten zu fördern, um die Voraussetzungen dafür zu schaffen, dass die Industrie der Gemeinschaft ihre starke Position auf dem europäischen Markt und ihre Spitzenposition unter den Exporteuren auf der ganzen Welt behaupten kann; und schließlich die Netzbetreiber in die Lage zu versetzen, die auf sie zukommenden technologischen und industriellen Herausforderungen aufzunehmen."[453] Ein effizienter Wettbewerb auf den Telekommunikationsmärkten soll die Gewähr dafür bieten, "dass geschäftliche und private Benutzer von Auswahl, Qualität und den bestmöglichen Preisen voll profitieren können."[454]

Nicht nur die Verbraucher, sondern auch die Telekommunikationsunternehmen profitieren vom Wettbewerb auf den Telekommunikationsmärkten. Sie können innovative Leistungen, die sich bei ihren Konkurrenten bewährt haben, in ihre Angebotspalette aufnehmen und dabei neuartige Telekommunikationstechnologien anbieten. Über die Schaffung von nationalem Wettbewerb können so Innovationspotenziale besser ausgeschöpft werden, und zugleich kann für den internationalen Wettbewerb die notwendige Wettbewerbsfähigkeit hergestellt werden. Schutzgut des Telekommunikationsgesetzes ist daher der Wettbewerb auf den Telekommunikationsmärkten als Institution, nicht der Schutz der (leistungsschwachen) Wettbewerber. Schließlich verfolgt das Gesetz gemäß § 1 TKG ausdrücklich eine Förderung "*des Wettbewerbs*" und nicht der Wettbewerber, so dass grundsätzlich auch marktbeherrschende Unternehmen in den Schutzbereich des Gesetzes mit einbezogen werden müssen.

Die Veränderungen auf den Telekommunikationsmärkten gehen mit rasender Geschwindigkeit voran. Während sich der technologische Trend zu sinkenden Kosten bei gleichzeitiger Erhöhung der Kapazitäten fortsetzt, reagieren die Marktteilnehmer auf den sich verstärkenden Wettbewerbsdruck durch die Globalisierung der Märkte mit Fusionen, Übernahmen und neu-

---

451 Vgl. ebd.

452 Vgl. ebd. Zur Bedeutung der Telekommunikation als wichtiger Wirtschaftsfaktor vgl. auch *Bötsch*, in: Regulierung und Wettbewerb in der Telekommunikation, S. 9 f.

453 Europäische Kommission, KOM (84) 277 vom 18. Mai 1984 (Bericht über die bisherigen Überlegungen und Schritte auf diesem Gebiet; erste Vorschläge über ein Aktionsprogramm).

454 Mitteilung der Kommission der Europäischen Gemeinschaften an den Rat, das Europäische Parlament, den Wirtschafts- und Sozialausschuss und den Ausschuss der Regionen: "Der Universaldienst in der Telekommunikation im Hinblick auf ein vollständig liberalisiertes Umfeld – ein Grundpfeiler der Informationsgesellschaft", BR-Drs. 278/96, S. 2.

en Bündnissen.[455] Das Internet wälzt die überkommenen Marktstrukturen um; Sprach-, Bild- und Datenübertragungsdienste lassen sich nur noch schwerer voneinander abgrenzen, traditionelle Preispolitikmodelle für Kommunikationsdienste werden hinfällig.[456] Drahtlose Dienste setzen sich zunehmend durch, insbesondere der Mobilfunk boomt.[457] Die Telekommunikationsmärkte haben auf diese Weise doppelt strategische Funktion. Über ihre Bedeutung als Zukunftsmarkt mit eigener beträchtlicher Wertschöpfung hinaus verändert die Telekommunikation als Basistechnologie auch die Strukturen auf anderen Märkten, beispielsweise im Bereich des E-Commerce. Schlagwortartig lassen sich hier "weiter sinkende Kosten bei der Überwindung von Entfernungen" anführen.[458]

Dies belegt, dass dem "Bereich der Telekommunikation" – wie es § 1 TKG formuliert – in erster Linie als Wirtschaftsmarkt eine überragende Bedeutung zukommt.[459] Dementsprechend verbindet das Telekommunikationsgesetz den Begriff "Telekommunikation" häufig mit der Beschreibung bestimmter Märkte.[460]

(2) Wirtschaftspolitische Ansätze des Telekommunikationsgesetzes

Die mit dem Telekommunikationsgesetz verfolgte Politik stellt nur ein Zwischenziel im Zielsystem der heutigen Wirtschaftspolitik dar, an dessen Spitze die "Wohlfahrt" steht.[461] Der sektorspezifische Ansatz des Gesetzes zur *Wettbewerbsförderung* erweitert die traditionell eng auf Verbote wettbewerbsbeschränkender Verhaltensweisen abstellende *Wettbewerbschutzpolitik*, indem das gesetzliche Konzept weitergehende Eingriffe für die wettbewerbsstrukturell besonders problematischen Telekommunikationsmärkte vorsieht.[462] Dieser Ansatz trägt der Erkenntnis Rechnung, dass Wettbewerbsbeschränkungen nicht allein auf Verhaltensweisen der Wettbewerber zurückgeführt werden können, sondern Ursache für Wettbewerbsbeschränkungen auch die verfestigten nicht wettbewerblichen Strukturen auf den Telekommunikationsmärkten sind. Die Wettbewerbspolitik des Telekommunikationsgesetzes zielt daher ursachenadäquat auf grundlegende Marktstrukturänderungen, um den Wettbewerb als Selbststeuerungsmechanismus soweit als möglich hinreichend in Kraft zu setzen.[463] Eine allein auf den Preis bezogene Missbrauchsaufsicht wäre dagegen nicht geeignet gewesen, eine ursachenadäquate Wettbewerbspolitik für den Telekommunikationssektor zu betreiben.[464] Die Steuerungseffizienz des realisierbaren Wettbewerbs auf den Telekommunikationsmärkten wurde als so gering eingestuft, dass eine staatliche Dauerregulierung im Rahmen einer sektor-

---

455 Vgl. Europäische Kommission, Kommunikationsbericht 1999, KOM (1999) 539 (nicht offizielle Version), Einleitung und Zusammenfassung, S. iv.

456 Vgl. ebd.

457 Zum funktionsfähigen Wettbewerb auf dem Mobilfunkmarkt vgl. *Knieps*, MMR-Beilage 2/2000, 1 ff.

458 Vgl. *O. Schlecht*, Erneuerte soziale Marktwirtschaft statt Regulierungs- und Versorgungsstaat, S. 19.

459 Auf das Entwicklungspotenzial des Telekommunikationssektors in der Gemeinschaft verweist ebenfalls die Begründung zum Gesetzentwurf der Bundesregierung, BT-Drs. 13/4438, S. 4 i. V. m. BT-Drs. 13/3609, S. 33 ("Entwicklung und Bedeutung des Telekommunikationsmarktes").

460 Vgl. §§ 10, 14, 24 Abs. 2 Nr. 1–3, 32, 38 Abs. 1 TKG.

461 Vgl. *H. Bartling*, Leitbilder der Wettbewerbspolitik, S. 1 f., der den Zwischenzielen Wettbewerbsschutz und -förderung zusätzlich Instrumentalcharakter im Hinblick auf höherrangige Ziel zuschreibt (S. 5).

462 Vgl. ebd., S. 8, zum Verhältnis von Wettbewerbsförder- und -schutzpolitik.

463 Vgl. ebd., S. 60 f., zur ursachenadäquaten Wettbewerbspolitik auf strukturell verfestigten nicht wettbewerblichen Märkten.

464 Vgl. ebd., S. 108.

spezifischen Überwachungsordnung eingerichtet wurde. Ein probates Mittel zur Bekämpfung der verfestigten nicht wettbewerblichen Strukturen auf den Telekommunikationsmärkten ist beispielsweise der mit dem Telekommunikationsgesetz verfolgte Abbau von Marktzutrittshindernissen.[465]

(3) Wirtschaftliche und gesellschaftspolitische Ziele des Wettbewerbs

Die Förderung des Wettbewerbs wird nicht um seiner selbst willen zur staatlichen Aufgabe. Der Wettbewerb ist dasjenige Verfahren, auf dem das Funktionieren des Marktsystems beruht. Kehrseite der Einführung von Wettbewerb im Vergleich zu Monopolen ist die unvermeidliche Verknüpfung des Marktes mit Transaktionskosten, wie z. B. Koordinationsaufwand der Wettbewerber. Allerdings steht zu erwarten, dass diese Kosten durch Verbesserung der Markttransparenz im Laufe der Zeit sinken werden, während die Marktpotenziale eine immer bessere Ausschöpfung erfahren werden.

Die Förderung des Wettbewerbs durch den Ausschluss privater Einschränkungen verfolgt dabei gesellschaftspolitische und – unter dem Aspekt der Effizienz – wirtschaftliche Ziele.[466] Letztere Ziele dienen der Koordinierung der Produktionsfaktoren, der Anpassung an sich ändernde Nachfragestrukturen, der Zusammensetzung und Verteilung des Angebotes, der Durchsetzung technischen Fortschritts bei Produktion und Herstellungsmethoden sowie der Einkommensverteilung nach Marktleistung.[467] Hiernach wäre es Aufgabe der gesetzlichen Zweckbestimmung zur Förderung des Wettbewerbs – mit dem Ziel optimaler wirtschaftlicher Ergebnisse – die vom Wettbewerb ausgehenden Steuerungs-, Antriebs und Verteilungsfunktionen auf den Telekommunikationsmärkten wirksam werden zu lassen.[468] In diesem Zusammenhang sind die vorstehend erörterten Einschätzungen des Gesetzgebers zum Wettbewerb als Mittel zu Innovation, Produktivitätssteigerung, Qualitätssteigerung und Angebotsvielfalt (wirtschaftliche Ziele) zu verstehen.

Gesellschaftspolitisch zielt der Wettbewerb dagegen auf die Begrenzung wirtschaftlicher Macht bzw. deren rechtliche Bindung im Interesse der Handlungsfreiheit der Marktteilnehmer.[469] Auch diese Komponente des Wettbewerbs findet sich ausdrücklich in den gesetzgeberischen Erwägungen zur besonderen Situation auf den Märkten der Telekommunikation, die durch die verfestigten nicht werblichen Strukturen aufgrund der marktbeherrschenden Stellung der DT AG geprägt waren.

(bb) Situation auf den Telekommunikationsmärkten

Das Telekommunikationsgesetz wird als der vorläufige Schlusspunkt des langjährigen Prozesses der Liberalisierung und Privatisierung im Telekommunikationssektor angesehen, der

---

465 Vgl. ebd., S. 132 f. Zum Abbau von Marktzutrittsschranken durch den Regulierungsansatz des Telekommunikationsgesetzes vgl. oben Kap. B.II.2.a).

466 Vgl. ebd.

467 Vgl. ebd., für die Aufgabe der Vorschriften des Gesetzes gegen Wettbewerbsbeschränkungen.

468 Vgl. ebd.

469 Vgl. ebd., S. 9.

durch die Postreformen I und II bestimmt wurde.[470] Dieser Prozess war gekennzeichnet durch einen schrittweisen Übergang von einem monopolisierten zu einem jetzt vollständig liberalisierten Telekommunikationsmarkt.

(1) Rechtslage vor Inkrafttreten des Telekommunikationsgesetzes

Ursprünglich hatte der Gesetzgeber dem Bund in § 1 FAG[471] im Bereich des Fernmeldewesens ein umfassendes Monopol eingeräumt, das "das Recht, Fernmeldeanlagen, nämlich Telegrafenanlagen für die Vermittlung von Nachrichten, Fernsprechanlagen und Funkanlagen zu errichten", enthielt. Durchbrochen wurde dieses weitreichende Monopol erstmals durch die Änderung des Fernmeldeanlagengesetzes im Zuge der Postreform I.[472] Damit verblieben der Deutschen Bundespost nur noch die Monopole bei den Netzen, Funkanlagen und Telefondiensten.[473] Gleichzeitig wurden sonstige Telekommunikationsdienste – eben mit Ausnahme des Sprachtelefondienstes sowie des Mobil- und Satellitenfunks – liberalisiert und das Monopol für den Endgerätemarkt aufgehoben.

Im Rahmen der Postreform II[474] wurden dann u. a. die verbliebenen Monopolrechte der Deutschen Bundespost Telekom für eine Übergangszeit auf die DT AG übertragen.[475] Das Netzmonopol der DT AG ist erst mit Inkrafttreten des Telekommunikationsgesetzes zum 01.08.1996 entfallen.[476] Das Monopol der DT AG für den Sprachtelefondienst wurde dagegen erst zum 01.01.1998 aufgehoben.[477] Das Telekommunikationsgesetz hat folglich erst mit Wirkung zum 01.01.1998 zur totalen Liberalisierung des deutschen Telekommunikationsmarktes geführt, auch wenn bereits mit Inkrafttreten des Telekommunikationsgesetzes die Liberalisierung des nationalen Telekommunikationssektors nahezu abgeschlossen war.[478]

(2) Einschätzung des Gesetzgebers zur Situation auf den Telekommunikationsmärkten

Ausgangspunkt des gesetzlichen Regelungsansatzes ist die vom Gesetzgeber nach der Postreform II vorgefundene Ausgangssituation auf den Märkten der Telekommunikation, die trotz des schrittweisen Abbaus der ausschließlichen Rechte der Rechtsvorgänger der heutigen DT AG durch deren dominierende Stellung geprägt war. Mit der Entscheidung, die Telekommunikationsmärkte zum 31.12.1997 vollständig zu liberalisieren, waren noch keine Festlegungen erfolgt, wie der dann zugelassene Wettbewerb im Einzelnen zu gestalten sein würde. Hierzu

---

470 Vgl. *Scherer*, NJW 1996, 2953 (2953); *Schuster*, in: Beck'scher TKG Komm., § 1, Rdnr. 1.

471 Gesetze über Fernmeldeanlagen vom 14.01.1928, RGBl. I 1928, S. 8.

472 Art. 3 des Postreformstrukturgesetzes vom 08.06.1989, BGBl. I 1989, S. 1029.

473 Vgl. *Badura*, in: Bonner Kommentar, Art. 87f., Rdnr. 5.

474 Vgl. allgemein zur Postreform II *Rottmann*, Archiv PT 1994, S. 193 ff. Die Postreform II bestand aus einem Gesetz zur Änderung des Grundgesetzes (BGBl. I 1994, S. 2245). Verwirklicht wurde die Postreform durch das Gesetz zur Neuordnung des Postwesens und der Telekommunikation (Postneuordnungsgesetz – PTNeuOG) vom 14.09.1994 (BGBl. I 1994, S. 2325), einem Gesetzespaket mit insgesamt 15 Artikeln.

475 Vgl. *Scherer*, NJW 1996, 2953 (2953).

476 Die entsprechende Regelung des § 1 Abs. 2 FAG ist durch § 99 Abs. 1 Nr. 1 lit. a) TKG aufgehoben worden.

477 Dies ergibt sich aus § 1 Abs. 4 FAG i. V. m. § 97 Abs. 1 Nr. 1 lit. b) TKG.

478 Vgl. hierzu *Büchner*, CR 1996, 581 (598).

musste ein gänzlich neuer gesetzlicher Rahmen geschaffen werden, um die überkommenen Regelungen des Fernmeldeanlagengesetzes abzulösen.

In der Begründung zum Gesetzentwurf wies die Bundesregierung solchermaßen darauf hin, dass der Markt für Telekommunikationsdienstleistungen auch nach Wegfall der Monopole noch für längere Zeit von der DT AG bestimmt sein würde.[479] Das Unternehmen werde bei den wesentlichen Telekommunikationsdienstleistungen mit einem Marktanteil von 100 % in den Wettbewerb entlassen.[480] Es verfüge zudem als einziges Unternehmen in der Bundesrepublik auf dem Telekommunikationsmarkt über ein flächendeckendes modernes Telefonnetz mit fast 40 Mio. Kunden und über flächendeckende Netzinfrastrukturen für Mietleitungsangebote.[481] Darüber hinaus sei die DT AG dominanter Anbieter von Datenkommunikationsdiensten.[482] Internationale Erfahrungen hätten gezeigt, dass sich wettbewerbliche Strukturen und Verhaltensweisen in diesen Märkten nicht allein durch die Aufhebung von Monopolrechten entwickeln würden.[483] Potenzielle Anbieter hätten ohne besondere regulatorische Vorkehrungen keine Chance gegenüber dem dominanten Anbieter.[484] In Erfüllung des verfassungsrechtlichen Auftrags, die Versorgung mit Telekommunikationsdienstleistungen im Wettbewerb sicherzustellen, bestehe ein wesentliches Ziel der gesetzlichen Bestimmungen darin, die staatlichen Rahmenbedingungen in der Telekommunikation so zu gestalten, dass chancengleicher Wettbewerb durch die neu hinzutretenden Anbieter ermöglicht werde,[485] sowie durch regulierende Eingriffe in das Marktverhalten beherrschender Unternehmen einen funktionsfähigen Wettbewerb zu fördern.[486] Um letzteres Ziel zu erreichen, seien sektorspezifische Regelungen als Ergänzung zum allgemeinen Wettbewerbsrecht erforderlich.[487] Die bestehenden wettbewerbsrechtlichen Bestimmungen des Gesetzes gegen Wettbewerbsbeschränkungen, die grundsätzlich die Existenz eines funktionsfähigen Wettbewerbs unterstellten und verhaltenskontrollierende Eingriffe und Vorgaben nur bei Vorliegen von Missbräuchen marktbeherrschender Unternehmen vorsähen,[488] seien für die Umwandlung eines traditionell geprägten Marktes unzureichend.[489] Um potenziellen Wettbewerbern den Einstieg in den Markt tatsächlich zu ermöglichen, seien spezifische zusätzliche Regelungen erforderlich, die es der Regulierungsbehörde erlaubten, marktbeherrschende Unternehmen in besonderer Weise zu regulieren.[490] Dazu gehörte auch die Genehmigung von Tarifen marktbeherrschender Unternehmen in wesentlichen Dienstleistungsbereichen.[491]

---

479 Vgl. die Begründung zum TKG-E, BT-Drs. 13/4438, S. 4, i. V. m. BT-Drs. 13/3609, S. 33 f. ("Zweck des Gesetzes").
480 Ebd.
481 Ebd.
482 Ebd.
483 Ebd.
484 Ebd.
485 Ebd. Insoweit verfolgt der Gesetzgeber ordnungspolitische Ziele. Vgl. oben Fn. 200.
486 Insoweit verfolgt der Gesetzgeber prozesspolitische Ziele, vgl. oben Fn. 200.
487 Vgl. die Begründung zum TKG-E, BT-Drs. 13/4438, S. 4, i. V. m. BT-Drs. 13/3609, S. 33 f. ("Zweck des Gesetzes").
488 Stichwort: "Ex-Post-Missbrauchsaufsicht", vgl. *Ulmen/Gump*, CR 1997, 396 (397).
489 Vgl. die Begründung zum TKG-E, BT-Drs. 13/4438, S. 4, i. V. m. BT-Drs. 13/3609, S. 33 f. ("Zweck des Gesetzes").
490 Ebd.
491 Ebd.

(cc) Gesetzlicher Ansatz zur Wettbewerbsförderung

Inwieweit diese gesetzgeberischen Erwägungen durch das Telekommunikationsgesetz umgesetzt wurden bzw. ob diese Erwägungen tatsächlich zu strukturellen Veränderungen auf den Telekommunikationsmärkten geführt haben, soll nachfolgend untersucht werden.

(1) Neuordnung der Märkte durch das Telekommunikationsgesetz

Über die bloße Aufhebung des Netz- und Sprachmonopols hinaus ist das Telekommunikationsgesetz auch für die Neuordnung der Märkte von zentraler Bedeutung. Neben dem Ergebnis der völligen Liberalisierung der Märkte zielt das Telekommunikationsgesetz schließlich auch auf die Förderung des Wettbewerbs auf den Telekommunikationsmärkten. Ausschlaggebend hierfür ist die – trotz des schrittweisen Abbaus der ausschließlichen Rechte – dominierende Stellung der DT AG, so dass der Gesetzgeber nicht vor der Aufgabe stand, lediglich einen bereits funktionsfähigen Wettbewerb vor Behinderungen zu schützen, sondern mit Hilfe des Telekommunikationsgesetzes die ordnungspolitischen Rahmenbedingungen zu schaffen, durch die das Entstehen eines chancengleichen, funktionsfähigen Wettbewerbs ermöglicht wird. Üblicherweise wird der Telekommunikationssektor in Netzinfrastrukturen, wie Fern- und Ortsnetze, sowie Netzleistungen untergliedert.[492] Gewünscht wird vom Gesetz nicht nur ein Wettbewerb auf der Dienste-, sondern auch auf der Infrastrukturebene.[493]

Ein wichtiges Mittel zur Erreichung von Wettbewerb ist die vom Gesetzgeber im Zuge der Liberalisierung schrittweise vorgenommene Aufspaltung des zu Monopolzeiten einheitlichen Telekommunikationsmarkts in diverse vertikal differenzierte Teilmärkte.[494] Wichtiger Zwischenschritt war hier die institutionelle Trennung der Infrastruktur und Dienstleistungen in eigenständige Wirtschaftseinheiten. Auf diese Weise entstand nach und nach eine Vielzahl von zwar jeweils vor- oder nachgelagerten, voneinander abhängigen, jedoch sachlich abgrenzbaren Märkten.[495] Auf einigen Teilmärkten – so etwa dem Endgerätemarkt – entstand allein aufgrund der Liberalisierung von selbst wirksamer Wettbewerb. Auf anderen Teilmärkten bleiben hingegen aufgrund von Größenvorteilen und/oder hoher versunkener Kosten faktische Marktzutrittsschranken in Form von monopolistischen Engpässen (Bottlenecks) bestehen.[496] Marktbeherrschende Unternehmen müssen daher beispielsweise ihren Wettbewerbern Zugang zu wesentlichen Einrichtungen (Essential Facilities) gewähren, um Wettbewerb auf nachgelagerten Märkten zu ermöglichen.[497]

---

492 Vgl. *G. Knieps*, Wettbewerb in Netzen, S. 122.

493 Vgl. *Hefekäuser*, MMR 1999, 144 (150); *Fuhr/Kerkhoff*, MMR 1999, 213 (217 f.)

494 Vgl. *Säcker/Calliess*, K&R 1999, 289 (289).

495 Solche eigenständigen Märkte sind beispielsweise das Betreiben von Übertragungswegen oder Telekommunikationsnetzen, das Angebot von Telekommunikationsdienstleistungen auf diesen Netzen, der Vertrieb solcher Leistungen, der Verkauf von Endgeräten etc., vgl. ebd. Zu Fragen der Marktabgrenzung vgl. *Immenga*, MMR 2000, 196 ff.

496 Vgl. *Säcker/Calliess*, K&R 1999, 289 (289).

497 Vgl. ebd.

(2) Anforderungen an den zu fördernden Wettbewerb

(i) Kein Wettbewerb um jeden Preis

Die schlichte Formulierung des Zwecks in § 1 TKG "Wettbewerb zu fördern" deutet darauf hin, dass das Gesetz im Gegensatz zur vollständigen Liberalisierung der Märkte nicht auch um jeden Preis Wettbewerb auf den Märkten anstrebt.[498] Die Förderung des Wettbewerbs meint in erster Linie die Schaffung von Wettbewerbstelekommunikationsmärkten mit einem für technische Entwicklungen offenem Klima, z. B., indem die etablierten Anbieter verpflichtet werden, Zugang zu ihren Netzen zu gewähren. Neue Technologie- und Dienstleistungsideen sollen auf fruchtbaren Boden fallen können und nicht im Keim erstickt werden.

Selbst das Regulierungsziel in § 2 Abs. 2 Nr. 2 TKG stellt in diesem Zusammenhang lediglich auf *Chancengleichheit* und *Funktionsfähigkeit* des Wettbewerbs ab. Demgemäss wird auch die Monopolkommission nach § 81 Abs. 3 TKG nur beauftragt, alle zwei Jahre zu untersuchen, "ob auf den Märkten der Telekommunikation ein funktionsfähiger Wettbewerb besteht".[499] Auch nach Absicht der Bundesregierung zielt das Gesetz allein darauf, "durch Regulierung im Bereich der Telekommunikation die Rahmenbedingungen so zu gestalten, dass funktionsfähiger Wettbewerb entstehen kann."[500] Hieraus wird deutlich: Förderung des Wettbewerbs meint jedenfalls mehr als lediglich vollständige Liberalisierung der Märkte. Das Telekommunikationsgesetz soll die Rahmenbedingungen zur Entstehung von chancengleichem und funktionsfähigem Wettbewerb liefern.

(ii) Funktionsfähiger Wettbewerb

Konsequent stellt sich dann die Frage, was einen funktionsfähigen Wettbewerb auf den Telekommunikationsmärkten auszeichnet. Hierfür gibt das Gesetz keine Legaldefinition. Bei dem Merkmal der *Funktionsfähigkeit* eines sicherzustellenden Wettbewerbs handelt es sich nach einer Auffassung in der Literatur lediglich um ein schmückendes Beiwort ohne eigenständige Bedeutung.[501] Nach dieser Ansicht hätte der Gesetzgeber auch die Attribute *unbeschränkt*, *wirksam*, *intensiv* oder *wesentlich* verwenden können, ohne dass hierdurch eine Änderung in der Qualität des durch die Regulierung sicherzustellenden, chancengleichen Wettbewerbs eingetreten wäre.[502] Begründet wird dies mit dem Hinweis darauf, dass die Ergebnisse des Wettbewerbs nicht voraussagbar seien, folglich dem Wettbewerb allgemeingültig keine besonderen *Funktionen* zugeschrieben werden könnten, die in einer Wirksamkeitskontrolle überprüft werden könnten.[503] Dies mag für die Betrachtung des Wettbewerbs als Institution für Märkte sonstiger Sektoren grundsätzlich zutreffend sein. Für die auf der Grundlage des Telekommunikationsgesetzes zu regulierenden Telekommunikationsmärkte gilt dies jedoch nicht, da hier dem Wettbewerb eine Spezialfunktion qua gesetzlicher Verknüpfung in § 1

---

498 *Engel*, MMR-Beilage 3/1999, 7 (7), spricht hier von einer Entscheidung des Gesetzes für ein bestimmtes wettbewerbspolitisches Leitbild.

499 Vgl. das am 03.12.1999 vorgelegte Sondergutachten der Monopolkommission (Band 29).

500 Vgl. die Begründung zum TKG-E, BT-Drs. 13/4438, S. 4, i. V. m. BT-Drs. 13/3609, S. 36 ("Zu § 1 [Zweck des Gesetzes]").

501 Vgl. *E. Hoppmann*, Marktmacht und Wettbewerb, S. 19.

502 Vgl. ebd.

503 Vgl. ebd., S. 19 ff.

TKG zugeschrieben wird. Der Wettbewerb wird hier als Mittel zur Erbringung flächendeckend angemessener und ausreichender Telekommunikationsdienstleistungen angesehen. Sobald dieses Grundversorgungsniveau im Wettbewerb erreicht wird, ist er als funktionsfähig anzusehen. Dagegen setzt die Funktionsfähigkeit des Wettbewerbs nicht zwingend die Teilnahme einer nennenswerten Anzahl von Telekommunikationsunternehmen am Wettbewerb voraus.[504] Es genügt, dass neue Wettbewerber theoretisch rasch in den Markt eintreten können ohne hierbei durch wettbewerbswidrige Praktiken marktmächtiger Unternehmen zurückgedrängt zu werden.[505]

Weitere an einen funktionsfähigen Wettbewerb zu stellende Anforderungen geben auch die Motive des Gesetzgebers vor. Dieser ging davon aus, dass sich funktionsfähiger Wettbewerb letztlich durch seine positiven Wirkungen für die Nutzer auszeichne.[506] Als positiven Effekt für die Nutzer wertete der Gesetzgeber dabei die durch Wettbewerb entstehende Vielfalt hinsichtlich der angebotenen Telekommunikationsdienstleistungen.[507] Dabei hatte jedoch der Gesetzgeber nicht nur eine Verbreiterung des Spektrums von Dienstleistungsangeboten im Auge, sondern auch die Steigerung der Qualität der Dienstleistungen und eine für die Nutzer günstige Preisentwicklung.[508] Insbesondere die Verbreiterung des Angebotsspektrums und die Steigerung der Qualität der Dienstleistungen zielen dabei auf die Ausschöpfung des vom Gesetzgeber angenommenen immensen Innovationspotenzials im Telekommunikationssektor.[509]

(iii) Potenzieller Wettbewerb

Nach der Struktur des Gesetzes genügt für die normative Zweckbestimmung jedenfalls schon potenzieller Wettbewerb.[510] Neben dem Wettbewerb zwischen aktiven Telekommunikationsgesellschaften fordert auch der Druck des potenziellen Wettbewerbs die Telekommunikationsunternehmen zu einem leistungsfähigeren Telekommunikationsangebot heraus. Wesentlich ist nur, dass das Verhalten aller Anbieter durch Wettbewerb hinreichend kontrollierbar bleibt.[511] Selbst die Bündelungsvorteile der DT AG implizieren bei freiem Marktzutritt für deren Wettbewerber keine Monopolmacht, da hohe Gewinne eines Unternehmens sofort andere Wettbewerber auf den Plan rufen. Voraussetzung für die Wirksamkeit der potenziellen Konkurrenz ist freilich, dass jeder (aktive und potenzielle) Anbieter von Telekommunikationsdienstleistungen gleiche Zugangsbedingungen zur Telekommunikationsinfrastruktur erhält.

---

504 A.A. *Manssen*, in: TMR, C, § 2, Rdnr. 6.
505 Vgl. auch *Gerpott*, MMR 2000, 191 (192).
506 Zum Begriff der "Nutzer" vgl. oben Fn. 400.
507 Vgl. die Begründung zum TKG-E, BT-Drs. 13/4438, S. 4, i. V. m. BT-Drs. 13/3609, S. 36 ("Zu § 1 [Zweck des Gesetzes]").
508 Vgl. ebd.
509 Vgl. ebd.
510 Zum Begriff des potenziellen Wettbewerbers vgl. *Bechtold*, GWB, § 1, Rdnr. 21. Nach Ansicht von *Engel* genügt dem gesetzlichen Leitbild bereits substitutiver Wettbewerb, vgl. *Engel*, MMR-Beilage 3/99, 7 (7). Zum Substitutionswettbewerb der Frequenznachfrager auf der Diensteebene vgl. *Kruse*, in: Kommunikation ohne Monopole II, S. 449 (460 ff).
511 *Engel*, MMR- Beilage 3/99, 7 (7).

Als schon aufgrund potenziellen Wettbewerbs angreifbare Märkte galten bereits vor der vollständigen Marktöffnung die Märkte für Telekommunikationsdienstleistungen.[512] Aber auch im Bereich der Telekommunikationsinfrastruktur wurden Teilbereiche für angreifbar gehalten.[513] Allein der Bereich der Ortsnetze wurde für einen Übergangszeitraum als ein nicht angreifbares natürliches Monopol angesehen, so dass jedenfalls auf diesem Markt aufgrund bloßen aktiven oder potenziellen Wettbewerbs keine effizienten Marktergebnisse erwartet wurden.[514] Letztere Einschätzung hat sich als richtig erwiesen.[515]

(3) Keine Eingriffe in die Struktur der Marktteilnehmer

Eng verbunden mit den gesetzlichen Anforderungen an die Qualität des zu fördernden Wettbewerbs ist die Entscheidung des Gesetzes, dass nicht notwendig die Struktur der Marktteilnehmer zu ändern ist. Dagegen hat sich der Gesetzgeber für einen Abbau von Markteintrittsschranken für neue Wettbewerber entschieden. Zum verfassungsrechtlichen Gebot zur privatwirtschaftlichen Erbringung von Telekommunikationsdienstleistungen tritt eine spezielle Überwachungsordnung mit staatlicher Dauerregulierung, die sich schon wegen des Gleichheitsgrundsatzes als Staatsaufsicht über alle Telekommunikationsunternehmen darstellt.[516] Das Regulierungsmodell im Bereich der Telekommunikation unterscheidet sich dabei von dem anderer Bereiche durch eine umfassende Freigabe auch der Netze und schafft damit die Möglichkeit eines Wettbewerbs zwischen konkurrierenden Betreibern verschiedener paralleler Netze.[517] Die auch künftig auf manchen Märkten faktisch bestehenden Monopole der DT AG werden lediglich als Unterfall einer marktbeherrschenden Stellung[518] der allgemeinen Missbrauchskontrolle nach den §§ 19 und 20 GWB n. F. bzw. den sektorspezifischen wettbewerbsrechtlichen Regelungen der §§ 33 ff. TKG unterworfen.

(i) Keine Entflechtung

Die DT AG wurde im Bereich des Sprachtelefondienstes und der Übertragungswege nach den jeweiligen Liberalisierungen mit einem Marktanteil in Höhe von 100 % in den Wettbewerb entlassen. Von der grundsätzlich alternativ bestehenden Möglichkeit einer Zerschlagung dieser Marktmacht durch Entflechtung hat der Gesetzgeber keinen Gebrauch gemacht.[519] Die

---

512 Vgl. *G. Knieps*, Wettbewerb in Netzen, S. 123.

513 Vgl. ebd.

514 Vgl. ebd., S. 124 f.

515 Vgl. Mitteilung der Kommission an das Europäische Parlament, den Rat, den Wirtschafts- und Sozialausschuss, den Ausschuss der Regionen, Fünfter Bericht über die Umsetzung des Reformpakets für den Telekommunikationssektor, KOM (1999) 537, S. 4.

516 Vgl. allgemein zu Maßnahmen zur Einrichtung eines besonderen Nichtwettbewerbs *H. Bartling*, Leitbilder der Wettbewerbspolitik, S. 139 f.

517 Anders im Bereich der Verkehrswege, wo es um die Herstellung von Wettbewerb verschiedener Anbieter von Verkehrsdiensten auf einem Wegenetz durch Öffnung dieses Netzes ging, vgl. *G. Hermes*, Staatliche Infrastrukturverantwortung, S. 240.

518 Vgl. § 19 Abs. 2 Satz 1 GWB.

519 Vgl. allgemein zur Entflechtung von Beteiligungen an Unternehmen bzw. zur Sachvermögensentflechtung von Unternehmen *H. Bartling*, Leitbilder der Wettbewerbspolitik, S. 137 f. *K. Windthorst*, Universaldienst, S. 207, wirft das Problem eines eventuellen Verstoßes gegen die auch von ihm selbst behauptete durch

DT AG und zukünftige vertikal integrierte Unternehmen[520] dürfen auch weiterhin Netz, Dienste und Endgeräte aus einer Hand anbieten, obwohl grundsätzlich die Möglichkeit bestanden hätte, die organisatorisch "abgegrenzten Geschäftsbereiche, die verschiedenen Märkten angehören", an diesen "Bruchstellen" zu entflechten.[521] Eine solche Entflechtung hätte auch auf die Sicherung bzw. Wiederherstellung eines funktionsfähigen Wettbewerbs gezielt, indem sie die Wettbewerbsbedingungen auf solchen Märkten verbessert hätte, die durch die Unternehmenskonzentrationen zu vermachtet geworden sind.[522] Vorteil der gesetzgeberischen Entscheidung für die Unternehmen sind die Möglichkeiten zur Einsparung von Transaktionskosten und zur Nutzung von Verbundvorteilen.[523]

(ii) Keine Zersplitterung der Märkte

Das Gesetz strebt folglich final keine völlig zersplitterten Märkte mit einer Unzahl kleiner, schwacher Anbieter an. Vielmehr genügt schon eine Marktstruktur mit wenigen Anbietern, die letztlich auch nicht gleich stark zu sein brauchen.[524] Wesentlich ist nur, dass das Verhalten aller Anbieter durch Wettbewerb hinreichend kontrollierbar bleibt.[525] Eine Zersplitterung des deutschen Telekommunikationsmarktes wurde sogar während des Gesetzgebungsverfahrens vom Bundesrat befürchtet,[526] der darauf hinwies, dass es nur gelingen würde, den Wirtschaftsstandort Deutschland zu sichern und damit Arbeitsplätze zu schaffen und zu erhalten, wenn sich in Deutschland leistungsfähige Unternehmen entwickeln würden, die sich national und international in diesem globalen Wettbewerb behaupten könnten.[527] Im Ergebnis ging auch die Bundesregierung davon aus, dass sich im internationalen Wettbewerb nur solche

---

Art. 87f Abs. 2 Satz 1 GG verfassungsrechtlich garantierte Wettbewerbsgleichheit auf, ohne dieses jedoch selbst aufzulösen.

520 Bei *integrierten* Unternehmen sind verschiedene wirtschaftliche Betätigungsfelder einschließlich der zugehörigen Netzinfrastruktur wirtschaftlich und rechtlich zusammengefasst ("inte-griert"), vgl. *Fehling*, AöR 121 (1996), 59 (69).

521 Auf die Probleme einer in die Marktstrukturen eingreifenden Wettbewerbspolitik hat das Gutachten des Wissenschaftlichen Beirats beim Bundeswirtschaftsministerium (Gutachten zum Wettbewerbsproblem vom 22. und 23. Juni 1962, BT-Drs. IV/617, S. 88 ff.) im Jahr 1962 zur Reform des GWB hingewiesen: "Eine aktive Wettbewerbspolitik muss sich einmal mit den bereits bestehenden marktbeherrschenden Unternehmen auseinandersetzen; zum anderen muss sie entscheiden, ob und wie dem Entstehen solcher Unternehmen begegnet werden kann und soll. Beide Fragen wären gelöst, wenn man sich entschlösse, das Monopolverbot des amerikanischen Rechts zu übernehmen und marktbeherrschende Unternehmen, die dennoch entstanden sind, aufzuspalten oder zu entflechten. Gegen so weitgehende Eingriffe sprechen jedoch überwiegende rechtliche und wirtschaftspolitische Bedenken. Erst wenn sich alle anderen Versuche, das Problem der marktbeherrschenden Unternehmen zu lösen, als unzulänglich erwiesen haben, wäre unter Umständen daran zu denken, auf eine solche Regelung zurückzugreifen."

522 Vgl. grundlegend zur Entflechtung, *R. Scholz*, Entflechtung und Verfassung, S. 17 ff.

523 Vgl. *C. Engel/G. Knieps*, Die Vorschriften des Telekommunikationsgesetzes über den Zugang zu wesentlichen Leistungen, S. 13. Vgl. auch *Engel*, MMR- Beilage 3/99, 7 (9).

524 *Engel*, MMR- Beilage 3/99, 7 (7)

525 Ebd.

526 Sorge bereitete hierbei dem BR insbesondere die Erteilung einer unbeschränkten Zahl von Lizenzen ohne Vorgaben hinsichtlich der Größe und des Zuschnitts der Lizenzgebiete und ohne Auflagen hinsichtlich des Flächendeckungsgrades und der Qualität des Angebots, vgl. die Stellungnahme des BR, BT-Drs. 13/4438, Anlage 2, S. 5 ("Zum Gesetzentwurf allgemein").

527 Vgl. ebd.

Unternehmen werden durchsetzen können, die auch auf den heimischen Märkten gegen starke – selbst nur punktuell ansetzende – Konkurrenz bestehen.[528]

Dies klingt auch in der Begründung zum Gesetzentwurf im Zusammenhang mit der Notwendigkeit verhältnismäßiger Auflagen bei Lizenzvergabe an. Diese seien zwar erforderlich, "so dass auch kleineren und mittleren Unternehmen ein Markteintritt möglich und die Lizenzvergabe nicht von vornherein auf wenige große Unternehmen oder Konsortien beschränkt" sei.[529] Damit steht aber auch fest, dass nach dem Willen der am Gesetzgebungsverfahren beteiligten Organe nicht zwingend eine Zersplitterung der Telekommunikationsmärkte durch das Telekommunikationsgesetz angestrebt wird. Vielmehr darf das Telekommunikationsgesetz lediglich keine unverhältnismäßigen rechtlichen Barrieren errichten, durch die kleinere und mittlere Telekommunikationsunternehmen vom Marktzutritt von *vornherein* ausgeschlossen würden. Diese Unternehmen werden daher größtenteils nur Marktnischen besetzen und so das Angebot der großen Telekommunikationsunternehmen abrunden können. [530]

(4) Problem der Energieversorgungsunternehmen

Unter dem Aspekt der Wettbewerbsförderung ist grundsätzlich auch das Vordringen der Energieversorgungsunternehmen auf die neuen Telekommunikationsmärkte zu begrüßen, schließlich stellten diese als finanzstarke Unternehmen nach der Liberalisierung der Märkte schnell aktive Wettbewerber des bisherigen Monopolisten DT AG dar. Im Interesse eines funktionsfähigen Leistungswettbewerbs auf den Telekommunikationsmärkten ist dennoch eine Unterbindung der internen Subventionierung des Telekommunikationsbereichs durch erzielte Monopolgewinne auf den gesetzlich geschützten Energieversorgungsmärkten geboten.[531]

b) Wettbewerbsförderung im Kontext verfassungsrechtlicher Vorgaben

Die normative Zwecksetzung erfährt schon bei erster Betrachtung eine weitaus größere Bedeutung, wenn man sie im Zusammenhang mit den verfassungs- und europarechtlichen Vorgaben sieht. Hinweise hierauf finden sich in den Gesetzesmaterialien zum Telekommunikationsgesetz. Der Entwurf der Bundesregierung zum Telekommunikationsgesetz stellte in seiner Begründung ausdrücklich darauf ab, dass mit diesem Gesetz die Entscheidungen der Europäischen Union unter Beachtung der im Rahmen der Postreform II geänderten verfassungsrechtlichen Bestimmungen umgesetzt würden.[532] Nachfolgend soll nun die Zwecksetzung des § 1 TKG im Hinblick auf die Förderung des Wettbewerbs auf den Telekommunikationsmärkten in einen verfassungs- und europarechtlichen Kontext gebracht werden.

---

[528] Gegenäußerung der Bundesregierung zur Stellungnahme des BR, BT-Drs. 13/4438, Anlage 3, S. 29 ("Zu Nummer 1").

[529] Vgl. die Begründung zum TKG-E, BT-Drs. 13/4438, S. 4, i. V. m. BT-Drs. 13/3609, S. 34 ("1. Lizenz als Marktzugangsvoraussetzung").

[530] *Bötsch*, in: Das Telekommunikationsgesetz 1996, S. 3 (5).

[531] Zur strukturellen Separierung und getrennten Rechnungslegung vgl. die einschlägigen Kommentierungen zu § 14 TKG.

[532] Vgl. die Begründung zum TKG-E, BT-Drs. 13/4438, S. 4, i. V. m. BT-Drs. 13/3609, S. 33 f. ("Entwicklung und Bedeutung des Telekommunikationsmarktes", "Notwendigkeit eines neuen Gesetzes").

(aa) Verpflichtung auf die Erfordernisse des gesamtwirtschaftlichen Gleichgewichts

Art. 109 GG legt mit seiner Verpflichtung auf die Erfordernisse des gesamtwirtschaftlichen Gleichgewichts auch die verfassungsrechtliche Basis für eine konjunkturpolitisch motivierte Wirtschafts- und Finanzpolitik.[533] Anders als hauptsächlich konjunkturell orientierte gesetzliche Mittel,[534] zielt das Telekommunikationsgesetz mit seinen ordnungspolitischen und wettbewerbssichernden Regelungen auf die Funktionsfähigkeit der Telekommunikationswirtschaft. Die mit dem Gesetz verfolgte Strukturpolitik zielt dabei nicht nur auf eine Steigerung der Leistungs- und Wettbewerbsfähigkeit der Telekommunikationsunternehmen, sondern auch auf die Mobilisierung ungenutzter Ressourcen und die Erhöhung der Produktivität. Das Gesetz verfolgt dabei in erster Linie keine regionale, sondern eine sektorale Strukturpolitik.[535] Aufgabe der sektoralen Strukturpolitik des Telekommunikationsgesetzes ist es, auf die gegebene Strukturveränderung auf den Telekommunikationsmärkten so zu reagieren, dass ein stetiges und angemessenes Wirtschaftswachstum nicht behindert, sondern gefördert wird. Dies geschieht in concreto durch die Bereitstellung der rechtlichen Rahmenbedingungen (Regulierung) für die Telekommunikationswirtschaft. Dabei verfolgt die sektorale Wirtschaftspolitik des Gesetzes neben Strukturanpassungszielen (sektorale Anpassung an Strukturwandlung) auch Strukturgestaltungsziele (sektorale Entwicklungsförderung und Strukturgestaltung), indem mit dem Gesetz die Telekommunikationsmärkte endgültig liberalisiert und Marktzutrittshindernisse weitgehend abgebaut werden.[536]

(bb) Verfassungsrechtliches Privatisierungsmodell

Das Gesetz zur Änderung des Grundgesetzes vom 30.08.1994[537] schuf die Grundlage für eine formelle Privatisierung der bisherigen Telekommunikationsverwaltung (Organisationsprivatisierung) und eine materielle Privatisierung (Aufgabenprivatisierung)[538] der Telekommunikationsdienstleistungen in Art. 87f Abs. 2 Satz 1 GG. Zugleich schreibt Art. 87f Abs. 1 GG die Infrastrukturverantwortung des Bundes fest. Die Vorschrift des Art. 143b Abs. 1 GG gebietet die Umwandlung des Sondervermögens der Deutschen Bundespost in Unternehmen privater Rechtsform. Die Übergangsbestimmung des Art. 143b Abs. 2 Satz 1 GG erlaubte für begrenzte Zeit die Verleihung von ausschließlichen Rechten an die privaten Nachfolgeunternehmen auch im Bereich der Telekommunikation.

Das Privatisierungsmodell des Grundgesetzes wird durch ein Zusammenspiel der Art. 87f GG und Art. 143b GG bestimmt. Die Verfassungsreform zielte hauptsächlich auf die Auslagerung der Telekommunikationsdienstleistungen aus dem staatlichen Aufgabenbereich und die Befriedigung der Nachfrage durch im Wettbewerb stehende Unternehmen, nämlich die DT AG und "andere private Anbieter". Die Öffnung des Telekommunikationssektors für den Wettbe-

533 Vgl. *Siekmann*, in: *Sachs* (Hrsg.), Grundgesetz, Art. 109, Rdnr. 16.

534 Hierzu zählen beispielsweise die Haushaltspolitik, Steuergesetzgebung, Geldpolitik oder Außenwirtschaftspolitik.

535 Diese Unterscheidung folgt dabei verfassungsrechtlichen Vorgaben, wie der Vergleich mit Art. 91a und 104a Abs. 4 GG einerseits und den Kompetenztiteln des Art. 74 Nr. 11 und Nr. 17 GG andererseits zeigt.

536 Zu den Zielen sektoraler Wirtschaftspolitik vgl. nur *H. R. Peters*, Grundzüge sektoraler Wirtschaftspolitik, S. 48 ff.

537 BGBl. I 1994, S. 2245.

538 Vgl. zum Begriff der formellen bzw. materiellen Privatisierung *Osterloh*, VVDStRL 54 (1995), 204 (210).

werb bedeutete die völlige Entstaatlichung des Bereichs der Leistungserbringung. Im hoheitlichen Aufgabenbereich des Staates verblieb dagegen u. a. eine Infrastrukturverantwortung[539] i. S. einer Sicherung der Versorgung mit Telekommunikationsdienstleistungen unter Gewährleistung "flächendeckend angemessener und ausreichender Dienstleistungen" gemäß Art. 87f Abs. 1 GG. Als echte hoheitliche Aufgaben verblieben der bundeseigenen Verwaltung insbesondere Regelungen zur Standardisierung und Normierung, die Funkfrequenzverwaltung, die Erteilung von Genehmigungen für Funkanlagen und die Vorsorge für den Krisen- und Katastrophenfall.[540] Zusätzlich leitet sich für diese Bereiche aus dem Infrastrukturauftrag des Art. 87f Abs. 1 GG eine Kompetenz zur Wahrnehmung bestimmter Regulierungsaufgaben durch hoheitliche Maßnahmen ab.[541]

(1) Gebot privatwirtschaftlicher Leistungserbringung

Der staatliche Infrastruktursicherungsauftrag (Art. 87f Abs. 1 GG) und die privatwirtschaftliche Erbringung von Telekommunikationsdienstleistungen (Art. 87f Abs. 2 Satz 1) sind die Grundsäulen der verfassungsrechtlichen Neuordnung des Telekommunikationssektors.[542] Art. 87f Abs. 2 Satz 1 GG legt fest, dass Dienstleistungen der Telekommunikation ausschließlich als privatwirtschaftliche Tätigkeiten der DT AG und anderer privater Anbieter erbracht, d. h. angeboten und ausgeführt werden.[543] Art. 87f Absatz 1 GG begründet zudem eine rechtliche Verpflichtung des Bundes, flächendeckend angemessene und ausreichende Telekommunikationsdienstleistungen bereitzustellen, lässt aber das Mittel zur Umsetzung dieser Vorgabe offen, mit Ausnahme des aus Art. 87f Abs. 2 Satz 1 GG abgeleiteten Verbots staatlicher Leistungserbringung.

(2) Wettbewerbsförderung: keine Konkretisierung der Vorgaben der Art. 87f und 143b GG

Als fundamentales Ordnungsprinzip sollen daher nach Auffassung der Literatur Telekommunikationsdienstleistungen *im Wettbewerb* durch privatwirtschaftlich agierende Unternehmen erbracht werden,[544] da hinter Art. 87f Abs. 2 Satz 1 u. a. die Intention stehe, Wettbewerb im Bereich der Telekommunikation herbeizuführen, zu fördern und abzusichern.[545] Teilweise wird im Schrifttum aus der Garantie der Leistungserbringung *als* privatwirtschaftlicher Tätigkeit,[546] teilweise aber auch aus dem Verweis auf *andere private Anbieter* und aus Entstehungsgeschichte und Zweck dieser Vorschrift allgemein ein verfassungsrechtliches Postulat

---

539 Zu diesem Begriff vgl. *G. Hermes*, Staatliche Infrastrukturverantwortung, S. 334 ff.; *Lerche*, in: *Maunz/Dürig*, GG, Art. 87f GG, Rdnrn. 73 und 80.

540 Vgl. auch die Begründung des Gesetzentwurfs der Bundesregierung zur Änderung des Grundgesetzes. BT-Drs. 12/7269, S. 5. Weiter zählen hierzu die Lizenzierung, die Entgeltregulierung, die Nummernverwaltung, die Regelung des Zugangs zu und der Zusammenschaltung von öffentlichen Netzen sowie datenschutzrechtliche Vorkehrungen, vgl. *K. Windthorst*, Universaldienst, S. 368, m. w. N.

541 Vgl. *Pfeffermann*, in: Beck'scher PostG Komm., Einführung, S. 37.

542 So für den Postsektor *Herdegen*, in: Beck'scher PostG Komm., Verfassungsrechtliche Grundlagen, Rdnr. 23.

543 Vgl. *K. Windthorst*, Universaldienst, S. 170.

544 So für den Postsektor *Herdegen*, in: Beck'scher PostG Komm., Verfassungsrechtliche Grundlagen, Rdnr. 23.

545 Vgl. *K. Windthorst*, Universaldienst, S. 172.

546 Vgl. *K. Windthorst*, Universaldienst, S. 173. Für den Postsektor vgl. *Herdegen*, in: Beck'scher PostG Komm., Verfassungsrechtliche Grundlagen, Rdnr. 23 f.

eines offenen und fairen Wettbewerbs auf diesen Sektoren abgeleitet.[547] Neben dem von der Literatur behaupteten verfassungsrechtlichen Postulat zu einem offenen und fairen Wettbewerb soll durch Art. 87f Abs. 2 Satz GG ein Gebot zur grundsätzlichen Wettbewerbsgleichheit bzw. -gleichstellung im Bereich der Telekommunikation bestehen.[548] Es verlange eine Chancengleichheit der Wettbewerber durch nicht diskriminierende, transparente Wettbewerbsbedingungen und sei unabdingbare Voraussetzung für einen funktionierenden Wettbewerb.[549]

Dieser Auffassung ist nur bedingt zuzustimmen. Nach dem Verständnis des Art. 87f Abs. 2 Satz 1 GG stellt die Erbringung von Dienstleistungen ein kommerzielles Wirtschaftsgut dar.[550] Durch Art. 87f Abs. 2 Satz 1 GG wird den dort genannten Rechtssubjekten die Erbringung von Dienstleistungen im Bereich der Telekommunikation zugewiesen und darüber hinaus ihre Wahrnehmung als privatwirtschaftliche Tätigkeit gewährleistet. Die Vorschrift zielt dabei grundsätzlich auf eine echte Aufgabenprivatisierung.[551] In Verbindung mit der Entscheidung für eine Aufgabenprivatisierung liegt jedenfalls auch zugleich die verfassungsrechtliche Entscheidung, den Bereich der Telekommunikation dem Wettbewerb durch Zulassung privater Anbieter zu *öffnen*. Diese Entscheidung zur Frage der *Zulassung* von Wettbewerb enthält aber noch keine verfassungsrechtliche Aussage, dass Wettbewerb auf diesem Sektor zu fördern ist. Die Etablierung eines funktionsfähigen Wettbewerbs war zwar mit ein zentrales Anliegen der Änderung des Art. 87 GG im Rahmen der Postreform II.[552] Die verfassungspolitische Entscheidung für eine Zulassung des Wettbewerbs über die Öffnung der Telekommunikationsmärkte gründete sich dabei vor allem auf die Entscheidungen auf europäischer Ebene, insbesondere auf die vom Ministerrat beschlossene Beendigung des Telefondienstmonopols zum 31.12.1997 und auf die einschränkende Rechtsprechung des Europäischen Gerichtshofs zur Zulässigkeit und Dauer ausschließlicher Rechte.[553]

Der Verfassungsgeber wollte sich aber ausdrücklich nicht zu einer verfassungsrechtlichen Garantie des Wettbewerbs bekennen. Die Entwürfe sahen noch entgegen dem endgültigen Verfassungstext "durch andere private Anbieter" die Formulierung "durch Wettbewerber" vor.[554] Trotz eines grundsätzlichen Konsenses des Bundesrats mit dieser Formulierung äußer-

---

[547] Vgl. nur *Windthorst*, in: *Sachs* (Hrsg.), Grundgesetz, Art. 87f, Rdnr. 25, m. w. N. Nach dessen Ansicht wird dieses Postulat von Art. 143b Abs. 2 Satz 1 GG insoweit untermauert, als der nicht von dieser Übergangsregelung erfasste Bereich betroffen ist. Vgl. *K. Windthorst*, Universaldienst, S. 198.

[548] So die Begründung des PTNeuOG-E, BT-Drs. 12/7269, S. 4, i. V. m. BT-Drs. 12/6718, S. 75.

[549] So die Sachverständigen *Wojtek*, *Ungerer* und *Zumwinkel* anlässlich der öffentlichen Anhörung vor dem Ausschuss für Post und Telekommunikation am 07.03.1994, BT-PT-Ausschuss-Prot. 54/94, S. 26 ff.

[550] Vgl. *Gersdorf*, AfP, 1998, 470 (471), der aus Art. 87f Abs. 2 Satz 1 GG die Forderung nach einer kaufmännischen Grundsätzen genügenden, gewinnorientierten Unternehmenspolitik ableitet. So auch *K. Windthorst*, Universaldienst, S. 173, m. w. N.

[551] Vgl. *K. Windthorst*, a. a. O., S. 177, 183. Vgl. auch *Scholz*, Diskussionsbeitrag, BT-Rechtsausschuss-Prot. 117/94, S. 18; *Schuppert*, Diskussionsbeitrag, BT-Rechtsausschuss-Prot. 117/94, S. 40. Zur Kritik, es handle sich nur um eine unechte materielle Privatisierung *Badura*, Diskussionsbeitrag, BT-Rechtsausschuss-Prot. 117/94, S. 6 (33).

[552] Vgl. die Begründung des 41. GG-ÄndG-E, BT-Drs. 12/7269, S. 4, i. V. m. der Begründung des PTNeuOG-E, BT-Drs. 12/6718, S. 75. Der Gesetzentwurf der Fraktionen der CDU/CSU, SPD und FDP (BT-Drs. 12/6717, S. 2) bzw. der Gesetzentwurf der Bundesregierung (BT-Drs. 12/7269, S. 3) sprachen demgegenüber noch von "privaten Tätigkeiten".

[553] Vgl. die Begründung der Beschlussempfehlung des Rechtsausschusses, BT-Drs. 12/8108, S. 7.

[554] Vgl. den Gesetzentwurf der Fraktionen der CDU/CSU, SPD und FDP (BT-Drs. 12/6717, S. 2) bzw. den Gesetzentwurf der Bundesregierung (BT-Drs. 12/7269, S. 3).

te dieser Bedenken insofern, als hieraus, ungeachtet der übergangsweise übertragenen Monopole an die Nachfolgeunternehmen der Bundespost, eine sofortige, umfassende, unmittelbar verfassungsrechtliche Garantie für einen Wettbewerb im gesamten Bereich des Postwesens und der Telekommunikation hätte abgeleitet werden können.[555] Ebenso wurde davon abgesehen, im Verfassungstext statt auf "privatwirtschaftliche"[556] auf "wettbewerbswirtschaftliche Tätigkeiten"[557] abzustellen. Das Bekenntnis zur Privatwirtschaftlichkeit bedeutet lediglich eine Entscheidung des Verfassungsgebers gegen die Gemeinwirtschaftlichkeit.[558] Deutlicher wäre das verfassungspolitische Bekenntnis zum Wettbewerb auf den Telekommunikationsmärkten daher bei Übernahme der Entwurfsfassung ausgefallen.

Vor diesem Hintergrund dennoch aus dem Normtext des Art. 87f Abs. 2 Satz 1 GG unmittelbar ein verfassungsrechtliches Postulat eines offenen und fairen Wettbewerbs auf diesen Sektoren abzuleiten ginge daher zu weit. Der Literatur ist insoweit Recht zu geben, als durch die Privatisierungsentscheidung in Art. 87f Abs. 2 Satz 1 GG den Marktteilnehmern eine Entscheidungsautonomie über das "Ob" und "Wie" der Marktteilnahme eingeräumt wird.[559] Kehrseite des Gebots zur privatwirtschaftlichen Leistungserbringung nach Art. 87f Abs. 2 Satz 1 GG ist ein verfassungsunmittelbares Verbot, das Angebot von Dienstleistungen im Bereich der Telekommunikation als Verwaltungsaufgabe wahrzunehmen.[560] Weiter ist der Literatur zuzustimmen, dass die Garantie der Leistungserbringung *als* privatwirtschaftliche Tätigkeit den Weg für nach kaufmännischen Grundsätzen ausgerichtete, gewinnorientierte Unternehmen eröffnet – diesen Anforderungen genügen grundsätzlich auch privatwirtschaftliche Monopolbetriebe – und somit auch verfassungsrechtlich Wettbewerb zulässt: Eine bestimmte Qualität an Wettbewerb wird damit aber nicht garantiert und damit erst recht keine Steuerungs- und Kontrollmaßnahmen, die den zugelassenen Wettbewerb fördern oder absichern.

---

555 Vgl. die Stellungnahme des Bundesrates, BT-Drs. 12/7269, Anlage 2, S. 9. Der Bundesrat sprach sich daher zumindest für eine verfassungsrechtliche Übergangsregelung aus.

556 Die Verwendung des Begriffs "privatwirtschaftlich" geht letztlich auf die Beschlussempfehlung des Rechtsausschusses zurück, vgl. BT-Drs. 12/8108, S. 3, 6.

557 Vgl. hierzu die von *Scholz* in der öffentlichen Anhörung vom 08.03.1994 geäußerten Bedenken im Hinblick auf eine gleichfalls durchaus mögliche wettbewerbswirtschaftliche staatliche Daseinseinsvorsorgeerbringung, BT-Rechtsauschuss-Prot. 117/94, S. 19.

558 Vgl. *Gersdorf*, AfP, 1998, 470 (471), der Gemeinwirtschaftlichkeit mit "Leistungsstaatlichkeit im Sinne gemeinnütziger Daseinsvorsorge" gleichsetzt. Vgl. auch *K. Windthorst*, Universaldienst, S. 173.

559 Für die DT AG begründet Art. 87f Abs. 2 Satz 1 GG eine neue verfassungsrechtliche Grundlage für die Zulässigkeit ihres Handelns über den ihr bislang ohnehin offen stehenden Aufgabenkreis hinaus. Zugleich bedeutet die Privatisierungsentscheidung für sie einen Wegfall der spezifisch öffentlich-rechtlichen Bindungen. Demgegenüber hat die Privatisierungsentscheidung für die übrigen privaten Anbieter lediglich Bedeutung für die nun gegebene Berechtigung zur Leistungserbringung im bislang abgeschotteten Bereich, vgl. *K. Windthorst*, Universaldienst, S. 189 ff.

560 Vgl. die Begründung des 41. GG-ÄndG, BT-Drs. 12/7269, S. 4. Dies ist für den Bereich des "verwaltungsmäßigen Erbringens" unstrittig, vgl. nur *Gersdorf*, AfP, 1998, 470 (472, 475). Für den Bereich der privatwirtschaftlichen Leistungserbringung aufgrund der Beteiligung des Bundes an der DT AG ergibt sich nach Ansicht von *Gersdorf* ein verfassungsunmittelbarer Rechtfertigungstitel aus Art. 87f Abs. 2 Satz 1 GG, indem er dem Bund die Einflussnahme auf die operative Unternehmenspolitik verbietet. Dagegen fehle den Töchtern staatlicher und kommunaler (Versorgungs-)Unternehmen, ungeachtet der Möglichkeit einer beherrschenden Einflussnahme, die notwendige demokratische Legitimation, vgl. *Gersdorf*, AfP, 1998, 470 (474 f.). A. A. *K. Windthorst*, Universaldienst, S. 193, der eine Beteiligung des Staates unterhalb eines 25%igen Eigentumsanteiles für zulässig hält, ohne jedoch auf den Aspekt der demokratischen Legitimation einzugehen.

(cc) Wettbewerbsförderung als Ausfluss grundrechtlicher Gewährleistung

Aus Art. 87f Abs. 2 Satz 1 i. V. m. Art. 143b Abs. 2 Satz 1 GG lässt sich der Grundsatz einer Entmonopolisierung des Bereichs der Telekommunikation ableiten. Den anderen privaten Anbietern eröffnet sich dadurch der bislang durch das übergekommene Fernmelderecht weitgehend abgeschottete Bereich. Infolge der Öffnung unterfällt der Telekommunikationssektor nunmehr vollends der grundrechtlichen Gewährleistung.

Der Schutzbereich der Grundrechte umfasst dabei nicht nur Schutz vor staatlicher Regulierung, sondern auch vor einer Re-Monopolisierung dieses Bereichs. Die vollständige grundrechtliche Gewährleistung des Telekommunikationsbereichs bewirkt aber insbesondere durch Art. 12 GG auch die Pflicht des Staates zur Förderung des Wettbewerbs auf diesen Märkten. Die bestehende Wirtschaftsverfassung enthält den grundsätzlich freien Wettbewerb der als Anbieter und Nachfrager auf dem Markt auftretenden Unternehmer als eines ihrer Grundprinzipien.[561] Das Verhalten der Unternehmer in diesem Wettbewerb ist Bestandteil ihrer Berufsausübung, die, soweit sie sich in erlaubten Formen bewegt, durch Art. 12 Abs. 1 GG geschützt ist.[562] Somit wird jedenfalls schon die bloße Wettbewerbsteilnahme als Ausfluss der Wettbewerbsfreiheit durch Art. 12 GG gewährleistet.[563] Der Staat hat aber dann auch die Aufgabe, den Wettbewerb zu gewährleisten, indem er die Rahmenbedingungen und normativen Voraussetzungen für einen fairen und transparenten Wettbewerb schafft.[564] Angesichts der verfestigten nicht wettbewerblichen Strukturen auf den Telekommunikationsmärkten lässt sich daher aus Art. 12 Abs. 1 GG eine Pflicht des Staates – über die bloße Zulassung hinaus – zur Förderung des Wettbewerbs auf diesem Sektor ableiten.

c) Wettbewerbsförderung im Kontext der europäischen Vorgaben

Wie oben dargelegt, hat die Europäische Gemeinschaft den Prozess der Liberalisierung der Telekommunikationsmärkte in ihren Mitgliedstaaten durch ihre Vorgaben maßgeblich mitgestaltet, nicht zuletzt deshalb, weil diesen Regelungen grundsätzlich ein Anwendungsvorrang zukommt.[565] Zwar zielen die Vorgaben der Gemeinschaft nicht wie die verfassungsrechtlichen Vorgaben auf eine Aufgaben- und Organisationsprivatisierung ab.[566] Jedoch strebt die Gemeinschaft entsprechend ihren primärrechtlichen Vorgaben schwerpunktmäßig die Förderung eines chancengleichen Wettbewerbs auf den Märkten für Telekommunikationsendgeräte, Telekommunikationsdienstleistungen und Telekommunikationsnetze an. Die primärrechtlichen Vorschriften des Art. 2, 3 lit. c), g), h) und m) Art. 4 Abs. 1 und Art. 14 EGV

---

[561] Vgl. BVerfG, Beschl. v. 08.02.1972, E 32, 311 (317). Vgl. allgemein zur Bedeutung von Art. 12 GG für die nationale und europäische "Wirtschaftsverfassung" *Manssen*, in: Das Bonner Grundgesetz, Bd. 1, Art. 12, Rdnr. 29 ff.

[562] Vgl. nur BVerfG, Beschl. v. 08.02.1972, E 32, 311 (317).

[563] Zum Inhalt und Umfang der Wettbewerbsfreiheit nach Art. 12 GG vgl. *Manssen*, in: Das Bonner Grundgesetz, Bd. 1, Art. 12, Rdnr. 67.

[564] Vgl. Ossenbühl, AöR 115 (1990), 1 (23).

[565] Zu den Grenzen des Anwendungsvorrangs vgl. *K. Windthorst*, Universaldienst, S. 40, Fn. 165, m. w. N.

[566] Eine gewisse Durchbrechung stellt das Drängen der Gemeinschaft auf Aufgabe von Eigentum und Kontrolle der Fernsehkabelnetze durch die etablierten Betreiber dar, um den Wettbewerb beim lokalen Zugang zu verstärken, vgl. Mitteilung der Kommission an das Europäische Parlament, den Rat, den Wirtschafts- und Sozialausschuss und den Ausschuss der Regionen, Fünfter Bericht über die Umsetzung des Reformpakets für den Telekommunikationssektor, KOM (1999) 537, 27 ff.

zeichnen auch für den Telekommunikationssektor das Bild eines gemeinsamen Binnenmarktes mit offener Marktwirtschaft und freiem Wettbewerb. Insbesondere Art. 3 lit. g) EGV sieht auf europäischer Ebene im Grundsatz ein System vor, das den Wettbewerb innerhalb des Binnenmarkts vor Verfälschungen schützt. Dies wird bestärkt durch Art. 4 EGV, der auf den "Grundsatz einer offenen Marktwirtschaft mit offenem Wettbewerb" verpflichtet.[567] Der Europäische Gerichtshof hat hierzu in einer Vorabentscheidung vom 27.10.1993 ausgeführt: "Ein System unverfälschten Wettbewerbs, wie es der Vertrag vorsieht, kann nur gewährleistet werden, wenn die Chancengleichheit der einzelnen Wirtschaftsteilnehmer gesichert ist."[568]

Die auf europäischer Ebene getroffenen Entscheidungen – namentlich die schrittweise Aufhebung besonderer und ausschließlicher Rechte und die Gewährleistung fairen und chancengleichen Wettbewerbs durch Anwendung der Wettbewerbsregeln des EGV – waren die zentralen Schritte zur Öffnung der Telekommunikationsmärkte.[569] Ausgangspunkt für die Überführung der öffentlichen Unternehmen in den Wettbewerb war Art. 86 n. F.[570] Nach Abs. 1 dieser Vorschrift sind die Mitgliedstaaten gehalten, bezüglich Unternehmen, auf deren Wirtschaftsplanung sie unmittelbaren Einfluss haben (öffentliche Unternehmen), keine Maßnahmen zu treffen, die mit den Wettbewerbsregeln des EGV unvereinbar wären. Nach Art. 86 Abs. 3 EGV achtet die Europäische Kommission auf die Einhaltung dieser Vorschrift und richtet erforderlichenfalls Richtlinien oder Entscheidungen an die Mitgliedstaaten. Die zur Sicherung und Förderung eines offenen, fairen, gemeinschaftsweiten Wettbewerbs bislang ergriffenen Maßnahmen zielen vor allem auf einen Abbau von Zugangs- und Nutzungsbeschränkungen bei öffentlichen Telekommunikationsnetzen und -diensten und auf eine Vereinheitlichung der bis 01.01.1998 bestandenen Einschränkungen. Insbesondere um Zutrittsbarrieren für neu auf die Märkte drängende Wettbewerber abzubauen, wurden und werden von der Gemeinschaft weit reichende Vorkehrungen zu den Bereichen Netzzugang, Netzzusammenschaltung und Interoperabilität der Dienste getroffen.[571]

Damit gehen die europäischen Vorgaben zum Thema Wettbewerb auf den Telekommunikationsmärkten weit über die verfassungsrechtlichen Vorgaben hinaus. Während Art. 87f Abs. 2 Satz 1 GG lediglich eine verfassungsrechtliche Grundentscheidung für eine Liberalisierung des Bereichs Telekommunikation trifft und damit faktisch Wettbewerb auf den Märkten nur zulässt, stellen die europäischen Vorgaben über die bloße Marktöffnung hinaus konkrete Anforderungen an die Qualität des hierdurch zu erreichenden Wettbewerbs und sehen gleichzeitig zusätzliche Mittel wie die Harmonisierung und die Öffnung der Märkte durch objektive, transparente, diskriminierungsfreie Zulassungs- und Benutzungsbedingungen vor.

---

567 Weiterführend zur EG-Wirtschaftsverfassung *Petersmann*, EuZW 1993, 593 ff.

568 EuGH, Urt. v. 27.10.1993, CR 1994, 303 (304).

569 Damit einher ging die Harmonisierung der Märkte durch Angleichung der rechtlichen Rahmenbedingungen für die Errichtung von Telekommunikationsdienstleistungen einschließlich des Sprachtelefondienstes.

570 Vgl. hierzu oben Kap. B.I.3.a)(aa)(2).

571 Vgl. für das feste öffentliche Telefonnetz und den Sprachtelefondienst die Vorschriften der Richtlinie 98/10/EG des Europäischen Parlaments und des Rates vom 26.02.1998 über die Anwendung des offenen Netzzugangs (ONP) beim Sprachtelefondienst und den Universaldienst im Telekommunikationsbereich in einem wettbewerbsorientierten Umfeld.

2. *Gewährleistung flächendeckend angemessener und ausreichender Dienstleistungen*

a) Inhalt und Umfang des Gewährleistungszwecks

(aa) Bloße Umsetzung der verfassungsrechtlichen Gewährleistungsverpflichtung

Die einfachgesetzliche Formulierung des § 1 TKG zur Gewährleistung eines Universaldientes lehnt sich sehr stark an den Verfassungstext des Art. 87f Abs. 1 GG an.[572] Eine relevante Unterscheidung in sprachlicher Hinsicht ergibt sich lediglich hinsichtlich des Verbs "gewährleisten". Während nach dem Verfassungstext der Bund einen Universaldienst zu gewährleisten hat – hier wird eine ausschließlich objektive Rechtspflicht begründet –[573], macht § 1 TKG mit der Formulierung "Zweck des Gesetzes ist, (...) flächendeckend angemessene und ausreichende Dienstleistungen *zu gewährleisten*" deutlich, dass das Gesetz lediglich den Anspruch erhebt, den verfassungsrechtlichen Anforderungen des Art. 87f Abs. 1 GG zur Gewährleistung eines Universaldienstes zu genügen und gleichzeitig den Maßgabevorbehalt des Art 87f Abs. 1 GG in Form eines förmlichen Gesetzes und auf dessen Grundlage ergangene untergesetzliche Rechtssätze umzusetzen.[574] Das Gesetz ist also proaktiv und will die für eine flächendeckend angemessene und ausreichende Versorgung mit Telekommunikationsdienstleistungen notwendigen Voraussetzungen, die verfassungsrechtlich garantiert werden, schaffen.

(bb) Umsetzung der verfassungsrechtlichen Vorgaben ohne Konkretisierung

Gleichwohl stellt die indirekte Bezugnahme auf Art. 87f Abs. 1 GG durch die annährend gleiche Formulierung des § 1 TKG klar, dass die Regelungen des Telekommunikationsgesetzes zur Gewährleistung eines Universaldienstes eine Umsetzung des Gesetzgebungsauftrags des Art. 87f Abs. 1 GG darstellen, der den Bund zu einer dynamisch angelegten Ausgestaltung und stetigen Überprüfung des Universaldienstes verpflichtet.[575] Die Zwecksetzung zum Universaldienst greift dementsprechend die verfassungsrechtlichen Vorgaben auf, ohne diese jedoch zu konkretisieren. Bereits einleitend wurde ausgeführt, dass die Zwecksetzungen des Telekommunikationsgesetzes aufgrund ihrer sehr allgemein gehaltenen Formulierung keine selbständig vollzugsfähigen Regelungen darstellen, sondern einer weiteren gesetzlichen Konkretisierung bedürfen. Das Telekommunikationsgesetz leitet diese Konkretisierung der unbestimmten Rechtsbegriffe "flächendeckend angemessene und ausreichende Dienstleistungen" durch die Verordnungsermächtigung in § 17 Abs. 2 1 Satz TKG auf die Exekutive in

---

[572] Zu den verfassungsrechtlichen Vorgaben zum Universaldienst vgl. unten Kap. C.I.2.b).

[573] Vgl. nur *Windthorst*, in: *Sachs* (Hrsg.), Grundgesetz, Art. 87f, Rdnr. 14; *K. Windthorst*, Universaldienst, S. 289, 294. Art. 87f Abs. 1 GG begründet darüber hinaus aber kein subjektives Recht potenzieller Nutzer auf staatliche Gewährleistung eines Universaldienstes, etwa auf ein bestimmtes Leistungsangebot oder bestimmte stationäre Leistungen, vgl. VG Kassel, Urt. v. 27.07.1997, Archiv PT 1997, 334 f., VG Hannover, Urt. v. 16.11.1998–10 A 241/98.

[574] Vgl. zum Inhalt des Maßgabevorbehalts *K. Windthorst*, Universaldienst, S. 299 ff.

[575] Zur Umsetzungsbedürftigkeit des Art. 87f Abs. 1 GG vgl. nur *K. Windthorst*, Universaldienst, S. 239, m. w. N.

zulässiger Weise über.[576] Hierdurch erreicht der Gesetzgeber die verfassungsrechtlich geforderte *Dynamisierung* der rechtlichen Anforderungen.[577] Unterstrichen wird diese Dynamik durch die gesetzliche Verpflichtung des Verordnungsgebers nach § 17 Abs. 2 Satz 2 TKG, die Bestimmung der Universaldienstleistungen den technischen und gesellschaftlichen Entwicklungen entsprechend anzupassen.

(cc) Gemeinwohlziel mit Schutzfunktion

Die Gewährleistung flächendeckend angemessener und ausreichender Dienstleistungen kann man allgemein auch als Gemeinwohlzweck bezeichnen. Indem das Gesetz dem gesamten Normenkomplex hierdurch auch eine Schutzfunktion zuweist, zeigt sich, dass der Gesetzgeber die besondere Problematik der Umwandlung eines traditionell monopolistischen Marktes erkannt hat. Auffällig bei der Formulierung der Schutzfunktion ist die Ausrichtung des Gesetzes auf ein gewisses Versorgungsniveau. Auf spezielle Rechtsgüter der Nutzer, wie beispielsweise deren Leib, Leben und Gesundheit, stellt das Gesetz gerade nicht ab. Damit bringt das Gesetz zum Ausdruck, dass nicht die Nutzer im Mittelpunkt des Gesetzes stehen, sondern es sich um ein Gemeinwohlinteresse handelt, an dem die einzelnen Nutzer nur reflexhaft teilhaben können.[578] Gleiches lässt sich auch aus der Formulierung des oben diskutierten Förderzwecks herleiten. Damit sagt das Gesetz deutlich, dass nicht die Wettbewerber zu fördern sind, sondern die Institution Wettbewerb.

Obwohl das Gesetz aufgrund seiner Schutzfunktion in gewissem Umfang der Gefahrenabwehr dient – Indiz hierfür ist die Formulierung des § 2 Abs. 2 Nr. 6, der auf die Wahrung der Interessen der öffentlichen Sicherheit abstellt –, kann man das Telekommunikationsgesetz keinesfalls dem klassischen Gefahrenabwehrrecht zuordnen. Wie der am Begriff der Regulierung aufgezeigte Umfang des Anwendungsbereichs belegt, trifft das Gesetz weit über die bloße Gefahrenabwehr hinaus sehr komplexe Regelungen. Die Ausgestaltung des Gewährleistungszwecks ergibt aber, dass die Hauptfunktion des Telekommunikationsgesetzes in der Vermeidung eines Unterversorgungstatbestandes besteht. Der Gewährleistungszweck hat seine schwerpunktmäßige Funktion in der Vorbeugung einer Unterversorgung, nicht erst im Bereich der klassischen Gefahrenabwehr. Die Verwaltung hat sämtliche Vorsorgemaßnahmen zu treffen, die bei Anlegung strenger Maßstäbe zum Schutz des Gemeinwohlinteresses erforderlich und geeignet sind. Die Vorsorge beginnt bereits dort, wo tatsächliche Anhaltspunkte für die Möglichkeit des Eintritts eines Unterversorgungstatbestands gegeben sind.

---

576 Im Bereich des Technikrechts wird daher beispielsweise der Exekutive die Konkretisierung unbestimmter Rechtsbegriffe in Zwecksetzungen durch Ermächtigungen zum Erlass von Rechtsverordnungen, Verwaltungsvorschriften oder vereinzelt auch von Satzungen überlassen. Vgl. §§ 7 Abs. 1, 48, 49 Abs. 3 BImSchG, § 6 Abs. 2 DDT-G. Hierdurch erreicht der Gesetzgeber eine Dynamisierung der rechtlichen Anforderungen im technischen Bereich in den Fällen, in denen er die Beachtung des Standes der Technik, des Standes von Wissenschaft und Technik oder der allgemein anerkannten Regeln der Technik einfordert. Vgl. *W. Hoppe/ M. Beckmann*, Umweltrecht, § 5, Rdnr. 5, m. w. Beispielen in den Fn. 7–9.

577 Dies trotz des Zustimmungsvorbehalts des Bundestags, vgl. *Klein*, in: TMR, C, § 17, Rdnr. 17.

578 Diskutiert wird in diesem Zusammenhang, ob den Nutzern als dem im Gesetzestext des § 17 Abs. 1 TKG hervorgehobenem, begünstigtem Personenkreis ein subjektives Recht aus staatlicher Gewährleistung eines Universaldienstes erwächst, vgl. *K. Windthorst*, Universaldienst, S. 296.

(dd) Einbezug auch der Infrastruktur

Zwar erwähnt § 1 TKG nicht ausdrücklich die Sorge für die materielle Infrastruktur, doch setzt das gesetzlich angestrebte Angebot an Dienstleistungen denknotwendig ein Übertragungsnetz voraus.[579] Hierfür spricht auch der einfachgesetzliche Telekommunikationsdienstleistungsbegriff, der nach § 3 Nr. 18 TKG auch das gewerbliche Angebot von Übertragungswegen für Dritte einschließt. Umgesetzt wird diese gesetzliche Zwecksetzung zur Sicherung der Netzinfrastruktur durch die einfachgesetzliche Einräumung günstiger Bedingungen für die privaten Netzanbieter, wie das nach §§ 50 ff. TKG eingeräumte unentgeltliche Recht der Lizenznehmer, alle Verkehrswege für öffentliche Telekommunikationslinien benutzen zu dürfen.[580]

b) Gewährleistungszweck im Kontext verfassungsrechtlicher Vorgaben

(aa) Vorgaben der Art. 87f GG, 143b GG

Konkrete verfassungsrechtliche Aussagen zum Universaldienst im Bereich der Telekommunikation finden sich vornehmlich in Art. 87f Abs. 1, Abs. 2 Satz 1 und in Art. 143b Abs. 1 GG. Während Art. 143b Abs. 1 Satz 1 GG bei isolierter Betrachtung eine besondere Form der Organisationsprivatisierung anordnet, entfällt gleichzeitig über die in Art. 87f Abs. 2 Satz 1 GG angeordnete privatwirtschaftliche Aufgabenerfüllung eine unmittelbare Erfüllungsverantwortung des Staates. Die uneingeschränkt fortbestehende Pflicht des Staates zur Sicherung der besonderen Gemeinwohlbindung der Märkte führt konsequenterweise zur Normierung der Verpflichtung, zumindest einen Universaldienst zu gewährleisten.[581]

Die Verpflichtung nach Art. 87f Abs. 1 GG zur Gewährleistung flächendeckend angemessener und ausreichender Dienstleistungen im Bereich der Telekommunikation ist den dem Bund durch Art. 87f Abs. 2 Satz 2 GG zugewiesenen Hoheitsaufgaben zuzuordnen.[582] Art. 87f Abs. 1 GG begründet somit für den Bereich der Telekommunikationsdienstleistungen eine Gewährleistungspflicht[583] des Staates für ein Mindestniveau, um die aus Gründen des Gemeinwohls unerlässliche Versorgung mit Telekommunikationsdienstleistungen sicherzustellen. Nach dem verfassungsrechtlichen Konzept trifft jedenfalls die in Art. 87f Abs. 2 Satz 1 GG genannten Privatrechtssubjekte die Erfüllungsverantwortung für die Erbringung der Dienstleistungen, den Staat dagegen eine Gewährleistungsverantwortung bezüglich der nach

---

579 Zur gleich gelagerten Situation im Verfassungsrecht vgl. *Fehling*, AöR 121 (1996), 59 (78 f.).

580 Vgl. *G. Hermes*, Staatliche Infrastrukturverantwortung, S. 239.

581 Diese Pflicht verhält sich komplementär-akzessorisch zur Leistungserbringung durch Private, vgl. *K. Windthorst*, Universaldienst, S. 218, 235.

582 Vgl. *Gramlich*, in: NJW 1994, 2785 (2787).

583 Die Begründung des 41. GG-ÄndG-E, BT-Drs. 12/7269, S. 5, spricht in diesem Zusammenhang von einem "staatlichen Handlungsauftrag"; vgl. auch die Stellungnahme des Bundesrates zum 41. GG-ÄndG-E, BT-Drs. 12/7269, S. 7, und die Gegenäußerung der Bundesregierung zur Stellungnahme des Bundesrates, BT-Drs. 12/7269, S. 10. *K. Windthorst* (Universaldienst) qualifiziert Art. 87f Abs. 1 GG als Verfassungsauftrag (S. 330 ff.), Staatszielbestimmung (S. 332 ff.), Gesetzgebungsauftrag (S. 335 ff.) und Einrichtungsgarantie (S. 338 ff.).

Art. 87f Abs. 1 GG garantierten Grundversorgung.[584] Diese Gewährleistungspflicht stellt eine permanente staatliche Aufgabe dar.[585]

Art. 87f Abs. 2 Satz 1 GG legt auch für den Bereich der Telekommunikation fest, dass flächendeckend angemessene und ausreichende Dienstleistungen ausschließlich als privatwirtschaftliche Tätigkeiten der Nachfolgeunternehmen der Deutschen Bundespost und anderer privater Anbieter erbracht werden. Art. 87f GG erlaubt es folglich, effiziente privatwirtschaftliche Strukturen zu etablieren, ohne den Staat aus der Gesamtverantwortung für eine Telekommunikationsgrundversorgung zu entlassen.[586] Die Verantwortung des Staates beschränkt sich hierbei auf eine Einflussnahme auf die Privatwirtschaft, um eine Mindestversorgung von Dienstleistungen auf dem verfassungsrechtlich vorgegebenen Grundversorgungsniveau zu gewährleisten.[587] Die auf den Telekommunikationsmärkten tätigen Wettbewerber sind hierzu von Verfassungs wegen nicht verpflichtet.[588]

(1) Verfassungsrechtliche Merkmale des Universaldienstes

Art. 87f Abs. 1 GG stellt verschiedene verfassungsrechtliche Anforderungen an den im Bereich der Telekommunikation zu gewährleistenden Universaldienst.[589] Gegenstand des Universaldienstes sind nur Dienstleistungen *der* Telekommunikation.[590] Unter den Dienstleistungsbegriff werden allgemein Güter subsumiert, die sich u. a. durch die Wesensmerkmale Immaterialität sowie Gleichzeitigkeit von Produktion und Verbrauch auszeichnen.[591] Der hier relevante Dienstleistungsbegriff des Art. 87f Abs. 1 GG, der dem des Abs. 2 Satz 1 entspricht,[592] umfasst das Bereithalten und Erbringen telekommunikativer Leistungen[593] und umschreibt nur die betrieblich-unternehmerischen, nicht die politisch-hoheitlichen Aufgaben der Telekommunikation.[594].

---

584 Zu den unterschiedlichen Steuerungsmodalitäten vgl. nur *Schuppert*, in: Reform des Allgemeinen Verwaltungsrechts: Grundfragen, S. 65 (71 ff.).

585 Vgl. *Lerche*, in: Festschrift für K. H. Friauf, S. 251 (254).

586 Vgl. *Bötsch*, in: Das Telekommunikationsgesetz 1996, S. 3 (4).

587 Demgegenüber ist es dem Staat verfassungsrechtlich auch verwehrt, den Universaldienst selbst zu erfüllen. Dies ist die konsequente Fortsetzung des umfassenden Verbots staatlicher Telekommunikationsleistungserbringung.

588 Vgl. *K. Windthorst*, Universaldienst, S. 234, 294.

589 Zum verfassungsrechtlich gebotenen Umfang des Universaldienstes vgl. ebd., S. 284 ff.

590 Dagegen nicht solche Dienstleistungen, die *durch* Telekommunikation übermittelt werden. Vgl. zu den Interpretationsansätzen *K. Windthorst*, Universaldienst, S. 242 ff.

591 Vgl. *E. Dichtl/O. Issing* (Hrsg.), Vahlens Großes Wirtschaftslexikon, Bd. 1, S. 398.

592 Zum inhaltlichen Gleichlauf des verfassungsrechtlichen Dienstleistungsbegriffs vgl. nur *K. Windthorst*, Universaldienst, S. 167. Im Gegensatz zu Art. 87 Abs. 1 GG beschränkt sich der Dienstleistungsbegriff des Art. 87f Abs. 2 Satz 1 GG nicht nur auf flächendeckend angemessene und ausreichende Dienstleistungen, sondern umfasst *sämtliche* Dienstleistungen *der* Telekommunikation, jedoch nicht *durch* Telekommunikation übermittelte Dienstleistungen. Letzteres ergibt sich schon aus der Beschränkung des Telekommunikationsbegriffs auf rein technische und damit nicht inhaltliche Aspekte. Vgl. auch *K. Windthorst*, Universaldienst, S. 168 f.

593 Vgl. *Windthorst*, in: *Sachs* (Hrsg.), Grundgesetz, Art. 87f, Rdnr. 11.

594 Nur diese Aufgaben sollen aus dem Bereich der staatlichen Verwaltung ausgeklammert werden, vgl. Stern, DVBl. 1997, 309 (311).

Eine *flächendeckende* Bereitstellung solcher Dienstleistungen setzt den Zugang eines jeden potenziellen Nutzers im räumlichen Anwendungsbereich des Telekommunikationsgesetzes – unabhängig von dessen Geschäfts- oder Wohnort – zu den zum Universaldienst gehörenden Dienstleistungen voraus.[595] Das Merkmal der *Angemessenheit* der Dienstleitungen bestimmt deren Qualität im Hinblick auf technische Standards, die Art und Weise der Erbringung und das preisliche Verhältnis von Leistung und Gegenleistung bzw. die Erschwinglichkeit der Dienstleistung für die Benutzer.[596] Dagegen gewährleistet das Merkmal "*ausreichend*" die Bereitstellung von Dienstleistungen in ausreichenden Mengen, zielt somit auf die Quantität der Dienstleistungen.[597] Die möglichen sich aus den gleichrangigen, erst gemeinsam den verfassungsrechtlichen Universaldienstbegriff formenden Merkmalen ergebenden Zielkonflikte, sind vom Telekommunikationsgesetz im Wege der praktischen Konkordanz unter Beachtung des Grundsatzes der Verhältnismäßigkeit zu lösen.[598] Gleichfalls ist es Aufgabe des einfachen Gesetzes, das Mindestversorgungsniveau zu konkretisieren und die in den Universaldienstekorb aufzunehmenden Dienstleistungen zu bestimmen.[599]

(2) Verfassungsrechtlich zu sicherndes Versorgungsniveau

Die nach Art. 87f Abs. 1 GG vom Bund zu gewährleistende Grundversorgung[600] ist als Mindestversorgung, d. h. als *jedenfalls* zu sichernde Versorgung zu verstehen.[601] Der Gewährleistungsauftrag soll sich nach dem Willen des verfassungsändernden Gesetzgebers nicht auf den "Aufbau einer optimalen Infrastruktur",[602] sondern vielmehr auf die Gewährleistung einer flächendeckenden Grundversorgung durch Sicherung der aus der Sicht der Nutzer angemessenen und ausreichenden Dienstleistungen beziehen.[603] Insoweit liegt auch dem deutschen Telekommunikationsrecht ein dynamisches Universaldienstkonzept zugrunde, das wegen der Notwendigkeit zur Anpassung an die technologischen, ökonomischen und gesellschaftlichen Bedingungen entwicklungsoffen angelegt ist.[604] Die Konkretisierung des verfassungsrechtlich gebotenen Versorgungsniveaus und die Entscheidung, welche Dienstleistungen in den Universaldienstekorb aufzunehmen sind, verweist daher Art. 87f Abs. 1 GG ebenfalls auf die Ebene des einfachen Gesetzes.[605] Die verfassungsrechtlich vorgeschriebene mindestens erforderliche Versorgungsuntergrenze darf dabei durch das Telekommunikationsgesetz überschritten, aber nicht unterschritten werden.[606]

---

595 Vgl. *K. Windthorst*, Universaldienst, S. 248. Eine *flächengleiche* Versorgung, d. h. eine Versorgung mit einem an jedem Ort annähernd gleichen Versorgungsgrad, wird aber nicht verfassungsrechtlich garantiert. Zum Streit im Gesetzgebungsverfahren vgl. ebd., S. 249 ff.

596 Vgl. ebd., S. 253.

597 Vgl. ebd., S. 253.

598 Dies folgt aus auch aus dem Maßgabevorbehalt des Art. 87f Abs. 1 GG, vgl. ebd., S. 254.

599 Vgl. ebd., S. 261.

600 Die Begründung zum 41. ÄndG-E, BT-Drs. 12/7269, S. 5, betonte in diesem Zusammenhang, dass diese "Grundversorgung" nicht auf den Ausbau einer optimalen Infrastruktur gerichtet sei.

601 Vgl. *K. Windthorst*, Universaldienst, S. 257.

602 Vgl. *Lerche*, in: Festschrift für K. H. Friauf, S. 251 (254).

603 Vgl. die Begründung des 41. GG-ÄndG-E, BT-Drs. 12/7269, S. 5. Kritisch hierzu *Herdegen*, in: Beck'scher PostG Komm., Verfassungsrechtliche Grundlagen, S. 67.

604 Vgl. *K. Windthorst*, Universaldienst, S. 259.

605 Vgl. ebd., S. 261. Zu den Kriterien der Zuordnungsentscheidung vgl. ebd., S. 262 ff.

606 Vgl. ebd., S. 258.

(3) Umfang der Gewährleistungspflicht – Verhältnis von Infrastrukturauftrag und Privatisierung

Die Aufgabe der Sicherung einer flächendeckend angemessenen und ausreichenden Versorgung der Nutzer mit Telekommunikationsdienstleistungen umfasst folgende drei Bereiche: Zum einen geht es um die Sicherstellung eines Mindeststandards der Versorgung für die Nutzer mit allgemein für wichtig gehaltenen Telekommunikationsdienstleistungen.[607] Zum Zweiten zählt hierzu, was inzwischen allgemein mit "Daseinsvorsorge" umschrieben wird.[608] Zuletzt gehört hierzu aber auch die Sorge für eine angemessene Infrastruktur im weitesten Sinne, für eine fortschrittliche Gestaltung der menschlichen Lebensumstände mit Blickrichtung auf die Zukunft.[609]

Die Gewährleistungspflicht des Staates beschränkt sich dabei nicht allein auf die Beseitigung einer sich konkret abzeichnenden Gefahr einer Unterversorgung durch konkrete Regulierungsmaßnahmen, sondern umfasst bereits die Pflicht zur Schaffung effizienter Rahmenbedingungen, die darauf angelegt sind, einer Unterschreitung des Versorgungsniveaus vorzubeugen.[610] Dies gründet sich auf die gleichzeitige Entscheidung der Verfassung für eine privatwirtschaftliche Leistungserbringung. Zusammenfassen lässt sich dieses Verhältnis durch die Formel "Universaldienst durch Wettbewerb".[611] Denknotwendig muss der verfassungsrechtliche Rahmen eine flexible Ausgestaltung des hierdurch eröffneten Regulierungsbereichs zulassen, der staatliche Einflussnahme verschiedenster Intensität erlaubt. Art. 87f Abs. 2 Satz 1 GG öffnet zwar den Bereich der Telekommunikation für die Privatwirtschaft, befreit aber diesen Sektor wegen dessen Gemeinwohlbindung nicht von jeglicher staatlichen Einwirkung. Die staatliche Einflussnahme hat sich aber zum einem innerhalb der verfassungsrechtlich zulässigen Grundrechtsbeschränkungen zu bewegen, zum anderen muss sie einen angemessenen Ausgleich zwischen der Pflicht zur Gewährleistung eines Universaldienstes und dem Privatisierungsgebot herstellen.[612] Der Verfassungsgeber ging zwar davon aus, dass das erforderliche Universaldienstniveau bei gleichzeitiger Marktöffnung regelmäßig durch und im Wettbewerb erreicht wird.[613] Auf eine bewusste verfassungsrechtliche Verankerung des Leitbilds Wettbewerb wurde aber verzichtet. Dies hat allein die einfachgesetzliche Ausgestaltung durch das Telekommunikationsgesetz übernommen. Die Intensität der Regulierung hängt somit maßgeblich vom Erfolg des Wettbewerbs ab, einen Universaldienst bereitzustellen.[614] Mit anderen Worten beschränken die Grenzen des Infrastrukturauftrags zugleich den regulativen Eingriff in die privatwirtschaftliche Leistungserbringung nach Art. 87f Abs. 2 Satz 1 GG und in die Grundrechtspositionen der Telekommunikationsunternehmen – einschließlich der DT AG.[615]

---

607 Vgl. *H. P. Bull*, Die Staatsaufgaben nach dem Grundgesetz, S. 280.

608 Unschädlich ist dabei, wenn die Wahrnehmung der Daseinsvorsorge im privaten Gesellschaftsbereich erfolgt, vgl. *Scholz/Aulehner*, Archiv PT1993, 103 (131). Zum Verhältnis von Daseinsvorsorge und Universaldienstgewährleistung vgl. *K. Windthorst*, Universaldienst, S. 237 ff.

609 Vgl. *Osterloh*, VVDStRL 54 (1995), 204 (208), m. w. N.

610 Vgl. *Gramlich*, Archiv PT 1995, 189 (189). A.A. *K. Windthorst*, Universaldienst, S. 290, der eine verfassungsrechtliche Pflicht zur Schaffung normativer Vorkehrungen, die einen Wettbewerb fördern und absichern, sieht.

611 Vgl. den Diskussionsbeitrag von *Lammich*, BT-PT-Ausschuss-Prot. 54/94, S. 121.

612 Vgl. *K. Windthorst*, Universaldienst, S. 293.

613 Vgl. den Bericht des Abgeordneten *Müller* u. a., BT-Drs. 12/8060, S. 176.

614 Vgl. *Fehling*, AöR 121 (1996), 59 (81 f.); *K. Windthorst*, Universaldienst, S. 239, 235.

615 So für den Postbereich *Stern*, DVBl. 1997, 309 (310).

(bb) Sonstige Vorgaben des Verfassungsrechts

Art. 87f Abs. 1 GG stellt keine abschließende, andere Verfassungsgrundsätze und -ziele verdrängende Spezialregelung für den Bereich der Telekommunikation dar. Im Gesetzgebungsverfahren wurde beispielsweise ausdrücklich betont, dass Art. 87f Abs. 1 GG gegenüber anderen Ausprägungen des Sozialstaatsgebots nicht unangemessen hervortreten soll.[616] So verpflichtet beispielsweise das Grundgesetz, wie aus Art. 72 Abs. 2, 91a Abs. 1 Nr. 2 und 104a Abs. 4 GG ersichtlich, die Einheitlichkeit der Lebensverhältnisse zu wahren.

(1) Verfassungsrechtlich verankerte Verantwortung für das Gemeinwohl

Die in Art. 87f Abs. 1 GG verankerte Garantie des Bundes für einen Universaldienst stellt einen sektorspezifischen Ausfluss der allgemeinen Verantwortung des Staates für das Gemeinwohl[617] dar, das eine allgemeine verfassungsrechtliche Verankerung im Sozialstaatsprinzip (Art. 21 Abs. 1, 28 Abs. Satz 1 GG) gefunden hat.[618] Das Sozialstaatsgebot findet insoweit neben Art. 87f Abs. 1 GG ergänzende Anwendung.[619] Auch der Gesetzgeber leitete aus dem Sozialstaatsprinzip und der öffentlichen Daseinsvorsorge die Notwendigkeit einer flächendeckenden Grundversorgung und der Erfüllung von Universaldienstleistungsverpflichtungen ab.[620] Die Erkenntnis der überragenden Bedeutung von Information und Kommunikation nicht nur für den Einzelnen, sondern für die Gemeinschaft rechtfertigt die ausdrückliche Sicherung eines bestimmten Versorgungsniveaus im Bereich der Telekommunikation als einen im besonderen öffentlichen Interesse liegenden übergeordneten Belang mit Verfassungsrang.[621] Allgemeine verfassungsrechtliche Aussagen zum Gemeinwohl lassen sich aus den Verfassungsstrukturprinzipien und den Grundrechten ableiten.[622]

(2) Verfassungsrechtlicher Auftrag zur Wachstums- und Wohlstandsvorsorge

Aus dem Sozialstaatsprinzip des Grundgesetzes lässt sich zusätzlich ein Auftrag zur staatlichen Wachstums- bzw. Wohlstandsvorsorge ableiten.[623] Die Aufgabe, den Wohlstand der Bürger zu fördern und die rechtlichen Rahmenbedingungen entsprechend zu gestalten, bedeutet gleichwohl keine Verpflichtung des Staates zur Steigerung des Wohlstands um jeden Preis. Die Wohlstandsvorsorge findet schließlich auch ihre Grenzen in der Verletzung grundrechtlich geschützter Interessen Dritter. Zwar ist der Umfang der Wohlstandsförderung verfas-

---

[616] Vgl. die Begründung des 41. GG-ÄndG-E, BT-Drs. 12/7269, S. 5.

[617] Als das Gemeinwohl lässt sich das allgemeine, konkreter Staatlichkeit vorgelagerte und zugrunde liegende Leitbild des guten Zustands des Gemeinwesens beschreiben. Vgl. *Isensee*, in: HbStR III, S. 3 (4 ff., 10 ff.).

[618] Vgl. *Fehling*, AöR 121 (1996), 59 (78), m. w. N. Nach der Begründung des Gesetzentwurfs der Bundesregierung zur Änderung des Grundgesetzes handelt es sich bei Art 87f GG um eine Ausprägung des Sozialstaatsprinzips, vgl. BT-Drs. 12/7269, S. 5.

[619] Zur Wechselwirkung von Sozialstaatsprinzip und Art. 87f Abs. 1 GG vgl. *K. Windthorst*, Universaldienst, S. 240.

[620] Vgl. die Begründung zum TKG-E, BT-Drs. 13/4438, S. 4, i. V. m. BT-Drs. 13/3609, S. 38 ("Zu § 8 [Lizenzerteilung], Zu Abs. 3").

[621] Hierfür spricht auch der Schutz der Kommunikationsgrundrechte, wie die Meinungs- und Informationsfreiheit nach Art. 5 Abs. 1 GG.

[622] Vgl. *Isensee*, in: HbStR III, S. 3 (4 ff., 10 ff.).

[623] Vgl. *Nicoleisen*, Wohlstandsvorsorge, in: Festschrift für Hans Peter Ipsen, S. 485 (493 f.).

sungsrechtlich nicht vorgeschrieben, insbesondere auf dem hier relevanten Gebiet der Daseinsvorsorge darf sie aber ein gewisses Niveau nicht unterschreiten. Letztlich obliegt es dem Staat, ein Mindestniveau festzulegen und dieses durch wirtschafts- und sozialpolitische Maßnahmen zu sichern. Auch wenn sich aus dem weit gefassten Prinzip der Wohlstandsvorsorge keine konkrete verfassungsrechtliche Handlungsanweisung herleiten lässt, eine bestimmte Wirtschaftslage, die sich als Wohlstand definieren ließe und an der der Einzelne reflexhaft teilnehmen könnte, durchzusetzen,[624] so ist der Staat zumindest aufgrund der überragenden Bedeutung des Telekommunikationssektors für die Wohlstandsvorsorge zur Sicherstellung einer Grundversorgung verpflichtet.

c) Gewährleistungszweck im Kontext der europäischen Vorgaben

Die Gewährleistung eines Universaldienstes im Bereich der Telekommunikation hat ebenfalls in zahlreichen europäischen Vorgaben eine Verankerung gefunden.[625] Das ordnungspolitische Vorgehen der Gemeinschaft beim Universaldienst wird aber durch das Subsidiaritätsprinzip deutlich begrenzt[626] und ist bislang für die Mitgliedstaaten nicht unmittelbar verbindlich.[627] Im Wege einer gemeinschaftsrechtsorientierten Verfassungsauslegung können sie jedenfalls ergänzend berücksichtigt werden.[628] Im Hinblick auf das gemeinschaftliche Primärrecht sei an dieser Stelle auf die Verpflichtung der Gemeinschaft nach Art. 153 EGV verwiesen, einen Beitrag zur Erreichung eines hohen Verbraucherschutzniveaus zu leisten, insbesondere die Rechte der Verbraucher auf Information zu fördern. Hierzu zählt auch die Entwicklung einer Definition des Universaldienstes,[629] der von der Kommission als ein Grundpfeiler der Informationsgesellschaft behandelt wird.[630] Unter anderem wurde Universaldienst definiert als ein festgelegtes Mindestangebot an Diensten von bestimmter Qualität, das allen Nutzern, unabhängig von ihrem Standort und, gemessen an den landesspezifischen Bedingungen, zu einem erschwinglichen Preis zur Verfügung steht.[631] Auf eine umfassendere Definition des Univer-

---

[624] Ebd., (499).

[625] Zu den gemeinschaftsrechtlichen Vorgaben vgl. weiterführend *K. Windthorst*, Universaldienst, S. 143 ff. Hier sei nur auf die Entschließung des Rates vom 07.02.1994 über die Grundsätze für den Universaldienst im Bereich der Telekommunikation (ABl. EG Nr. C 48 v. 16.02.1994, S. 1) und die Entschließung des Rates vom 18.09.1996 zur Entwicklung des künftigen und ordnungspolitischen Rahmens für die Telekommunikation (ABl. EG Nr. C 285 v. 03.10.1995, S. 1) sowie die Mitteilung der Kommission zum Universaldienst vom 13.03.1996, BR-Drs. 278/96, S. 4 ff., 9 ff. hingewiesen. Vgl. auch Art. 2 Abs. 2 des Vorschlags der Kommission vom 12.04.1996 für einen Beschluss des Rates über die Definition und Durchführung der gemeinschaftlichen Telekommunikations- und Postpolitik (ABl. EG Nr. C 192 v. 03.07.1996). Vgl. zuletzt auch die Sprachtelefondienstrichtlinie (98/10/EG).

[626] Vgl. Mitteilung der Kommission der Europäischen Gemeinschaften an den Rat, das Europäische Parlament, den Wirtschafts- und Sozialausschuss und den Ausschuss der Regionen: "Der Universaldienst in der Telekommunikation im Hinblick auf ein vollständig liberalisiertes Umfeld – ein Grundpfeiler der Informationsgesellschaft", BR-Drs. 278/96, S. 19.

[627] Vgl. *K. Windthorst*, Universaldienst, S. 222; ***Oppermann***, Europarecht, Rdnrn. 479 ff., m. w. N.

[628] *K. Windthorst*, Universaldienst, S. 222.

[629] Vgl. Mitteilung der Kommission der Europäischen Gemeinschaften an den Rat, das Europäische Parlament, den Wirtschafts- und Sozialausschuss und den Ausschuss der Regionen: "Der Universaldienst in der Telekommunikation im Hinblick auf ein vollständig liberalisiertes Umfeld – ein Grundpfeiler der Informationsgesellschaft", BR-Drs. 278/96, S. 19.

[630] Vgl. ebd., S. 23.

[631] Vgl. Art. 2 Abs. 2 lit. f) der Sprachtelefondienstrichtlinie (98/10/EG). Zu den verschiedenen vorangegangenen Definitionen des Gemeinschaftsrechts vgl. die Nachweise bei *K. Windthorst*, Universaldienst, S. 146, Fn. 233.

saldienstes wurde dagegen wegen der grundsätzlichen Befürchtung der Kommission, dass eine zu weite Definition den Wettbewerb hemmen würde, da neue Wettbewerber bei immer umfangreicheren Universaldienstverpflichtungen wegen der damit verbundenen steigenden Kosten vom Markteintritt abgehalten werden könnten, verzichtet.[632] Die von der Europäischen Union angestrebte offene, diskriminierungsfreie Wettbewerbssituation auf den Telekommunikationsmärkten beschränkt dementsprechend das Niveau des Universaldienstes auf das jeweilige Potenzial der freien Marktkräfte, die von der Kommission als die Hauptantriebskräfte für bessere Dienste, niedrigere Preise und verstärkte Innovationen angesehen wurden.[633] Folgerichtig ist auch das Universaldienstkonzept der Europäischen Union dynamisch angelegt, was der technologische Fortschritt, die sich ändernden Marktentwicklungen und der sich ändernde Nutzerbedarf erforderlich machen.[634]

Über das von der Europäischen Union vorgegebene gemeinschaftsweite Niveau einer Minimalversorgung der Bevölkerung hinaus bleibt es den Mitgliedstaaten unbenommen, zusätzliche Universaldienstleistungen entsprechend der nationalen Definitionen festzulegen.[635] Nach der europäischen Konzeption soll der Universaldienst gewährleisten, dass wirtschaftliche und soziale Ziele einander ergänzen und dass das Gleichgewicht zwischen Liberalisierung und der notwendigen Beibehaltung von Basisdiensten zu erschwinglichen Preisen für alle Kunden gewahrt wird.[636] Das gemeinschaftliche – wie oben gezeigt, auch das deutsche - Konzept gründet sich demzufolge auf die Annahme, dass die Bevölkerung grundsätzlich durch und im Wettbewerb ausreichend und angemessen mit Telekommunikationsdiensten versorgt wird.

3. Festlegung einer Frequenzordnung

An letzter Stelle der gesetzlichen Zwecksetzung führt § 1 TKG die Festlegung einer Frequenzordnung auf. Die Begründung zum Gesetzentwurf der Bundesregierung rechtfertigt die ausdrückliche Aufnahme der letzten Zwecksetzung mit dem Hinweis darauf, dass die Gestaltung der Frequenzordnung über den Bereich der Regulierung hinaus von Bedeutung sei.[637] Insbesondere ist dies eine Anspielung auf die Sondersituation des Rundfunks (vgl. § 47 Abs. 3 TKG). Betroffen sind von der Frequenzordnung aber auch Frequenzen, die für militärische Zwecke genutzt werden (vgl. §§ 44 Abs. 3, 47 Abs. 2 TKG).

---

[632] Vgl. Mitteilung der Kommission der Europäischen Gemeinschaften an den Rat, das Europäische Parlament, den Wirtschafts- und Sozialausschuss und den Ausschuss der Regionen: "Der Universaldienst in der Telekommunikation im Hinblick auf ein vollständig liberalisiertes Umfeld – ein Grundpfeiler der Informationsgesellschaft", BR-Drs. 278/96, S. 8.

[633] Vgl. ebd.

[634] Vgl. Europäische Kommission, Kommunikationsbericht 1999, KOM (1999) 539 (nicht offizielle Version), S. 45, m. w. N. Vgl. auch Nr. 1 der Erwägungen der Sprachtelefondienstrichtlinie (98/10/EG). Zu den einzelnen Komponenten des gemeinschaftlichen Universaldienstes vgl. *K. Windthorst*, Universaldienst, S. 151.

[635] Vgl. die Stellungnahme des Bundesrates im Beschluss vom 05.07.1996, BR-Drs. 278/96 (Beschluss).

[636] Mitteilung der Kommission der Europäischen Gemeinschaften an den Rat, das Europäische Parlament, den Wirtschafts- und Sozialausschuss und den Ausschuss der Regionen: "Der Universaldienst in der Telekommunikation im Hinblick auf ein vollständig liberalisiertes Umfeld – ein Grundpfeiler der Informationsgesellschaft", KOM (96), 73 endg. vom 13.03.1996, BR-Drs. 278/96, S. 2.

[637] Vgl. die Begründung zum TKG-E, BT-Drs. 13/4438, S. 4, i. V. m. BT-Drs. 13/3609, S. 36 ("Zu § 1 [Zweck des Gesetzes]").

Die Frequenz gibt die Anzahl der Schwingungen eines periodischen physikalischen Vorgangs (elektrisch, magnetisch, mechanisch etc.) je Sekunde an. Die hierfür verwendete Einheit ist Hertz (Hz). Im Funkverkehr kennzeichnet die Frequenz die Anzahl der Schwingungen pro Sekunde einer elektromagnetischen Welle, die von einem Sender zum Zwecke der Informationsübertragung ausgestrahlt wird, sich durch den Raum ausbreitet und von einem oder mehreren Empfängern aufgenommen wird.[638] Der für eine bestimmte Funkfrequenznutzung benötigte Frequenzbereich – beispielsweise für den digitalen GSM-Mobilfunkdienst der 900 MHz-Bereich – stellt dabei einen Ausschnitt aus dem Frequenzspektrum, d. h. aus der Gesamtheit aller Frequenzen, dar.[639] Die Größe dieses Ausschnitts, d. h. die Hertzzahl, hängt von den aktuellen technischen Bedingungen der jeweiligen Frequenznutzungsart ab.[640] Die Qualität des Nachrichtenempfangs ist abhängig von der Sendeantennenkonfiguration, der Signalstärke, die wiederum u. a. von der Entfernung zwischen Sender und Empfänger abhängt sowie von der Abwesenheit von Interferenzen.[641] Interferenzen können entstehen durch die Verwendung gleicher Frequenzen oder wenn die Mittenfrequenzen zweier Sender zu nahe beieinander liegen.[642] Daher sind bestimmte Störabstände zu Nachbarfrequenzen einzuhalten.[643]

Folgende physikalische Eigenschaften zeichnen Funkfrequenzen aus: Das nutzbare Frequenzspektrum ist begrenzt, und eine Frequenz kann am gleichen Ort zur gleichen Zeit nur durch einen Bedarfsträger störungsfrei genutzt werden (spektrale, regionale und temporale Nutzungsrivalität[644]). Anders als andere Konsumgüter stehen Frequenzen ohne jeden Aufwand an Produktionsfaktoren sofort nutzungsfähig bereit.[645] Auch findet durch eine Frequenznutzung keine Reduzierung zukünftiger Nutzungsmöglichkeiten derselben Frequenz statt.[646] Frequenzen stellen in diesem Sinne eine *unerschöpfliche* Ressource dar. Dagegen sind sie – wie zuvor beschrieben – zumindest potenziell ein *knappes* Gut, soweit es innerhalb des technisch beherrschbaren Spektrums um die Nutzung von Frequenzen für funktechnische Anwendungen geht,[647] da sie nicht vermehrbar sind. Technische Entwicklungen und Änderungen der Bedarfsstruktur erfordern ständige Verschiebungen und Anpassungen in den einzelnen Frequenzbereichen.

a) Inhalt und Umfang der Verpflichtung zur Festlegung einer Frequenzordnung

Die Regelungen der §§ 44 bis 49 TKG beziehen sich nach der Überschrift des siebten Teils auf die Frequenzordnung. § 44 Abs. 1 TKG fasst den Regelungsumfang des siebten Teils schlagwortartig zusammen: Frequenzbereichszuweisung (§ 45), Frequenznutzungsplan (§ 46),

---

638 Vgl. Gutachten, Frequenzregulierung in der Bundesrepublik Deutschland, der "Gutachtenkommission für Grundsatzfragen der Frequenzregulierung im zivilen Fernmeldewesen", S. 10.

639 Zu den technisch nutzbaren Teilbereichen des Spektrums vgl. *Korehnke/Grotelüschen*, in: Beck'scher TKG Komm., Vor § 44, Rdnrn. 15 ff.

640 Vgl. *Kruse*, in: Kommunikation ohne Monopole II, S. 449 (452).

641 Vgl. ebd.

642 Vgl. ebd.

643 Vgl. ebd.

644 Vgl. *J. Scherer*, Frequenzverwaltung zwischen Bund und Ländern, S. 10.

645 Vgl. *Kruse*, in: Kommunikation ohne Monopole II, S. 449 (462).

646 Vgl. ebd.

647 Vgl. die Begründung zum TKG-E, BT-Drs. 13/4438, S. 4, i. V. m. BT-Drs. 13/3609, S. 35 ("7. Frequenzordnung").

Frequenzzuteilung (§ 47)[648] und Überwachung der Frequenzen (§ 49). In dem nach § 45 TKG zu erlassenden Frequenzbereichszuweisungsplan wird die Art der Benutzung einzelner Frequenzspektren durch Zuweisung zu den einzelnen Funkdiensten festgelegt, vgl. § 45 Abs. 2 TKG.[649] Auf der Grundlage der Frequenzbereichszuweisung wird gemäß § 46 TKG der detailliertere Frequenznutzungsplan erstellt, der insbesondere die Funkverträglichkeit und die technische Entwicklung berücksichtigen soll.[650]

Nach der Systematik des Gesetzes zählen zur *Festlegung* einer Frequenzordnung nach § 1 TKG nur die Regelungen zur Frequenzbereichszuweisung, zum Erstellen des Frequenznutzungsplans und zur Festlegung der Frequenzgebühren und Beiträge.[651] Dagegen umfasst die *Regulierung* der Frequenzordnung die Frequenzzuteilung und die Überwachung der Frequenznutzung.[652] Dies ergibt sich aus der Formulierung des § 49 TKG, wonach zur Sicherstellung der Frequenzordnung die Frequenznutzung zu überwachen ist. Auch unterscheiden die einleitenden Vorschriften ausdrücklich zwischen der Festlegung einer Frequenzordnung (§ 1 TKG) und der Regulierung der Frequenzordnung (§ 2 Abs. 1 TKG).

(aa) Notwendigkeit zur Festlegung einer Frequenzordnung

Die Festlegung einer Frequenzordnung lässt sich mit der Notwendigkeit der Zuverlässigkeit von Funkverbindungen, mit einer anwendungsgerechten Nutzung des Spektrums und mit dem Schutz von Mensch und Natur begründen.[653] Besonderes Augenmerk ist aus volkswirtschaftlicher Sicht auf einen zweckmäßigen Umgang mit dem knappen Gut Frequenzen zu legen.[654] Wirtschaftlich betrachtet werden durch die Festlegung einer Frequenzordnung Verfügungsrechte für ein öffentliches Gut definiert.[655] Frequenzen haben dabei einen hohen ökonomischen Wert.[656] Der Wert einer Frequenz wird bestimmt durch den volkswirtschaftlichen Wert der Frequenznutzung, durch den Wert der Frequenz für den einzelnen Nutzer sowie durch Substitutions- und Konkurrenzeffekte zwischen den Nutzungen innerhalb eines Funkdienstes/unterschiedlicher Funkdienste/des Funkdienstes und der Nutzung drahtgebundener Diensteangebote.[657]

---

648 Eingehend zur Frequenzzuteilung *Schuster/Müller*, MMR 2000, 26 ff.

649 Zum Inhalt des Frequenzbereichszuweisungsplans vgl. *Demmel*, in: TMR, C, § 45, Rdnrn. 10 ff.

650 Vgl. ebd., § 44, Rdnr. 16, § 45, Rdnrn. 3 ff.

651 Zu dem von der Regulierungsbehörde entwickelten Phasenmodell zur lang-, mittel- und kurzfristigen Frequenzplanung vgl. ebd., § 44, Rdnrn. 12 ff.

652 Vgl. die ähnliche Differenzierung bez. der Nummerierung ebd., § 43, Rdnr. 5.

653 Vgl. hierzu *Korehnke/Grotelüschen*, in: Beck'scher TKG Komm., Vor § 44, Rdnrn. 25 ff. Zu den gesundheitlichen Risiken vgl. auch *Demmel*, in: TMR, C, § 44, Rdnr. 3.

654 Das Gesetz verzichtet in § 48 darauf, der Regulierungsbehörde im Fall knapper Ressourcen – zusätzlich zur Erhebung einer die Verwaltungskosten deckenden Gebühr – die Erhebung einer weiteren Gebühr für die Erteilung einer Einzelgenehmigung i. S. d. Art. 7 Abs. 1 lit. a) der ONP-Lizenzrichtlinie zu gestatten, obwohl diese Möglichkeit von Art. 11 der Richtlinie vorgesehen ist. Zur Wirkung von Knappheitspreisen auf die Preise von Telekommunikationsdienstleistungen vgl. Gutachten, Frequenzregulierung in der Bundesrepublik Deutschland, der "Gutachtenkommission für Grundsatzfragen der Frequenzregulierung im zivilen Fernmeldewesen", S. 91 f.

655 Vgl. *Engel*, MMR-Beilage 3/1999, 7 (7).

656 Vgl. Gutachten, Frequenzregulierung in der Bundesrepublik Deutschland, der "Gutachtenkommission für Grundsatzfragen der Frequenzregulierung im zivilen Fernmeldewesen", S. 11.

657 Vgl. ebd., Anhang 2, S. 1.

(bb) Festlegung einer Frequenzordnung im Kontext verfassungsrechtlicher Vorgaben

Die Festlegung einer Frequenzordnung und die Frequenzregulierung sind Teil der Telekommunikation. Die Gesetzgebung auf diesem Gebiet fällt in die ausschließliche Kompetenz des Bundes (Art. 73 Nr. 7 GG), die Ausführung der Gesetze gehört zu den dem Bund zustehenden Verwaltungsbefugnissen (Art. 87f Abs. 2 Satz 2 GG).[658] Dementsprechend betrifft die Frequenzordnung ausschließlich technische, nicht inhaltliche Vorgaben.[659]

(cc) Sondersituation des Rundfunks

Insbesondere die Frequenzbereichszuweisung, das Erstellen des Frequenznutzungsplanes und die Frequenzzuteilung haben Bedeutung auch außerhalb der Telekommunikation.[660] Insbesondere die Rundfunkanstalten und Rundfunkunternehmen sind auf das Recht zur Benutzung von Frequenzen angewiesen. Zudem berührt die Frequenzordnung insofern den Bereich des Rundfunks, als sich die Verteilung der knappen Frequenzen unmittelbar auf die von Art. 5 Abs. 1 Satz 2 GG gewährleistete Meinungsvielfalt auswirkt.[661] Im ersten Fernsehurteil äußerte sich das Bundesverfassungsgericht zur Frequenzproblematik im Verhältnis von Rundfunk zu Telekommunikation (Fernmeldewesen) wie folgt: "Der Rundfunk (...) bedient sich zur drahtlosen Übermittlung des Programms elektrischer Wellen, die durch Sender ausgestrahlt werden."[662] Die Rundfunksender sind damit Fernmeldeanlagen (§ 1 FAG a. F.).[663] Sie gehören zum Fernmeldewesen und unterliegen damit der ausschließlichen Gesetzgebung des Bundes (Art. 73 Nr. 7 GG). Der Bereitstellung von Frequenzen kommt wie den technischen Einrichtungen – sieht man den Rundfunk als Ganzes – eine dienende Funktion zu.[664] In Abgrenzung von der Materie Rundfunkrecht hat das Bundesverfassungsgericht im gleichen Urteil die ordnende und regulative Aufgabe der Fernmeldeverwaltung wie folgt umrissen: "Den Sendern müssen bestimmte Wellenbereiche zugeteilt werden, die auf die Frequenzen anderer Sender abgestimmt sind. Um Überschneidungen und Störungen zu vermeiden, müssen Standort und Sendeleistung der Sender nach funktechnischen Gesichtspunkten festgelegt werden. Die Einhaltung der Frequenzen und Sendestärken muss überwacht werden. Es muss Vorsorge getroffen werden, dass Ausstrahlung und Empfang der Sendungen nicht durch andere Fernmeldeanlagen und elektrische Einrichtungen gestört werden und dass sie nicht ihrerseits den allgemeinen Funkverkehr stören."[665] Dabei ist die Bereitstellung der Frequenzen Sache des Bundes, während die Entscheidung, welchem Rundfunkanbieter für welche rundfunkmäßige Nutzung

---

[658] Umfassend zur Organisation der Frequenzverwaltung auf nationaler Ebene und den verfassungsrechtlichen Vorgaben vgl. *J. Scherer*, Frequenzverwaltung zwischen Bund und Ländern, S. 15 ff.

[659] Vgl. *Demmel*, in: TMR, C, § 44, Rdnr. 10.

[660] Vgl. die Begründung zum TKG-E, BT-Drs. 13/4438, S. 4, i. V. m. BT-Drs. 13/3609, S. 35 ("7. Frequenzordnung").

[661] Umfassend zu den grundrechtlichen Maßstäben der Frequenzverwaltung vgl. *J. Scherer*, Frequenzverwaltung zwischen Bund und Ländern, S. 48 ff. Zum Einfluss der Frequenzplanung auf den Rundfunk vgl. auch *V. Nowosadtko*, Frequenzplanungsrecht, S. 129 ff.

[662] BVerfG, Urt. 28.02.1961, E 12, 205 (226).

[663] Ebd.

[664] Ebd., (227).

[665] Ebd.

Frequenzen (Senderechte) zuzuteilen sind, in die Zuständigkeit der Länder fällt, vgl. § 47 Abs. 3 TKG.[666]

b) Festlegung einer Frequenzordnung im Kontext supranationaler Vorgaben

International wird die Regulierung und Optimierung der Frequenznutzung durch die IFU wahrgenommen.[667] Wesentliche Regelungen der ITU zur Frequenznutzung sind die anlässlich internationaler Funkkonferenzen für spezifische Funkanwendungen geschlossenen Verträge oder Ergänzungen zum weltweiten Frequenznutzungsplan der IFU (Vollzugsanordnung für den Funkdienst).[668] Insbesondere Letztere beschränkt aus übergeordneten Interessen den Gestaltungsraum der nationalen Frequenzpolitik.[669] Der nach § 45 TKG zu erlassende Frequenzbereichszuweisungsplan dient insoweit der Umsetzung der supranationalen Vorgaben in das nationale Recht.[670]

Die Europäische Frequenzregulierung der CEPT[671] bezieht sich hauptsächlich auf die Harmonisierung der europäischen Frequenznutzungskonzepte,[672] die Koordination der Unterbringung neuer moderner Funkanwendungen in das Frequenzspektrum und die Koordination der europäischen Interessen auf den Funkkonferenzen der IFU.[673] Zusätzlich bestehen gemeinschaftsrechtliche Rahmenbedingungen für die Frequenzverwaltung. Soweit die Festlegung der Frequenzordnung dem Angebot von Telekommunikationsdienstleistungen dient, sind die darauf gerichteten Entscheidungen der Regulierungsbehörde von Einfluss auf die Freiheit des Dienstleistungsverkehrs (Art. 49 EGV) und auf die Entwicklung und Funktionsweise des Binnenmarktes (Art. 3 Abs. 1 lit. c), g) i. V. m. Art. 14 EGV).[674] Für den hier interessierenden Bereich der Frequenzverwaltung handelt es sich im Bereich des Sekundärrechts hauptsächlich um Richtlinien zur Koordinierung der Frequenznutzungen und Regelungen über die Art und Weise und das Verfahren der – in nationaler Zuständigkeit liegenden – Frequenzzuteilung und Frequenzaufsicht im Einzelfall.[675] Die europäischen Maßnahmen zur Harmonisierung finden neben den Regulierungszielen des § 2 Abs. 2 TKG Berücksichtigung bei der Erstellung des Frequenznutzungsplans, § 46 TKG.

---

[666] Vgl. auch Gutachten, Frequenzregulierung in der Bundesrepublik Deutschland, der "Gutachtenkommission für Grundsatzfragen der Frequenzregulierung im zivilen Fernmeldewesen", S. 66, m. w. N.

[667] Vgl. hierzu oben Kap. B.I.3.b)(aa). Zur Notwendigkeit internationaler Regelungen vgl. auch *Korehnke/Grotelüschen*, in: Beck'scher TKG Komm., vor § 44, Rdnr. 35. Zur weltweiten Frequenzplanung vgl. auch *Demmel*, in: TMR, C, § 44, Rdnr. 6.

[668] Vgl. hierzu *Korehnke/Grotelüschen*, in: Beck'scher TKG Komm., Vor § 44, Rdnr. 39.

[669] Vgl. hierzu ebd., Rdnr. 40.

[670] Vgl. *Demmel*, in: TMR, C, § 44, Rdnr. 15, § 45, Rdnr. 3.

[671] Conférence Européenne des Administrations des Postes et Télécommunications. Ständiges Arbeitsgremium der Organisation ist das Europäische Funkkomitee (ERC). Eine eigene Frequenzregulierungsbehörde der Europäischen Union existiert nicht.

[672] Zu den Abgrenzungsschwierigkeiten zwischen CEPT und EU vgl. *Demmel*, in: TMR, C, § 44, Rdnr. 7.

[673] Vgl. hierzu *Korehnke/Grotelüschen*, in: Beck'scher TKG Komm., Vor § 44, Rdnr. 43.

[674] Vgl. Gutachten, Frequenzregulierung in der Bundesrepublik Deutschland, der "Gutachtenkommission für Grundsatzfragen der Frequenzregulierung im zivilen Fernmeldewesen", S. 45.

[675] Vgl. *S. Polster*, Das Telekommunikationsrecht der Europäischen Gemeinschaft, S. 77 f., mit Hinweisen zu den hierzu ergangenen sekundärrechtlichen Regelungen.

II. Verhältnis der Zwecksetzungen zueinander

Sofern bei der Interpretation der Normen des Telekommunikationsgesetzes zugleich mehrere Gesetzeszwecke zu berücksichtigen sind, ist zu prüfen, in welchem Verhältnis diese Zwecke zueinander stehen. Die Klärung dieser Frage bereitet dann besondere Schwierigkeiten, wenn konkurrierende Zweckbestimmungen vorliegen und der Gesetzgeber eine Rangordnung bzw. Präferenzregel zur Auflösung möglicher Zweckkonflikte nicht vorgegeben hat. Dies gilt im besonderen Maße für das Telekommunikationsgesetz, da hier neben der Kombination verschiedener Zweckbestimmungen in § 1 TKG zugleich weitere Zielbestimmungen in § 2 Abs. 2 TKG formuliert wurden. Dabei hat der Gesetzgeber weder das Verhältnis der sechs Regulierungsziele in § 2 Abs. 2 zu den Gesetzeszwecken des § 1 TKG noch das Verhältnis der verschiedenen Gesetzeszwecke bzw. Regulierungsziele innerhalb der jeweiligen Vorschrift selbst durch eine ausdrückliche Rangordnung bzw. Präferenzregel klargelegt.

1. Kombination von Gesetzeszwecken

Für die Festlegung der Verhältnisse der verschiedenen Gesetzeszwecke zueinander steht die Prüfung nach dem Vorliegen einer eventuellen Zweckhierarchie an erster Stelle, wenn der Vorrang eines oder mehrerer Zwecke zu begründen wäre. Schon der Stufenaufbau der Rechtsordnung mit dem Vorrang der Verfassung zeigt die Existenz von solchen Ziel- bzw. Zweckhierarchien. Nur im Falle des Bejahens einer Gleichrangigkeit mehrerer Zwecke stellt sich auf zweiter Stufe die Problematik der Auflösung von Zweckkonflikten.

a) Gleichrangigkeit der Gesetzeszwecke

§ 1 TKG reiht die mit dem Regelungswerk verfolgten Zwecke auf den ersten Blick gleichberechtigt aneinander. Dennoch könnte Indiz für eine Rangpriorität im Sinne einer Hierarchie die Reihenfolge der gesetzlichen Aufzählung darstellen. Wollte man allein auf dieses Kriterium abstellen, wäre der Förderung des Wettbewerbs auf den Telekommunikationsmärkten stets der Vorrang vor den übrigen Belangen des Telekommunikationsgesetzes einzuräumen. Auch hatte die Bundesregierung es als "zentrales Ziel des Gesetzes" bezeichnet, "durch Regulierung im Bereich der Telekommunikation die Rahmenbedingungen so zu gestalten, dass funktionsfähiger Wettbewerb entstehen kann."[676] Die gesetzgeberischen Erläuterungen zu den beiden weiteren Zwecksetzungen werden dagegen lediglich mit den Worten "außerdem" (Gewährleistung flächendeckend angemessener und ausreichender Dienstleistungen) und "zusätzlich" (Gestaltung der Frequenzordnung) eingeleitet.[677]

Angesichts der europa- und verfassungsrechtlichen Verankerung der Gewährleistungspflicht zu Universaldienstleistungen wäre jedoch die Annahme einer solchen absoluten Vorrangstellung der Wettbewerbsförderpflicht gänzlich unangemessen. Überdies bejaht die Recht-

---

676 Vgl. die Begründung zum TKG-E, BT-Drs. 13/4438, S. 4, i. V. m. BT-Drs. 13/3609, S. 36 ("Zu § 1 (Zweck des Gesetzes)").

677 Vgl. ebd.

sprechung[678] beispielsweise für das Atomrecht einen grundsätzlichen Vorrang des gesetzlichen Schutzzwecks vor dem Förderzweck in § 1 AtomG. Wollte man diese Auffassung auf das Telekommunikationsgesetz übertragen, könnte dies einen Vorrang der Gewährleistung flächendeckend angemessener und ausreichender Dienstleistungen (Schutzzweck) gegenüber der Förderung des Wettbewerbs (Förderzweck) bedeuten. Die Tatsache, dass Rechtsprechung und Lehre in der gesetzlichen Reihenfolge des § 1 AtomG nicht den Ausdruck einer sachlichen Priorität und auch keine Entscheidungsregel für den Konfliktfall sehen, gründet sich vor allem auf die dort bestehende besondere grundrechtliche Kollisionslage, die eine spezielle Gewichtung der verfassungsrechtlich geschützten Güter Leben und Gesundheit erforderlich machen.

Im Falle des Telekommunikationsgesetzes steht zwar eine Gefährdung dieser Rechtsgüter nicht im Mittelpunkt. Zentrales Anliegen des Gesetzes bleibt gleichwohl ein Ausgleich verschiedenster Interessen, so beispielsweise der Interessen der ehemaligen Monopolistin DT AG und deren Wettbewerbern.[679] Aber auch private Endverbraucher wie sonstige Nutzer von Telekommunikationsdienstleistung sollen nach dem Willen des Gesetzgebers von den Vorteilen des Wettbewerbs profitieren.[680] Diese gesetzliche Konzeption gebietet schon bei Vorliegen eines Markt- bzw. Wettbewerbsversagens eine Änderung der Rangpriorität der gesetzlichen Zwecksetzung zugunsten der Gewährleistung flächendeckend angemessener und ausreichender Dienstleistungen. Die Annahme eines uneingeschränkten Vorrangs der Förderung des Wettbewerbs gegenüber den übrigen Zwecksetzungen ist damit keinesfalls gegeben. Vielmehr ist hier von einer Gleichrangigkeit der drei mit dem Gesetz verfolgten Zwecke auszugehen. Im Falle einer solchen Zwecktrias, sind dann grundsätzlich die Relationen zwischen den jeweiligen Einzelzwecken sowie gegebenenfalls zwischen gebildeten Zweckgruppen zu ermitteln.[681]

b) Relationen zwischen den Zwecken

Im Bereich der zielorientierten Wirtschaftspolitik wurden von der Literatur für den Fall der Gleichrangigkeit verschiedener Gruppen sog. Zielrelationen herausgearbeitet, die sich auf die Zwecksetzungen des § 1 TKG ohne weiteres übertragen lassen. Während nach einer Auffassung Zielbeziehungen in die Kategorien *Harmonie*,[682] *Antinomie*[683] oder *Neutralität*[684] aufzuteilen sind,[685] unterscheidet eine andere Auffassung in der Literatur nach den fünf Zielrelatio-

[678] Vgl. BVerwG, Urt. v. 16.03.1972, DVBl. 1972, 678 (680) im sog. "Würgassen-Urteil" zu § 1 AtomG. Von einem "unbedingten Vorrang des Schutzzwecks" spricht auch BVerfG, Beschl. 20.12.1979, 53, 30 (58) (Mühlheim-Kärlich).

[679] Vgl. die Begründung zum TKG-E, BT-Drs. 13/4438, S. 4, i. V. m. BT-Drs. 13/3609, S. 33 f. ("Zweck des Gesetzes").

[680] Vgl. ebd.

[681] Dieses Problem stellt sich beispielsweise im Falle des Stabilitätsgesetzes für das magische Viereck des § 1 StabG, vgl. nur *K. Stern/P. Münch/K.-H. Hansmeyer*, StabG, S. 135 ff.

[682] *Harmonie* besteht danach zwischen zwei Zielen, wenn sie derart miteinander vereinbar sind, dass sie gleichzeitig und einander fördernd realisierbar sind.

[683] Dagegen besteht zwischen zwei Zielen ein Verhältnis der *Antinomie*, wenn sie miteinander unvereinbar sind und stets kollidieren.

[684] Im Falle voneinander unabhängiger Zielsetzungen, die sich dabei gegenseitig nicht behindern, ist nach dieser Auffassung ein Verhältnis der *Neutralität* gegeben.

[685] So *Jöhr*, Staatslexikon. Bd. 8 (1963), Sp. 804.

nen: *Zielidentität, Zielinkompatibilität, Zielkonkurrenz, Zielneutralität* und *Zielkomplementarität.*[686] Letztere Katalogisierung stellt lediglich eine weitere Differenzierung der erstgenannten Typisierung dar, ohne jedoch die Grundaussage dieser Aufteilung zu verändern.[687] Wesentliches gemeinsames Ergebnis dieser Einteilung ist die Feststellung, dass sich gleichwertige, nebengeordnete Ziele negativ oder positiv beeinflussen können, soweit kein Fall von Zielneutralität gegeben ist.

(aa) Verhältnis der Wettbewerbsförderung zur Gewährleistung

Besonders brisant ist im Fall des Telekommunikationsgesetzes die Dualität der Zweckvorgaben im Hinblick auf den gesetzlich normierten Infrastruktursicherungsauftrag bei gleichzeitiger Förderpflicht des Wettbewerbs. Die Wettbewerbszwecksetzung wird schließlich in § 1 TKG mit der Gewährleistungszwecksetzung durch den Begriff der "Regulierung" verflochten. Eine scharfe, allgemeingültige Aufspaltung dieser beiden Zwecksetzungen verbietet sich schon aufgrund dieser gegenseitigen Verknüpfung, die der Gesetzgeber noch deutlicher in der Gesetzesbegründung zum Ausdruck gebracht hat. Hierzu führt die Begründung des Gesetzentwurfs Folgendes aus:

> "In Erfüllung des verfassungsrechtlichen Auftrags, *die Versorgung mit Telekommunikationsdienstleistungen im Wettbewerb sicherzustellen,* besteht ein wesentliches Ziel der gesetzlichen Bestimmungen darin, ..."[688]

An anderer Stelle formulierte der Gesetzgeber zur wechselseitigen Beziehung der beiden ersten Elemente der Zwecksetzung des § 1 TKG:

> "Nach Art. 87f Abs. 2 GG sind die Telekommunikationsdienstleistungen als privatwirtschaftliche Tätigkeiten durch die aus dem Sondervermögen Deutsche Bundespost hervorgegangenen Unternehmen und durch andere Anbieter zu erbringen; damit handelt es sich um die verfassungsrechtliche Zielsetzung, die Versorgung im Bereich der Telekommunikation durch Herstellung eines funktionsfähigen Wettbewerbs sicherzustellen."[689]

(1) Keine Aufspaltung der Zwecksetzung

Das in diesen Erläuterungen des Gesetzgebers zum Ausdruck gebrachte Spannungsverhältnis zwischen der Förderung des Wettbewerbs und der Gewährleistung flächendeckend angemessener und ausreichender Dienstleistungen durch das Telekommunikationsgesetz verbietet denknotwendig eine Aufspaltung dieser Zwecksetzung in zwei selbständige gesetzliche Einzelzwecke. Vielmehr zwingt die vom Gesetzgeber gewollte Verknüpfung von Wettbewerb und Versorgungssicherung zur Annahme einer einheitlichen ersten Zwecksetzung, die die

---

686 Vgl. nur *O. Sandrock*, Grundbegriffe des Gesetzes gegen Wettbewerbsbeschränkungen, S. 61.

687 Vgl. *K. Stern/P. Münch/K.-H. Hansmeyer*, StabG, S. 135.

688 Vgl. die Begründung zum TKG-E, BT-Drs. 13/4438, S. 4, i. V. m. BT-Drs. 13/3609, S. 33 f. ("Zweck des Gesetzes").

689 Vgl. ebd., S. 38 ("Zu § 8 Abs. 3").

Elemente Wettbewerb und Versorgungssicherheit umfasst. Diese untrennbare Verknüpfung hat der Gesetzentwurf der Bundesregierung auch ganz deutlich formuliert:

> "Im Gegenteil, es ist zu erwarten, dass ein funktionsfähiger Wettbewerb am besten geeignet ist, die Erfüllung des Versorgungsauftrags sicherzustellen."[690]

Deutlicher wäre die Beziehung der gesetzlichen Zweckvorgaben zueinander beispielweise bei Wahl folgender Formulierung zu Tage getreten:

> "Zweck des Gesetzes ist es, durch Regulierung im Bereich der Telekommunikation den Wettbewerb zu fördern, um flächendeckend angemessene und ausreichende Dienstleistungen zu gewährleisten sowie eine Frequenzordnung festzulegen."

Eine ähnliche Verschränkung dieser beiden Komponenten sah auch die Zwecksetzung des vom damaligen Bundesminister *Dr. Wolfgang Bötsch* am 08.08.1995 in Bonn vorgelegten Referentenentwurfs vor.[691] Zweck des Gesetzes sollte es nach § 1 TKGE sein,

> "im Bereich der Telekommunikation flächendeckend angemessene und ausreichende Dienstleistungen, die im Wettbewerb erbracht werden, durch Regulierung zu gewährleisten und eine Frequenzordnung festzulegen."

Somit ist der Wettbewerb das vom Gesetz bestimmte Mittel, mit dem das Gemeinwohl gewährleistet werden soll. Das Gesetz soll insoweit einen Rahmen schaffen, der für alle privaten Anbieter günstige Wettbewerbsbedingungen vorsieht und so der Hoffnung Raum gibt, aufgrund privatwirtschaftlichen Engagements werde sich eine flächendeckend angemessene und ausreichende Versorgung mit Telekommunikationsdienstleistungen entwickeln. Selbstredend stellt der vom Gesetz zu fördernde Wettbewerb ein taugliches und effizientes Mittel dar, um einer möglichst großen Zahl von Nutzern Zugang zu möglichst vielfältigen Telekommunikationsdiensten zu einem möglichst niedrigen Preis zu verschaffen.

In der Literatur[692] werden trotz der erkannten untrennbaren Elemente der ersten gesetzlichen Zwecksetzung sowohl der Wettbewerbsförderung als auch dem Gewährleistungsauftrag jeweils separate einfachgesetzliche Instrumentarien zur Umsetzung zugeordnet. Nach dieser Ansicht dienten die Vorschriften der §§ 23–39 TKG ausschließlich der Wettbewerbsförderung bzw. dem Gemeinwohlzweck vor allem die Vorschriften der §§ 17–22 TKG über den Universaldienst. Offener Netzzugang und Entgeltregulierung seien insoweit Reaktionen des Gesetzgebers auf Wettbewerbsprobleme. Dieser Auffassung liegt jedoch ausdrücklich ein sehr enges, namentlich lediglich auf das Universaldienstregime des Telekommunikationsgesetzes bezogenes Gemeinwohlverständnis, zugrunde. Wie bereits oben darlegt, sind aber das Universaldienstregime der § 17 ff TKG und der mit dem Gesetz verfolgte Gewährleistungszweck streng zu trennen. Das Universaldienstregime greift erst dann, wenn ein Unterversorgungstatbestand eingetreten ist. Gerade diesem Zustand will aber das Gesetz schon aufgrund seiner Zwecksetzung durch Förderung des Wettbewerbs vorbeugen.

---

690 Vgl. ebd.
691 Stand des Entwurfs: 27.07.1995.
692 Vgl. *Engel*, MMR-Beilage 3/1999, 7 (7).

(2) Untrennbare Verknüpfung von Förder- und Gewährleistungszweck

Zusammenfassend ist festzuhalten, dass die Förderung des Wettbewerbs und das mit dem Gesetz verfolgte Gemeinwohl keinesfalls in einem Ausschlussverhältnis zueinander stehen, sondern untrennbar miteinander verknüpft sind. Wettbewerb und Gemeinwohlauftrag sind "so in Übereinstimmung zu bringen, dass sich das Gemeinwohlziel möglichst systemkonform als Ergebnis des Wettbewerbsprozesses herausstellt."[693] Für beide Vorgaben gilt, dass sie gleichermaßen einem übergeordneten Zweck dienen: der Vermeidung eines Unterversorgungstatbestands aufgrund eines Marktversagens. Daraus folgt als entscheidende Erkenntnis für die Gesetzessystematik, dass das Telekommunikationsgesetz nicht drei, sondern lediglich zwei offene Zwecke verfolgt.

(bb) Festlegung einer Frequenzordnung als gleichrangiger Nebenzweck

Konsequent stellt sich dann die Frage, in welchem Verhältnis die Festlegung einer Frequenzordnung zur ersten Zwecksetzung bzw. zu deren beiden Elementen steht. Die Frequenzverwaltung stellt im Rahmen der *Frequenzvergabe* zumindest das Gebot einer flächendeckenden, angemessenen und ausreichenden Versorgung als einen zu berücksichtigen Belang mit ein.[694] Dagegen wird bereits durch die *Frequenzbereichszuweisung* und den *Frequenznutzungsplan* bestimmt, welche Märkte für Funktelekommunikationsdienstleistungen entstehen. Die Bestimmung der gebührenpflichtigen Tatbestände und die Festlegung der Höhe der Gebühren hat zusätzlich Auswirkungen auf den Wettbewerb auf den Telekommunikationsmärkten. Die festgesetzten Gebühren dürfen schließlich den Wettbewerb auf den Märkten nicht erdrosseln.[695] Auch hat jede regulierende *Frequenzzuteilungsentscheidung* Auswirkungen auf die Wettbewerbssituation auf den Telekommunikationsmärkten.[696] Durch den auch bei den Funkdiensten zugelassenen Wettbewerb konkurrieren verschiedene Interessenten um die Nutzung der dafür vorgesehenen Frequenzen. Die Verteilung der Frequenzen unter den Anwendern bestimmt folglich auch grundlegend die Struktur des Wettbewerbs bei diesen Diensten. Bei Festlegung der Frequenzordnung und deren Regulierung muss folglich darauf geachtet werden, dass diese einem fairen und innovationsfördernden Wettbewerb nicht im Wege stehen bzw. ihn eher unterstützen. Die Festlegung einer Frequenzordnung hat damit zugleich die Chancengleichheit der Frequenznutzer im Wettbewerb zu berücksichtigen. Ein funktionsfähiger Wettbewerb kann für die Ausschöpfung und die marktgerechte Umsetzung der vielfältigen Innovationsmöglichkeiten sorgen und zu einem optimalen Einsatz der knappen Ressource Frequenzen führen.[697] Die vom Gesetz mittels der Frequenzordnung festgelegten wettbewerblichen Strukturen auf den Märkten von Telekommunikationsdiensten, die mittels Funk realisiert werden, können somit wesentlich zur effizienten Ausnutzung des Frequenzspektrums beitragen.

---

693 Vgl. *Hefekäuser*, MMR 1999, 144 (150).
694 Vgl. *K. Windthorst*, Universaldienst, S. 410.
695 Vgl. BVerwG, Urt. v. 14.04.1923, E 26, 305 (311).
696 Zum Substitutionswettbewerb der Frequenznachfrager auf der Diensteebene vgl. *Kruse*, in: Kommunikation ohne Monopole II, S. 449 (460 ff.).
697 Hierauf zielen auch die Vorschriften des § 47 TKG bezüglich der Fristenregelung und des Widerrufs der Frequenzzuteilung. Vgl. zur Begrenzung der Laufzeit von Frequenznutzungsrechten das Gutachten, Frequenzregulierung in der Bundesrepublik Deutschland, der "Gutachtenkommission für Grundsatzfragen der Frequenzregulierung im zivilen Fernmeldewesen", S. 87f.

Die Begründung zum Gesetzentwurf der Bundesregierung rechtfertigt die ausdrückliche Aufnahme der letzten Zwecksetzung mit dem Hinweis darauf, dass die Gestaltung der Frequenzordnung über den Bereich der Regulierung hinaus von Bedeutung sei.[698] Insoweit ist der zweite Gesetzeszweck mehr als ein deklaratorisches politisches Bekenntnis denn als eine rechtlich relevante Zwecksetzung zu beurteilen. Angesichts der Verschränkungen zwischen den beiden Zwecksetzungen kann man daher die Festlegung einer Frequenzordnung als einen gleichrangigen Nebenzweck bezeichnen.

[698] Vgl. die Begründung zum TKG-E, BT-Drs. 13/4438, S. 4, i. V. m. BT-Drs. 13/3609, S. 36 ("Zu § 1 [Zweck des Gesetzes]").

D. Verfassungsrechtliche Anforderungen an eine dem Gesetzeszweck entsprechende Regulierung

Entsprechend dem vorstehend gefundenen Ergebnis beschränken sich die folgenden Ausführungen auf die Hauptzwecksetzung des Gesetzes. Die Grenzen der sektorspezifischen Regulierung ergeben sich unmittelbar aus dem Verfassungsrecht. Dabei muss eine so verstandene Regulierung neben den Grundrechten auch den sonstigen allgemeinen verfassungsrechtlichen Prinzipien genügen.[699]

I. Vereinbarkeit einer dem Gesetzeszweck entsprechenden Regulierung mit den Grundrechten

Gegenüber den allgemeinen verfassungsrechtlichen Grundsätzen haben die Grundrechte der Marktteilnehmer für die Ausgestaltung und Ausfüllung des einfachgesetzlichen Regulierungsrahmens weitaus größere Bedeutung. Der grundrechtliche Gewährleistungsbereich wird dabei durch Art. 87f Abs. 1 GG nicht verkürzt.[700]

Zu den grundrechtsfähigen privaten Anbietern in den Grenzen des Art. 19 Abs. 3 GG zählen auch die öffentlichen und gemischtwirtschaftlichen Nachfolgeunternehmen der Deutschen Bundespost, zumindest soweit es sich um Regulierungsmaßnahmen handelt.[701] Die vom Gesetz angestrebte Regulierung der Telekommunikationsmärkte führt den Gesetzgeber in das Spannungsverhältnis zwischen Schutzpflichten und Handlungsfreiheiten. Die Erfüllung staatlicher Schutzpflichten gegenüber allen Marktteilnehmern erfordert im Einzelfall notwendige Eingriffe in die grundrechtlichen Freiheiten der den Wettbewerb und damit einen Universaldienst gefährdenden Unternehmen. Die staatliche Regelungsbefugnis ist jedoch nicht unbegrenzt, sondern in Beziehung zu den Grundrechten der Unternehmer, namentlich der Art. 12 Abs. 1, 14 Abs. 1, 2 Abs. 1 und 3 Abs. 1 GG, zu setzen. Die Regulierungsvorschriften des Telekommunikationsgesetzes und die auf diesen basierenden Regulierungsentscheidungen der Verwaltung gebieten dementsprechend eine Rechtfertigung in Form einer Grundrechtsbegrenzung,[702] sofern sie Grundrechte beschränken.[703] Als solche Rechtfertigung könnte die in § 1 TKG zum Ausdruck kommende Förderung des Wettbewerbs zur Gewährleistung eines Universaldienstes in Betracht kommen.

1. Vereinbarkeit einer dem Gesetzeszweck entsprechenden Regulierung mit Art. 3 Abs. 1 GG

In Betracht kommt hier ein Verstoß des sektorspezifischen Regulierungsansatzes gegen den Gleichheitssatz aus Art. 3 Abs. 1 GG. Denn zum einen führt die Unterwerfung von Telekom-

---

[699] Zu den verfassungsrechtlichen Anforderungen des Art. 87f Abs. 1 GG an die Regulierung vgl. *K. Windthorst*, Universaldienst, S. 346 f.

[700] Vgl. ebd., S. 321; *Spoerr/Deutsch*, DVBl. 1997, 300 (302).

[701] Vgl. nur *Gramlich*, Archiv PT 1995, 189 (201); *Windthorst*, in: *Sachs* (Hrsg.), Grundgesetz, Art. 87f, Rdnr. 27; *ders.*, Universaldienst, S. 203 ff.

[702] Zur Grundrechtsbegrenzung vgl. *Lerche*, in: HbStR V, S. 739 (744 ff.); *Sachs*, in: Staatsrecht III/2, S. 225 ff.

[703] Vgl. *K. Windthorst*, Universaldienst, S. 322.

munikationsunternehmen unter das besondere Regulierungsregime des Telekommunikationsgesetzes zu einer Ungleichbehandlung gegenüber sonstigen, auf anderen Märkten tätigen Unternehmen. Zum Zweiten trifft das Telekommunikationsgesetz eine weitere Differenzierung im Bereich der Regulierung zwischen marktbeherrschenden und sonstigen Telekommunikationsunternehmen.

Der Gleichheitssatz nach Art. 3 Abs. 1 GG besagt, dass wesentlich Gleiches nicht willkürlich ungleich und wesentlich Ungleiches nicht willkürlich gleich behandelt werden darf.[704] Art. 3 Abs. 1 GG erscheint somit als Willkürverbot und statuiert das Verbot sachlich unbegründeter rechtlicher Differenzierungen zum Vorteil einzelner Wettbewerbsteilnehmer.[705] Dabei gewährt Art. 3 Abs. 1 GG allerdings keinen generellen Anspruch auf Chancengleichheit im Wettbewerb. Das Verbot willkürlicher Differenzierungen verlangt vom Staat zunächst einmal nur sachlich begründete Differenzierungen. Die Rechtsprechung stellt insbesondere keine besonders hohen Anforderungen an eine gleichheitsgerechte Gesetzgebung auf dem Gebiet der Wirtschaftsordnung und billigt dem Gesetzgeber im Allgemeinen eine gewisse Gestaltungsfreiheit zu.[706] So sei es "vornehmlich Sache des Gesetzgebers, auf der Grundlage seiner wirtschafts-, arbeitsmarkt- und sozialpolitischen Vorstellungen und Ziele und unter Beachtung der Sachgesetzlichkeiten des betreffenden Gebiets zu entscheiden, welche Maßnahmen er im Interesse des Gemeinwohls ergreifen will."[707] Dem Gesetzgeber wird dabei sowohl bei der "Prognose und Einschätzung gewisser der Allgemeinheit drohender Gefahren" als auch "für die Beurteilung der Eignung und Erforderlichkeit des gewählten Mittels zur Erreichung der gesetzgeberischen Ziele" ein Beurteilungsspielraum zugebilligt, der erst dann überschritten wird, wenn die Erwägungen des Gesetzgebers "so offensichtlich fehlsam sind, dass sie vernünftigerweise keine Grundlage für gesetzgeberische Maßnahmen abgeben können."[708]

a) Kein Verstoß gegen Art. 3 Abs. 1 GG wegen sektorspezifischer Regulierung

Der gesetzliche Ansatz zu einer sektorspezifischen Regulierung hält sich innerhalb des vorstehend aufgezeigten gesetzgeberischen Beurteilungsspielraums. Die Förderung des Wettbewerbs auf den deutschen Telekommunikationsmärkten zur Steigerung der Produktivität, zur Verbesserung der Qualität der Dienstleistungen und zur Schaffung neuer Dienste ist ein wichtiger Gemeinschaftsbelang, nicht zuletzt um auch im internationalen Wettbewerb bestehen zu können. Gerade die besondere Bedeutung des Wirtschaftssektors Telekommunikation als Schlüsseltechnologie für die zukünftige Entwicklung der Industrie, des Handels, der öffentlichen Verwaltung und der privaten Haushalte hat den Gesetzgeber dazu bewogen, den Bereich der Telekommunikation einer besonderen Wirtschaftsaufsicht zu unterstellen.[709] Zusätz-

---

[704] Vgl. nur BVerfG, Urt. v. 16.03.1955, E 4, 144 (155).

[705] Vgl. zur Differenzierung zum Vorteil öffentlicher Unternehmen BVerwG, Urt. v. 22.02.1972, E 39, 329 (337). Vgl. auch BVerwG, Urt. 19.12.1963, E 17, 306 (311).

[706] Vgl. BVerfG, Beschl. v. 06.10.1987, E 77, 84 (106).

[707] Vgl. ebd.

[708] Vgl. ebd., m. w. N. zur eigenen Rechtsprechung. *Windthorst* hält pauschal und etwas unsystematisch Differenzierungen bei der Regulierung für zulässig, sofern diese sachgerecht sind und dem Gleichheitssatz und dem Grundsatz der Verhältnismäßigkeit entsprechen, vgl. *K. Windthorst*, Universaldienst, S. 346.

[709] Vgl. die Begründung zum TKG-E, BT-Drs. 13/4438, S. 4, i. V. m. BT-Drs. 13/3609, S. 33 ("Entwicklung und Bedeutung des Telekommunikationsmarktes"). Vgl. hierzu auch *Niederleithinger*, in: Festschrift für E.-J. Mestmäcker, S. 683 (689).

lich soll gerade im Wettbewerb ein Universaldienst aus Gründen des Gemeinwohls gewährleistet werden. Auch ist zu berücksichtigen, dass von der Regulierung nur solche Telekommunikationsunternehmen betroffen sind, die im lizenzpflichtigen Bereich nach § 6 TKG tätig sind. Der lizenzpflichtige Bereich nach § 6 Abs. 1 TKG deckt sich dabei grundsätzlich mit dem Umfang der bislang nach dem Fernmeldeanlagengesetz geschützten Monopolbereiche.[710] Eine Lizenzpflicht sah der Gesetzgeber für eine längere Übergangszeit deshalb für unabdingbar an, um gerade über individuelle Nebenbestimmungen eine abgestufte, dem Prinzip der Verhältnismäßigkeit folgende effiziente Regulierung zu erreichen.[711] Die von einer Lizenzpflicht unabhängige Anzeigepflicht für das Erbringen von Telekommunikationsdienstleistungen nach § 4 TKG wurde dagegen aufgenommen, um Missbrauch und Umgehung zu vermeiden.[712] All diese gesetzgeberischen Erwägungen rechtfertigen auf der ersten Ebene die Sonderbehandlung der Telekommunikationsmärkte und der auf den lizenzpflichtigen Märkten tätigen Unternehmen gegenüber sonstigen Wirtschaftssektoren.

b) Kein Verstoß gegen Art. 3 Abs. 1 GG wegen besonderer Regulierung marktbeherrschender Unternehmen

Auf der zweiten Ebene stellen die grundrechtlich schutzwürdigen Interessen der potenziellen Wettbewerber, die eines spezifischen Schutzes vor marktbeherrschenden Unternehmen bedürfen, um überhaupt den Einstieg in die Märkte zu schaffen, eine notwendige Voraussetzung für die Schaffung eines chancengleichen und funktionsfähigen Wettbewerbs dar. Die Entscheidung des Gesetzgebers gegen eine Zerschlagung der Monopolstellung der DT AG, jedoch für ein Gesetz mit dem Ziel der Wettbewerbsförderung bei gleichzeitiger Gewährleistung eines Universaldienstes durch Regulierung ist durchaus legitim und hält sich innerhalb der wirtschaftspolitischen Entschließungsfreiheit des Gesetzgebers. Die gesetzgeberische Annahme, ohne Ergänzungen zum allgemeinen Wettbewerbsrecht sei eine Umwandlung des traditionell monopolistisch geprägten Marktes nicht zu erreichen, lässt sich nicht als unvertretbar oder nachweislich unrichtig entkräften.[713] Auch sind die besonderen Regulierungsinstrumente des Telekommunikationsgesetzes im Bereich der Wettbewerbsförderung, die grundsätzlich an die lizenzpflichtigen Bereiche anknüpfen und sich ausschließlich an marktbeherrschende Telekommunikationsunternehmen richten, im Grundsatz auch geeignet, den Wettbewerb zu fördern. Art. 3 Abs. 1 GG verlangt im Übrigen nicht "die zweckmäßigste und gerechteste" Lösung vom Gesetzgeber, sondern setzt seiner Gestaltungsfreiheit lediglich Grenzen.[714] Die unterschiedliche Behandlung von marktbeherrschenden Unternehmen gegenüber ihren Wettbewerbern ist vor dem oben aufgezeigten Hintergrund jedenfalls so lange gerechtfertigt, bis funktionierender Wettbewerb auf den Telekommunikationsmärkten hergestellt ist.

---

[710] Nicht einbezogen wurde die nach § 1 Abs. 2 Satz 2 FAG a. F. monopolisierte Errichtung von Übertragungswegen. Über den nun lizenzpflichtigen Bereich hinaus erfasste das frühere Netzmonopol nach § 1 Abs. 2 Satz 2 FAG a. F. sämtliche Übertragungswege und nicht nur solche, die für Telekommunikationsdienstleistungen für die Öffentlichkeit genutzt werden; vgl. zu weiteren Unterschieden *Nolte*, CR 1996, 459 (459).

[711] Vgl. die Begründung zum TKG-E, BT-Drs. 13/4438, S. 4, i. V. m. BT-Drs. 13/3609, S. 37 ("Zu § 6 [Lizenzpflichtiger Bereich]").

[712] Vgl. ebd., S. 37 ("Zu § 4 [Anzeigepflicht]"). Gleichzeitig dient diese Anzeigepflicht auch zur Marktbeobachtung, wie auch die Berichtspflicht nach § 5 TKG.

[713] Vgl. hierzu auch BVerfG, Beschl. v. 03.04.1974, E 37, 104 (118).

[714] BVerfG, Beschl. v. 07.10.1980, E 55, 72 (90); Beschl. v. 29.11.1989, E 81, 108 (117 f.).

c) Erforderlichkeit und Verhältnismäßigkeit

Für eine Überschreitung oder gar einen Missbrauch des gesetzgeberischen Ermessens sind damit keine Anhaltspunkte gegeben.[715] Bei der Frage der Erforderlichkeit des vom Gesetzgebers gewählten Regelungsansatzes ist zu berücksichtigen, dass alternativ lediglich eine völlige Zerschlagung der Monopole mit der Folge der Unterwerfung der Telekommunikationsmärkte unter das allgemeine Wettbewerbsrecht in Betracht gekommen wäre. Dies hätte jedoch gegebenenfalls im Bereich der Gewährleistung eines Universaldienstes zu einer unverhältnismäßig hohen Eingriffsintensität bei etwaig zu verpflichtenden (Klein-)Unternehmen geführt. Diese Alternative hätte den erstrebten Zweck – Förderung des Wettbewerbs unter gleichzeitiger Gewährleistung eines Universaldienstes – keineswegs in einfacherer, gleich wirksamer, aber die Grundrechte weniger fühlbar einschränkender Weise erreichen können.[716] Der Regulierungsansatz zur Umsetzung der Wettbewerbsförderung ist auch im engeren Sinne verhältnismäßig, da bei der Gesamtabwägung zwischen der Schwere des Eingriffs auf Seiten der marktbeherrschenden Unternehmen und dem Gewicht sowie der Dringlichkeit der den Eingriff rechtfertigenden Gründe die Grenzen des Zumutbaren gewahrt werden. Die wettbewerbsfördernden Regelungen wirken auf die Märkte in einer Art und Weise ein, dass die Marktzutrittsschranken für neue Wettbewerber denkbar niedrig angelegt sind, gleichzeitig aber die Eingriffe gegenüber marktbeherrschenden Unternehmen sich auf das Nötigste beschränken. Angesichts der Dringlichkeit und des Gewichts der mit der Förderung des Wettbewerbs verfolgten Gemeinwohlbelange muss das Interesse der marktbeherrschenden Unternehmen zurücktreten, ihre bestehende Marktmacht ohne Kontrolle durch die freien Marktkräfte zu sichern bzw. auszubauen.

Eine dem Gesetzeszweck entsprechende Regulierung kann keinen Verstoß gegen das verfassungsrechtlich begründete Gleichbehandlungsgebot aus Art. 3 Abs. 1 GG begründen. Im Rahmen des vorbehaltlosen Grundrechts aus Art. 3 Abs. 1 GG kann Art. 87f Abs. 1 GG als ungeschriebene Grundrechtsbegrenzung wirken, die im Konfliktfall eine Abwägung mit dem mit Verfassungsrang ausgestatteten Gemeinwohlgedanken mit dem Ziel der Herstellung praktischer Konkordanz erfordert.[717]

2. *Vereinbarkeit einer dem Gesetzeszweck entsprechenden Regulierung mit Art. 12 Abs. 1 GG*

Weiter stellt sich die Frage nach einem Verstoß der sektorspezifischen Regulierung gegen Art. 12 Abs. 1 GG. Dieses Grundrecht gewährleistet die Berufsfreiheit. Beruf wird dabei als jede auf Dauer angelegte und nicht nur vorübergehende, der Schaffung und Erhaltung einer Lebensgrundlage dienende Tätigkeit verstanden.[718] Die Unternehmerfreiheit als Bestandteil der Berufsfreiheit gewährleistet das Recht der freien Gründung und Führung von Unternehmen.[719] Im Rahmen der bestehenden Wirtschaftsordnung ist dabei das Verhalten der Markt-

---

715 Vgl. nur BVerfG, Urt. v. 01.08.1953, E 3, 19 (24 f.); Urt. v. 17.12.1953, E 3, 58 (135 f.); Urt. v. 26.02.1954, E 3, 288 (307 f.).

716 Vgl. BVerfG, Beschl. v. 06.10.1987, E 77, 84 (106).

717 Vgl. *K. Windthorst*, Universaldienst, S. 324, m. w. N.

718 Zum Berufsbegriff des Art. 12 GG vgl. nur *Tettinger*, in: *Sachs* (Hrsg.), Grundgesetz, Art. 12, Rdnr. 29.

719 Vgl. *Papier*, DVBl. 1984, 801 (806), m. w. N. zur Rechtsprechung.

teilnehmer im Wettbewerb Bestandteil der grundrechtlich geschützten unternehmerischen Tätigkeit.[720] Die grundrechtlich geschützte Wettbewerbsfreiheit gewährleistet den Marktteilnehmern einen ungestörten Marktzugang[721] mit denen von ihnen gewählten Dienstleistungen und Produkten sowie die Teilnahme am Wettbewerb.[722]

Die von Art. 12 Abs. 1 GG gewährleistete Berufsfreiheit zielt auf eine möglichst unreglementierte berufliche Betätigung ab.[723] Die durch die sektorspezifische Regulierung indizierten Eingriffe in die Berufsfreiheit können nur durch oder aufgrund eines formellen Gesetzes erfolgen,[724] wobei die den Normgehalt des Art. 12 GG berührenden Einwirkungen nur dann statthaft sind, wenn sie sich innerhalb der abgestuften Regelungsbefugnis des Gesetzgebers bewegen. Ein Grundrechtseingriff ist nur dann gerechtfertigt, wenn dem Eingriff eine legitime Zwecksetzung zugrunde liegt, wenn die Maßnahme geeignet ist, zumindest einen verfolgten öffentlichen Zweck zu fördern, und wenn die Grundrechtsbeeinträchtigung erforderlich ist, d.h. wenn der Zweck oder die Zwecke nicht durch ein anderes Mittel ebenso gut erreicht werden können, welches den Bürger weniger belastet.[725] Zuletzt unterziehen Rechtsprechung und Lehre die angestrebte Regelung einer typisierten Verhältnismäßigkeitsprüfung. Nach der vom Bundesverfassungsgericht im sog. Apothekenurteil entwickelten sog. Drei-Stufen-Theorie sind je nach Eingriffsintensität Berufausübungsregelungen, subjektive und objektive Berufswahlregelungen zu unterscheiden.[726] Nach dieser entwickelten Stufenlehre sind umso engere Grenzen gesetzt, je mehr die Normierung das Individualrecht tangiert.[727]

Unter dieser Prämisse ist es jedenfalls zulässig, die Aufnahme einer bestimmten wirtschaftlichen Tätigkeit auf dem Telekommunikationssektor von der Erfüllung bestimmter Kriterien abhängig zu machen. Letztlich gilt hier für den Regulierungsansatz des Telekommunikationsgesetzes, dass die Vermeidung der Gefährdung von Rechtsgütern der Mitwettbewerber, aber auch des Gemeinwohlinteresses Infrastruktursicherung[728] eine selbstverständliche Freiheitsschranke für alle auf den lizenzpflichtigen Telekommunikationsmärkten tätigen Unternehmen darstellt, die den Kernbereich der grundrechtlich geschützten Unternehmerfreiheit nicht berührt.

---

720 Vgl. BVerwG, Urt. v. 18.10.1990, E 87, 37 (39), m. w. N. zur eigenen Rechtsprechung und der des Bundesverfassungsgerichts.

721 Vgl. *Di Fabio*, JZ 1993, 689 (694); *F. Rittner*, Wirtschaftsrecht, § 3 Rdnr. 36.

722 Vgl. *Di Fabio*, JZ 1993, 689 (694).

723 BVerwG, Urt. v. 18.10.1990, E 87, 37 (39); BVerfG, Beschl. v. 05.05.1987, E 75, 284 (292), m. w. N. zur eigenen Rechtsprechung.

724 Art. 87f Abs. 1 GG kann hier nicht als ungeschriebene Grundrechtsbegrenzung herangezogen werden, vgl. *K. Windthorst*, Universaldienst, S. 325.

725 Zu den allgemeinen Anforderungen des Übermaßverbots vgl. *Manssen*, in: Das Bonner Grundgesetz, Bd. 1, Art. 12, Rdnr. 120 ff.

726 Vgl. BVerfG, Urt. v. 11.06.1958, E 7, 377 (405 f.).

727 Vgl. nur BVerfG, Urt. v. 11.06.1958, E 7, 377 ff., Beschl. v. 04.10.1983, E 65, 116 (126); Beschl. v. 15.12.1987, E 77, 308 (332). Eine Berufsausübungsregelung sei grundsätzlich dann zulässig, wenn vernünftige Erwägungen des Allgemeinwohls die Regelung zweckmäßig erscheinen lassen. Subjektive Berufswahlregelungen seien nur zulässig, soweit ein überragendes Gemeinschaftsgut geschützt werden solle, das der Freiheit des Einzelnen vorgehe. Dagegen seien objektive Berufswahlregelungen nur dann gerechtfertigt, wenn eine nachweisbare oder höchstwahrscheinliche schwere Gefahr für ein überragend wichtiges Gemeinschaftsgut bestehe. Zur Kritik, Präzisierung und Ergänzungen der Drei-Stufen-Theorie vgl. *Manssen*, in: Das Bonner Grundgesetz, Bd. 1, Art. 12, Rdnr. 134 ff.

728 Auch nach Auffassung von *Windthorst* ist dieses Verfassungsgut im Rahmen der durch den Gesetzesvorbehalt gebotenen Abwägung zu berücksichtigen, vgl. *K. Windthorst*, Universaldienst, S. 325.

Zur Sicherstellung einer Mindestversorgung mit Telekommunikationsdienstleistungen kann der Gesetzgeber daher eine allgemeine Lizenzpflicht und eine besondere Regulierung marktbeherrschender Unternehmen einführen, zumal der Einzelne – den verfassungsrechtlichen Vorgaben entsprechend –[729] einen Rechtsanspruch auf Erteilung einer Lizenz hat. Insbesondere die Lizenzpflicht soll nach der Begründung des Gesetzes eine "abgestufte, dem Prinzip der Verhältnismäßigkeit folgende effiziente Regulierung" ermöglichen.[730] Die Lizenzpflicht sei "notwendig, weil die Verpflichtungen, denen Lizenznehmer unterliegen, in vielen Bereichen nur einzelfallbezogen beschrieben werden" könnten.[731] Die Lizenzauflagen haben sich wiederum am Grundsatz der Verhältnismäßigkeit zu orientieren, um nicht als Marktzutrittsbarriere zu wirken.[732] Die auf der Genehmigungspflicht basierende Kontrollmöglichkeit dient insofern dem Gemeinwohlinteresse, Universaldienstleistungen zu gewährleisten. Hierdurch wird die privatwirtschaftliche Leistungserbringung in verhältnismäßiger Weise eingeschränkt.[733] Auch die nach § 10 TKG vorgesehene Beschränkung der Anzahl der Lizenzen bei mangelnder Verfügbarkeit notwendiger Frequenzen stellt eine verhältnismäßige Einschränkung der Berufsfreiheit dar. Speziell die Bestimmungen zum Universaldienst (§§ 17 ff. TKG) berücksichtigen die verfassungsrechtlichen Vorgaben des Art. 12 Abs. 1 GG und den Grundsatz der Verhältnismäßigkeit, da die abgestuften Regulierungsinstrumentarien erst dann greifen, wenn eine Unterversorgung der Bevölkerung mit einer Universaldienstleistung zu besorgen ist.[734]

Eine dem Gesetzeszweck entsprechende Regulierung, die dementsprechend auf die Gewährleistung von Universaldienstleistungen im Wettbewerb zielt und insbesondere den Grundsatz der Verhältnismäßigkeit beachtet, kann daher ebenfalls keinen Verstoß gegen Art. 12 Abs. 1 GG begründen.

3. *Vereinbarkeit einer dem Gesetzeszweck entsprechenden Regulierung mit Art. 14 Abs. 1 GG*

Die Regelungen des Telekommunikationsgesetzes haben darüber hinaus Relevanz für die Eigentumsgarantie aus Art. 14 Abs. 1 GG. Rechtsprechung und Lehre nehmen an, dass auch der eingerichtete und ausgeübte Gewerbebetrieb in gewissen Grenzen den Eigentumsschutz aus Art. 14 Abs. 1 GG genießt.[735] Die Eigentumsgarantie umfasst u. a. die Sicherung des als vermögenswertes Recht anerkannten, eingerichteten und ausgeübten Gewerbebetriebs vor Beeinträchtigungen infolge Verwaltungshandelns sowie vor sozialgestaltenden und wirt-

---

729 Vgl. *Schütz/Esser-Wellié*, AfP 1995, 580 (581).

730 Vgl. die Begründung zum TKG-E, BT-Drs. 13/4438, S. 4, i. V. m. BT-Drs. 13/3609, S. 37 ("Zu § 6 [Lizenzpflichtiger Bereich], Zu Abs. 1"). Kritisch hierzu *K. Windthorst*, Universaldienst, S. 428 f., der eine Verfassungswidrigkeit des § 8 Abs. 2 Satz 2 TKG wegen eines Verstoßes gegen die Bestimmtheitsanforderungen im Hinblick auf die Eingriffsintensität von Nebenbestimmungen annimmt, die nur durch eine restriktive verfassungskonforme Auslegung der Vorschrift verhindert kann.

731 Vgl. die Begründung zum TKG-E, BT-Drs. 13/4438, S. 4, i. V. m. BT-Drs. 13/3609, S. 34 ("1. Lizenz als Marktzugangsvoraussetzung").

732 Vgl. ebd.

733 Vgl. auch *K. Windthorst*, Universaldienst, S. 421.

734 Vgl. *Schütz*, in: Beck'scher TKG Komm., § 18, Rdnr. 9. Vgl. auch die Begründung zum TKG-E, BT-Drs. 13/4438, S. 4, i. V. m. BT-Drs. 13/3609, S. 34 ("3. Universaldienst"). Vgl. zur Verhältnismäßigkeit des Universaldienstregimes auch *K. Windthorst*, Universaldienst, S. 464.

735 Vgl. *Wendt*, in: *Sachs* (Hrsg.), Grundgesetz, Art. 14, Rdnr. 26, m. w. N. in Fn. 92.

schaftslenkenden Maßnahmen des Gesetzgebers.[736] Der Schutz des Gewebebetriebs reicht dabei nicht weiter als seine wirtschaftlichen Grundlagen[737] bzw. erstreckt sich positiv formuliert auf all das, "was in seiner Gesamtheit den wirtschaftlichen Wert des konkreten Gewerbebetriebes ausmacht."[738]

Die durch die Regelungen des Telekommunikationsgesetzes betroffenen Eigentumspositionen der Marktteilnehmer lassen sich mit den zivilrechtlichen Begriffen "Eigentum am Unternehmensgrundstück" oder "Eigentum an den Telekommunikationsnetzen" nicht vollständig erfassen. Die verfassungsrechtlich als Eigentum geschützten Befugnisse ergeben sich erst aus einer "Gesamtschau aller die Eigentümerstellung regelnden gesetzlichen Vorschriften"[739] des privaten und des öffentlichen Rechts.[740] Maßgebend sind "die Befugnisse, die einem Eigentümer im Zeitpunkt der gesetzgeberischen Maßnahme konkret zustehen". Nach diesen bemisst sich die Reichweite des Schutzes der Eigentumsgarantie.[741]

a) Problem der Lizenzpflicht für das Betreiben von Übertragungswegen

Ein Teil der Literatur hält insbesondere die Lizenzpflicht für das Betreiben von Übertragungswegen wegen einer angeblich den Wettbewerb beschränkenden Wirkung für nicht nachvollziehbar und in verfassungsrechtlicher Sicht für bedenklich, da damit der Eigentümer von Infrastruktur einer besonderen Erlaubnis bedürfe, um über sein Eigentum frei zu verfügen. Eine Rechtfertigung hierfür sei allenfalls für den Mobilfunk ersichtlich, weil dort das Zur-Verfügung-Stellen des hoheitlichen Luftraumes wegen des öffentlichen Interesses beschränkt werden müsste.[742] Diese Ansicht ist schon deshalb verfehlt, weil nicht nur elektromagnetische Wellen den öffentlichen Raum nutzen, sondern auch Leitungen.[743] Darüber hinaus verkennt sie, dass die Lizenzpflicht nicht an das Eigentum an sich anknüpft, sondern an eine bestimmte wirtschaftliche Betätigung, nämlich an das Angebot von bestimmten Telekommunikationsdienstleistungen für die Öffentlichkeit. Für den Bereich des Angebots von Übertragungswegen begründet darüber hinaus erst die Überschreitung von Grundstücksgrenzen die Lizenzpflicht. Damit tangiert die Lizenzpflicht nicht den Schutzbereich des Art. 14 Abs. 1 GG, sondern stellt vielmehr einen Eingriff in die verfassungsrechtlich geschützte Berufs- und Gewerbefreiheit dar. Dabei steht erst seit der völligen Liberalisierung der Telekommunikationsmärkte endgültig fest, dass die gewerbliche Betätigung auf den Telekommunikationsmärkten überhaupt in den Schutzbereich des Art. 12 GG fällt.[744] Dabei ist jedoch zu bedenken, dass der durch die bloße Lizenzpflichtigkeit ausgelöste Eingriff – wie oben zu

---

[736] *P. Badura*, Besonderes Verwaltungsrecht, 3. Abschnitt, Rdnr. 54, m. w. N. Zum Umfang des verfassungsrechtlichen Schutzes des eingerichteten und ausgeübten Gewerbebetriebs vgl. *Wendt*, in: *Sachs* (Hrsg.), Grundgesetz, Art. 14, Rdnrn. 47 ff.

[737] BVerfG, Beschl. v. 15.07.1981, E 58, 300 (353).

[738] BGH Urt. v. 07.12.1967, NJW 1968, 293 (293). Dazu zählt der Bundesgerichtshof die den Betrieb bildenden Sach- und Rechtsgesamtheiten, die gesamte Erscheinungsform, den Tätigkeitskreis, die geschäftlichen Verbindungen und Beziehungen und den Kundenstamm.

[739] BVerfG, Beschl. v. 15.07.1981, E 58, 300 (336).

[740] Vgl. BVerfG, Beschl. v. 15.07.1981, E 58, 300 (336); Beschl. v. 20.01.1988, E 77, 370 (375 ff.).

[741] Vgl. BVerfG, Beschl. v. 19.06.1985, E 70, 191 (201).

[742] Vgl. *Schuster*, in: Beck'scher TKG Komm., 1. Aufl., § 2, Rdnr. 13.

[743] Vgl. *Spoerr/Deutsch*, DVBl. 1997, 300 (301).

[744] Vgl. *Spoerr/Deutsch*, DVBl. 1997, 300 (303), mit einem Überblick zum Streitstand vor dem Inkrafttreten des Telekommunikationsgesetzes.

Art. 12 GG aufgezeigt – nicht sonderlich schwer wiegt, da die hierdurch errichteten Markteintrittsbarrieren denkbar niedrig angesetzt wurden.

b) Problem der Mitbenutzungsrechte Dritter an fremder Infrastruktur

Insbesondere das ordnungspolitische Konzept, welches Wettbewerb mit Hilfe von Mitbenutzungsrechten Dritter an fremder Infrastruktur ermöglichen will, könnte aber insofern eigentumsverfassungsrechtlichen Bedenken begegnen, als marktbeherrschende Unternehmen ihre eigene Infrastruktur nicht mehr ausschließlich selbst nutzen dürfen, sondern unter Berufung auf das Gemeinwohl gezwungen werden, diese auch ihren direkten Konkurrenten zur Verfügung zu stellen.[745]

(aa) Inhaltsbestimmung bzw. Enteignung

Es ist unbestritten, dass der Gesetzgeber auch auf verfassungsrechtlich geschützte Positionen zugreifen kann, sofern er dabei die durch Art. 14 Abs. 1 Satz 2 GG gezogenen Schranken einhält. Nach ständiger Rechtsprechung des Bundesverfassungsgerichts gelten unterschiedliche Voraussetzungen für eine Inhalts- und Schrankenbestimmung nach Art. 14 Abs. 1 Satz 2 GG einerseits und eine Enteignung nach Art. 14 Abs. 3 GG andererseits.[746] Die Abgrenzung zwischen nach Art. 14 Abs. 1 Satz 2 GG inhaltsbestimmenden und nach Art. 14 Abs. 3 GG enteignenden Regelungen ist dabei durch die zwischenzeitlich gefestigte Rechtsprechung des Bundesverfassungsgerichts geklärt. Enteignung im Sinne des Art. 14 Abs. 3 GG ist danach der staatliche Zugriff auf das Eigentum des Einzelnen; sie zielt ab auf die vollständige oder teilweise Entziehung konkreter subjektiver Rechtspositionen, die durch Art. 14 Abs. 1 GG geschützt sind.[747] Eine Inhaltsbestimmung im Sinne des Art. 14 Abs. 1 Satz 2 GG ist dagegen "die generelle und abstrakte Festlegung von Rechten und Pflichten durch den Gesetzgeber hinsichtlich solcher Rechtsgüter, die als Eigentum im Sinne der Verfassung zu verstehen sind. Sie ist auf die Normierung objektiv- rechtlicher Vorschriften gerichtet, die den Inhalt des Eigentumsrechts vom Inkrafttreten des Gesetzes an für die Zukunft in allgemeiner Form bestimmen."[748] Inhaltsbestimmungen enthalten deshalb insbesondere Eigentumsreformgesetze[749] und Gesetze zur generellen Neugestaltung eines Rechtsgebietes,[750] und zwar selbst dann, wenn es sich um die grundlegende Umgestaltung bestehender Eigentumspositionen handelt.[751] Hält der Gesetzgeber dabei die ihm gezogenen, je nach Intensität des Eingriffs variab-

---

745 Die Eigentumsgarantie wird aber auch noch an anderer Stelle relevant, so im Rahmen der Beeinträchtigung von Grundstücken (§ 57 TKG). Vgl. auch *Ehmer*, in: Beck'scher TKG Komm., § 88, Rdnr. 63, zur technischen Umsetzung von Überwachungsmaßnahmen.

746 St. Rechtsprechung des BVerfG seit Beschl. v. 15.07.1981, E 58, 300 (330 f.), vgl. auch Beschl. v. 30.11.1988, E 79, 174 (192).

747 Vgl. BVerfG, Beschl. v. 30.11.1988, E 79, 174 (191); Urt. v. 16.12.1987, E 74, 264 (280); Beschl. v. 12.03.1986, E 72, 66 (76); Beschl. v. 19.06.1985, E 70, 191 (199 f.).

748 Vgl. BVerfG, Beschl. v. 12.03.1986, E 72, 66 (76); Beschl. v. 12.06.1979, E 52, 1 (27); Beschl. v. 14.07.1981, E 58, 137 (144 f.); Beschl. v. 15.07.1981, E 58, 300 (330).

749 Vgl. nur. *Ossenbühl*, JuS 1993, 201 (202), m. w. N. in Fn. 32 f.

750 Vgl. BVerfG, Beschl. v. 09.01.1991, E 83, 201 (211 f.).

751 Vgl. ebd.

len Grenzen[752] nicht ein, so liegt deshalb noch nicht zwingend eine Enteignung, sondern eine verfassungswidrige Inhaltsbestimmung vor.[753]

(bb) Rechtfertigung jedenfalls aus Gründen des Gemeinwohls

Bei der Neuordnung des Telekommunikationsrechts stand der Gesetzgeber nicht vor der Alternative, alte Rechtspositionen der marktbeherrschenden Anbieterin DT AG entweder zu konservieren oder gegen Entschädigung zu entziehen.[754] Unabhängig von der Frage, wie die eigentumsrelevanten Eingriffe des Telekommunikationsgesetzes zu qualifizieren sind, sind diese jedenfalls aus Gründen des öffentlichen Interesses und aufgrund ihrer Verhältnismäßigkeit gerechtfertigt. Als Rechtfertigung für eine umfassende Regulierung des Zugangs zur Infrastruktur lässt sich das Gemeinwohlziel der Förderung marktwirtschaftlichen Wettbewerbs auf der Diensteebene anführen.[755] Besseres Argument bleibt aber auch hier die durch die verfassungsrechtliche Aufgabenprivatisierung bedingte Verlagerung der historisch gewachsenen Gemeinwohlbindungen.[756] Die Gemeinwohlbindung der Telekommunikationsinfrastruktur geht auf deren existenzielle Bedeutung für den Staat zurück.[757] Daher kann hier auf die allgemeine Formel zurückgegriffenen werden, dass Beschränkungen der Eigentümerbefugnisse umso weiter gehen können, je mehr das Eigentum in einem sozialen Belang steht.[758] Der hohe soziale Bezug der Telekommunikationsinfrastruktur kann zumindest innerhalb einer Verhältnismäßigkeitsprüfung die weit reichenden Einschränkungen der Eigentümerbefugnisse legitimieren.[759] Vor diesem Hintergrund sind die Mitbenutzungsrechte Dritter auf der Grundlage des Telekommunikationsgesetzes jedenfalls so lange als verhältnismäßig zu bewerten, wie dem Netzinfrastruktureigentümer bei Kapazitätsengpässen für eigene Nutzungen ein Vorrang eingeräumt wird.[760] Die im Falle des Telekommunikationsgesetzes eingeschränkte Privatnützigkeit des Netzeigentums wird einschließlich der Wettbewerbsfähigkeit des betroffenen Unternehmens dadurch zusätzlich gesichert, dass das Unternehmen für die Benutzung der Netze ein ausreichendes Entgelt erhält.

Eine dem Gesetzeszweck entsprechende Regulierung, die dementsprechend auf die Gewährleistung von Universaldienstleistungen im Wettbewerb zielt und insbesondere den Grundsatz

---

[752] Vgl. ebd., (212).

[753] Vgl. *Wendt*, in: *Sachs* (Hrsg.), Grundgesetz, Art. 14, Rdnr. 75.

[754] Vgl. BVerfG, Beschl. v. 19.06.1985, E 70, 191 (201).

[755] Dieses Prinzip liegt sowohl dem EGV als auch dem Grundgesetz in verschiedenen Ausprägungen zugrunde, vgl. *Fehling*, AöR 121 (1996), 59 (75), m. w. N., der auch einer Qualifizierung von Leitungsnetzen als öffentliche Sachen und der Deutung von Mitbenutzungsrechten Dritter als Gemeingebrauch an diesen Sachen eine Absage erteilt.

[756] Vgl. *Fehling*, AöR 121 (1996), 59 (76 f.).

[757] Vgl. ebd., (80 f.).

[758] So ebd., (91) m. w. N. zur Rechtsprechung des Bundesverfassungsgerichts.

[759] Vgl. ebd., (88). *Fehling* stellt zusätzlich auf die *Situationsgebundenheit* des Eigentums an der Netzinfrastruktur im Sinne der Rechtsprechungsformel des BGH, Urt. v. 22.05.1980, Z 77, 351 (354), wegen deren Besonderheit im Hinblick auf Ortsgebundenheit, Unteilbarkeit und Langfristigkeit ab.

[760] Dies verdeutlicht auch die mietrechtliche Eigenbedarfsrechtsprechung zu Art. 14 GG, nach der der Eigentümer mit seinen eigenen Nutzungswünschen gegenüber Dritten grundsätzlich Vorrang haben muss, vgl. BVerfG, Urt. v. 14.02.1989, E 79, 292 (303 ff.).

der Verhältnismäßigkeit beachtet, kann daher grundsätzlich auch keinen Verstoß gegen die verfassungsrechtlich begründete Eigentumsgarantie aus Art. 14 Abs. 1 GG begründen.[761]

4. *Vereinbarkeit einer dem Gesetzeszweck entsprechenden Regulierung mit Art. 2 Abs. 1 GG*

Zuletzt bleibt noch die Frage eines Verstoßes der Regulierung gegen Art. 2 Abs. 1 GG zu prüfen. Das Bundesverfassungsgericht hat in verschiedenen Entscheidungen Art. 2 Abs. 1 GG auch auf den wirtschaftlichen Bereich angewandt und daraus ein Recht auf Selbstentfaltung auf wirtschaftlichem Gebiet hergeleitet.[762] Dabei hat das Bundesverfassungsgericht aber stets betont, dass die Freiheit im wirtschaftlichen Verkehr durch Art. 2 Abs. 1 GG nur gewährleistet wird, soweit nicht speziellere Grundrechtsbestimmungen einschlägig sind.[763]

Innerhalb der Prüfung des Art. 2 Abs. 1 GG ist daher an dieser Stelle zu beachten, dass die Persönlichkeitsentfaltung im Beruf und damit im Wettbewerb bereits von Art. 12 Abs. 1 GG umfasst wird, da die Berufsfreiheit als Konkretisierung der freien Entfaltung der Persönlichkeit im Bereich der individuellen Leistung und Existenzerhaltung anzusehen ist.[764] Art. 2 Abs. 1 GG kann daher nur dann Anwendung finden, wenn sich jemand außerhalb seines Berufs wirtschaftlich betätigt.

Sieht man in Art. 2 Abs. 1 GG lediglich den Schutz eines Mindestmaßes menschlicher Entscheidungsfreiheit, ohne dass der Mensch seine Wesensanlage als geistig-sittliche Person überhaupt entfalten kann,[765] so greift das Telekommunikationsgesetz in diesen Bereich nicht hinein, denn die eigenverantwortliche, freie Unternehmerpersönlichkeit wird durch die Regelungen des Telekommunikationsgesetzes nicht berührt. Wenn man dagegen mit einem weiten Schutzbereichsverständnis Art. 2 Abs. 1 GG als eine umfassende Gewährleistung der Handlungsfreiheit interpretiert, so besteht diese von vornherein nur, soweit sie nicht die Rechte anderer verletzt und nicht gegen die verfassungsmäßige Ordnung oder das Sittengesetz verstößt. Nach den im Grundgesetz angelegten Prinzipien muss sich der Einzelne "diejenigen Schranken seiner Handlungsfreiheit gefallen lassen, die der Gesetzgeber zur Pflege und Förderung des sozialen Zusammenlebens in den Grenzen des bei dem gegebenen Sachverhalt allgemein Zumutbaren zieht, vorausgesetzt, dass dabei die Eigenständigkeit der Person gewahrt bleibt."[766] Das durch die Menschenwürde geprägte Menschenbild des Grundgesetzes, das sich aus einer Gesamtansicht der Art. 1, 2, 12, 14, 15, 19 und 20 GG ergibt, ist das eines in die Gemeinschaft eingebundenen, jedoch zur Selbstbestimmung fähigen Individuums.[767]

---

761 Auf Einzelfragen im Zusammenhang mit möglichen Eingriffen in die durch Art 14 GG geschützte Eigentumsgarantie durch oder aufgrund des Telekommunikationsgesetzes kann aus Platzgründen an dieser Stelle nicht eingegangen werden. Beispielhaft sei hier auf *Ehmer*, in: Beck'scher TKG Komm., § 88, Rdnr. 63 f. verwiesen.

762 Vgl. exemplarisch BVerfG, Urt. v. 20.07.1954, E 4, 7 (16); BVerfG, Beschl. v. 12.12.1958, E 8, 274 (328 f.); BVerfG, Beschl. v. 16.05.1961, E 12, 341 (347 f.).

763 Vgl. nur BVerfG, Beschl. v. 16.05.1961, E 12, 341 (347).

764 Vgl. BVerwG, Urt. v. 18.10.1990, E 87, 37 (39); BVerfG, Beschl. v. 05.05.1987, E 75, 284 (292), m. w. N. zur eigenen Rechtsprechung.

765 So die sog. "Persönlichkeitskerntheorie", vgl. *H. Peters*, Das Recht auf freie Entfaltung der Persönlichkeit in der höchstrichterlichen Rechtsprechung, S. 49; *ders.*, in: Festschrift für R. Laun, S. 699.

766 BVerfG, Urt. v. 20.07.1954, E 4, 7 (16).

767 Vgl. *Murswiek*, in: *Sachs* (Hrsg.), Grundgesetz, Art. 2, Rdnr. 11.

Eine dem Gesetzeszweck entsprechende Regulierung des Telekommunikationsgesetzes hält sich jedenfalls auch innerhalb des vorstehend aufgezeigten Rahmens. Kein Unternehmer auf den Telekommunikationsmärkten ist an der so verstandenen Entfaltung seiner Persönlichkeit gehindert, wenn das Gesetz zeitweilig für marktbeherrschende Unternehmen im lizenzpflichtigen Bereich eine spezifische Wettbewerbsaufsicht zusätzlich zur allgemeinen Wettbewerbsaufsicht statuiert und hierdurch für chancengleichen und funktionsfähigen Wettbewerb auf den Telekommunikationsmärkten sorgt. Trotz der oben dargelegten Beschränkungen bleibt den Betroffenen ein weiter Spielraum, um sich als verantwortliche Unternehmer wirtschaftlich frei zu entfalten.

Selbst wenn man aus Art. 2 Abs. 1 GG eine umfassende Gewährleistung der Handlungsfreiheit ableitet, dann aber zur verfassungsmäßigen Ordnung, die die Handlungsfreiheit einschränkt, alle formell und materiell verfassungsmäßigen Rechtsnormen rechnet, ist die Regulierung aufgrund des Telekommunikationsgesetzes als verfassungsgemäß anzusehen, soweit die Regulierung mit der Zweckbestimmung des § 1 TKG – wie zuvor gezeigt – im Einklang steht. Damit kann auch dahinstehen, ob und inwieweit auch juristische Personen, offene Handelsgesellschaften und Kommanditgesellschaften sich auf ein Recht auf Selbstentfaltung auf wirtschaftlichem Gebiet aus Art. 2 Abs. 1 GG berufen können.

II. Vereinbarkeit der wettbewerbsfördernden Regulierungsvorschriften mit allgemeinen verfassungsrechtlichen Grundsätzen

Gleichwohl bleibt eine dem Gesetzeszweck entsprechende Regulierung, die in die oben diskutierten Individualrechte der Telekommunikationsunternehmen eingreift, an die allgemeinen verfassungsrechtlichen Grundsätze, wie den der Verhältnismäßigkeit, gebunden.

1. Vereinbarkeit der wettbewerbsfördernden Regulierungsvorschriften mit dem Grundsatz der Verhältnismäßigkeit

Zwar rechtfertigt eine konkret drohende Unterversorgung mit Telekommunikationsdienstleistungen eine gewisse Beschränkung der grundrechtlichen Freiheiten der Telekommunikationsunternehmen. Gleichwohl erfordert jedoch das Verfassungsrecht für notwendige Einschränkungen zum Schutz gefährdeter Rechtsgüter einen gewissen Grad an Geeignetheit und Erforderlichkeit des gewählten Eingriffsinstrumentariums. Eine undifferenzierte Beschränkung der Telekommunikationsunternehmen kann angesichts der unterschiedlichen Gefährdungslagen und Chancen bereits unverhältnismäßig sein.

Keinesfalls lässt sich jedoch aus dem Grundsatz der Verhältnismäßigkeit eine positive Förderpflicht für einzelne Telekommunikationsunternehmen herleiten. Die mit einer reinen Abwehrfunktion versehenen Unternehmensgrundrechte begründen allenfalls eine verfassungsrechtlich begründete "Förderpflicht im negativen Sinne".

Für die Frage, wie diese verfassungsrechtliche Verpflichtung im Einzelnen einfachgesetzlich umzusetzen ist, wird dem Gesetzgeber ein großer Ermessensspielraum eingeräumt.[768] Wie

[768] Vgl. *Windthorst*, in: *Sachs* (Hrsg.), Grundgesetz, Art. 87f, Rdnr. 19.

oben aufgezeigt, hat sich der Gesetzgeber zur Umsetzung der verfassungsrechtlichen Vorgaben für eine grundrechtlich relevante Regulierung der Telekommunikationsmärkte entschieden. Alternativ hierzu wäre grundsätzlich eine Umsetzung der Gewährleistungspflicht auch mittels Beteiligungsverwaltung des Bundes zulässig gewesen.[769] Unter dem Gesichtspunkt der Verhältnismäßigkeit des Regulierungsansatzes könnte man daher diskutieren, ob dies nicht zumindest aus der Perspektive der "anderen privaten Anbieter" als ein milderes Mittel anzusehen gewesen wäre. Die Grundrechtsfähigkeit der Nachfolgeunternehmen der Bundespost setzt aber auch hier die Vereinbarkeit solcher Maßnahmen mit den Grundrechten und entsprechend dem Grundsatz vom Vorbehalt des Gesetzes eine gesetzliche Ausgestaltung voraus.[770] Die an die verfassungsrechtliche Vereinbarkeit solcher Beteiligungsmaßnahmen zu stellenden Anforderungen wären letztlich die gleichen gewesen. Zusätzlich ist zu bedenken, dass die Steuerungsmöglichkeiten aus dem Anteilseigentum nicht zwingend gleichermaßen zur Sicherung eines Universaldienstes geeignet gewesen wären. Zum einen ist es dem Bund verfassungsrechtlich nicht verwehrt, die für eine Beteiligungsverwaltung erforderliche Kapitalmehrheit jederzeit zu veräußern.[771] Zum anderen bietet sich das eingeführte flexible Regulierungskonzept, das *alle* Anbieter auf den lizenzpflichtigen Märkten erfasst und größtenteils auf eine marktbeherrschende Stellung abstellt, für die zum Zeitpunkt des Erlasses des Telekommunikationsgesetzes erwarteten, rasant sich ändernden Marktbedingungen an.[772] Der Bund kann dessen ungeachtet ergänzend auf eine Steuerung aufgrund seiner Eigentumsanteile an der DT AG zurückgreifen.[773]

2. *Verfassungsrechtliche Zulässigkeit von Individual- und Maßnahmegesetzen*

Aus Art. 19 Abs. 1 GG leitet sich der verfassungsrechtliche Anspruch an Gesetze ab, dass sich diese durch das Merkmal der *Allgemeinheit* auszuzeichnen haben, somit eine Vielzahl von Fällen regeln und sich an eine Vielzahl von Adressaten, die nicht einen geschlossenen Kreis bilden dürfen, wenden müssen.[774]

a) Problem der verfassungsrechtlichen Zulässigkeit von Individualgesetzen

Die Tatsache, dass der Gesetzgeber bei Erlass des Telekommunikationsgesetzes und bei der Formulierung der Zwecksetzung des § 1 TKG besonders die marktbeherrschende Stellung der DT AG auf einer Vielzahl von Telekommunikationsmärkten im Auge hatte, erfordert daher

---

[769] Vgl. *Herdegen*, in: Beck'scher PostG Komm., Verfassungsrechtliche Grundlagen, Rdnr. 16; vgl. auch *K. Windthorst*, Universaldienst, S. 350 ff. Jedenfalls scheidet als Alternative eine staatliche Subventionierung der Erbringung defizitärer Universaldienstleistungen als nicht gleich wirksames Mittel aus, vgl. ebd., S. 464 f.

[770] Vgl. *Herdegen*, in: Beck'scher PostG Komm., Verfassungsrechtliche Grundlagen, Rdnr. 16.

[771] Vgl. *K. Windthorst*, Universaldienst, S. 199.

[772] Exemplarisch sei hier auf den deutschen Mobilfunkmarkt hingewiesen, der nicht mehr von der DT AG, sondern von neuen Marktteilnehmern dominiert wird, vgl. den fünften Bericht über die Umsetzung des Reformpakets für den Telekommunikationssektor, Mitteilung der Kommission an das Europäische Parlament, den Rat, den Wirtschafts- und Sozialausschuss und den Ausschuss der Regionen, KOM (1999) 537, S. 31. Vgl. zum funktionsfähigen Wettbewerb auf dem Mobilfunkmarkt auch *Knieps*, MMR-Beilage 2/2000, 1 ff.

[773] Vgl. *K. Windthorst*, Universaldienst, S. 355.

[774] Vgl. *Ossenbühl*, in: HbStR III, S. 281 (286), m. w. N. Vgl. auch BVerfG, Beschl. v. 05.03.1974, E 36, 383 (400), m. w. N.

eine besondere Betrachtung des Telekommunikationsgesetzes und seiner Zwecksetzung unter dem Gesichtspunkt der Vereinbarkeit der dem Gesetzeszweck entsprechenden Regulierungsvorschriften mit den verfassungsrechtlichen Anforderungen an sog. *Individualgesetze*.

Das Bundesverfassungsgericht hat die Allgemeinheit eines Gesetzes schon dann als gegeben angesehen, wenn künftig weitere Adressaten in den Kreis der Normbetroffenen eintreten können, mag auch bei dem Gesetzerlass nur eine einzige Person von dem Gesetze betroffen sein.[775] Für den Fall des Telekommunikationsgesetzes ist hierbei zu berücksichtigen, dass zwar die marktbeherrschende Stellung der DT AG, die zum Zeitpunkt des Inkrafttretens des Gesetzes auf einer Vielzahl von Märkten mit einer Monopolstellung in den Wettbewerb geschickt wurde, den Anstoß zur besonderen Regulierung von marktbeherrschenden Unternehmen gegeben hat. Dennoch sind die gesetzlichen Tatbestände der besonderen Regulierung so abstrakt gefasst, dass sie nicht nur in Fällen mit Beteiligung der DT AG besondere Regulierungsmaßnahmen auslösen können und somit nicht nur ein einmaliger Eintritt der vorgesehenen Rechtsfolgen möglich ist. Die besondere Regulierung knüpft vielmehr generell-abstrakt an den lizenzpflichtigen Bereich und die marktbeherrschende Stellung eines Unternehmens auf den jeweils relevanten Märkten an und ist damit nach der gesetzlichen Konzeption auf alle marktbeherrschenden Unternehmen anwendbar. Die Vorschriften über die besondere Regulierung sind folglich über die DT AG hinaus auch auf sonstige (zukünftige) marktbeherrschende Unternehmen anwendbar.

b) Verfassungsrechtliche Zulässigkeit von Maßnahmegesetzen

Das Telekommunikationsgesetz ist jedenfalls der Gruppe der sog. *Maßnahmegesetze* zuzuordnen.[776] Nach dem Begriffsverständnis des Bundesverfassungsgerichts handelt es sich bei diesem Gesetzestypus um Gesetze, die "konkrete Maßnahmen verwirklichen wollen und gegenstandslos werden, nachdem diese durchgeführt sind"[777]. Nach Auffassung der Literatur zeichnen sich Maßnahmegesetze gegenüber anderen Gesetzen dadurch aus, dass sie auf eine konkrete Situation zugeschnitten sind, die sie ordnen sollen.[778]

Auf diese Weise greift das Telekommunikationsgesetz ordnend in die Telekommunikationsmärkte ein. Bereits mehrfach wurde auf den wirtschaftslenkenden Charakter der regulierungsrelevanten Vorschriften des Telekommunikationsgesetzes hingewiesen. Das Bundesverfassungsgericht hat den Begriff des Maßnahmegesetzes als "verfassungsrechtlich irrelevant" bezeichnet,[779] was bedeutet, dass sie als solche verfassungsrechtlich zulässig sind, aber auch, dass sie nach den Maßstäben zu beurteilen sind, die sonst auch für Gesetze gelten.[780] Besonderes Augenmerk ist bei Maßnahmegesetzen lediglich auf den Vertrauensschutz zu richten,

---

775 Vgl. BVerfG, Urt. v. 29.11.1961, E 13, 225 (229).
776 *H. Schneider*, Gesetzgebung, S. 137, Rdnr. 198.
777 So das BVerfG zum Investitionshilfegesetz in seinem Urt. v. 20.07.1954, E 4, 7 (18).
778 Zu den unterschiedlichen Erklärungsmodellen zum Typus Maßnahmegesetz vgl. nur *H. Höger*, Zweckbestimmungen, S. 90.
779 Vgl. BVerfG, Urt. v. 08.07.1976, E 42, 263 (305); BVerfG, Urt. v. 07.05.1969, E 25, 371 (396). Anders dagegen die ältere Literatur: vgl. nur *K. Zeidler*, Maßnahmegesetz und "klassisches" Gesetz – Eine Kritik; *K. Huber*, Maßnahmegesetz- und Rechtsgesetz.
780 Vgl. nur BVerfG, Urt. v. 07.05.1969, E 25, 371 (396).

wenn gezielt – wie im Falle des Telekommunikationsgesetzes – [781] private Investitionen und Dispositionen veranlasst werden sollen.[782] Dabei ist jedoch wiederum einschränkend zu berücksichtigen, dass mit dem Telekommunikationsgesetz "spezifisch zweckgerichtete, von konkreten Umständen abhängige und darauf bezogene Regelungen" erlassen wurden und diese damit "nicht auf Dauerhaftigkeit und die Ausformung eines Rechtsstatus angelegt" sind.[783]

Im Ergebnis lässt sich festhalten, dass die Charakterisierung des Telekommunikationsgesetzes als Maßnahmegesetz per se noch keine verfassungsrechtlichen Bedenken begründet.

3. *Grundsatz der wirtschaftspolitischen Neutralität des Grundgesetzes*

Der sektorspezifische Regulierungsansatz des Telekommunikationsgesetzes, der insbesondere auf eine Förderung des Wettbewerbs zielt, verstößt zudem jedenfalls nicht gegen den Grundsatz der wirtschaftspolitischen Neutralität des Grundgesetzes[784] bzw. stellt auch keinen Verstoß gegen die bisherige Wirtschafts- und Sozialordnung dar. Das Grundgesetz enthält oder setzt keine Wirtschaftsverfassung voraus, die ein bestimmtes Wirtschaftssystem fixiert.[785] Das Bundesverfassungsgericht hat zur Frage der Vereinbarkeit des Investitionshilfegesetzes mit der sozialen Marktwirtschaft ausgeführt: "Die gegenwärtige Wirtschafts- und Sozialordnung ist zwar eine nach dem Grundgesetz mögliche Ordnung, keineswegs aber die allein mögliche. Sie beruht auf einer vom Willen des Gesetzgebers getragenen wirtschafts- und sozialpolitischen Entscheidung, die durch eine andere Entscheidung ersetzt oder durchbrochen werden kann. Daher ist es verfassungsrechtlich ohne Bedeutung, ob das Investitionshilfegesetz im Einklang mit der bisherigen Wirtschafts- und Sozialordnung steht und ob das zur Wirtschaftslenkung verwandte Mittel "marktkonform" ist.[786]

Das Grundgesetz beinhaltet zwar in den Grundrechten, in den Verfassungsstrukturbestimmungen,[787] in seinen diversen Verfassungsaufträgen, in Kompetenz- und Verfahrensnormen, in Normativbestimmungen und Gewährleistungen[788] zahlreiche Rechtsbefehle für die auf dem Gebiet der Wirtschaft tätige Gesetzgebung und Verwaltung, von einer besonderen "Wirtschaftsverfassung" kann dennoch nicht gesprochen werden. Vielmehr ist das Grundgesetz für Veränderungen in der Wirtschaftsordnung grundsätzlich offen. Dies ermöglicht dem Gesetz-

---

[781] Vgl. die Begründung zum TKG-E, BT-Drs. 13/4438, S. 4, i. V. m. BT-Drs. 13/3609, S. 34 ("Notwendigkeit eines Gesetzes"), wo der Gesetzgeber betont hat, dass mit dem Gesetz den Marktteilnehmern die notwendige Rechts- und Planungssicherheit verschafft werde.

[782] Vgl. das Sondervotum von *Steinberger* und *Böckenförde* zum Beschl. des BVerfG v. 10.04.1984, BVerfGE 67, 21 (22 f.).

[783] Vgl. ebd.

[784] Gleichwohl behauptete *Nipperdey*, das Grundgesetz schreibe für die Bundesrepublik Deutschland die soziale Marktwirtschaft vor, vgl. *H. C. Nipperdey*, Soziale Marktwirtschaft und Grundgesetz, S. 21 ff. Ähnlich auch *Scholz*, der den Art. 12 und 14 "evident systembildende Funktionen" beimisst und hieraus "das Bild einer bestimmten funktionstypisch verfassten Wirtschaftsordnung – einer Ordnung nämlich, die vom Prinzip des Privateigentums an den Produktionsmitteln ausgeht und den realen Wirtschaftsablauf damit den Strukturgesetzen von Privatautonomie, tatsächlichem (also nicht ordnungspolitisch aufgegebenem) Wettbewerb und dezentralistischer Selbstregulation überantwortet" folgert, vgl. *R. Scholz*, Paritätische Mitbestimmung und Grundgesetz, S. 37 ff.

[785] Vgl. *Ipsen*, in: HbStR IV, S. 357 (360).

[786] BVerfG, Urt. v. 20.07.1954, E 4, 7 (17).

[787] Vgl. dazu *K. Stern*, Staatsrecht I, Vorbem. zum 2. Kap., S. 411 ff., m. w. N.

[788] Zu den verschiedenen Verfassungsrechtssätzen vgl. *K. Stern*, Staatsrecht I, § 4 II 3.

geber, die ihm jeweils sachgemäß erscheinende Wirtschaftspolitik zu verfolgen, sofern er dabei das Grundgesetz beachtet.[789] Im Mitbestimmungsurteil[790] stellte das Bundesverfassungsgericht noch einmal klar, dass das Grundgesetz keine bestimmte Wirtschaftsordnung festlegt.[791] Anders als die Weimarer Verfassung normiere es auch nicht konkrete verfassungsrechtliche Grundsätze für die Gestaltung des Wirtschaftslebens.[792] Es überlasse dessen Ordnung vielmehr dem Gesetzgeber.[793] Diese gesetzgeberische Gestaltungsaufgabe könne auch nicht im Wege einer Grundrechtsinterpretation eingeschränkt werden.[794] Die Grundrechte seien in erster Linie individuelle Rechte.[795] Aus ihnen dürfe weder ein "Ordnungs- und Schutzzusammenhang der Grundrechte" noch gar ein "institutioneller Zusammenhang der Wirtschaftsverfassung" hergeleitet werden.[796] Deshalb sei der Gesetzgeber berechtigt, jede ihm sachgemäß erscheinende Wirtschaftspolitik zu verfolgen, sofern er dabei die Grundrechte beachtet.[797] Hier komme ihm eine weitgehende Gestaltungsfreiheit zu.[798]

Vor diesem Hintergrund ist es verfassungsrechtlich grundsätzlich ohne Bedeutung, ob der (neuartige) Regulierungsansatz des Telekommunikationsgesetzes zur Förderung des Wettbewerbs im Einklang mit der bisherigen Wirtschafts- und Sozialordnung steht und ob die zur Wirtschaftslenkung verwandten Regulierungsmittel "marktkonform" sind. Die wirtschaftspolitische Neutralität des Grundgesetzes bedeutet jedoch nicht, dass der Gesetzgeber in der Gestaltung der Wirtschaftsordnung für den Telekommunikationssektor gänzlich frei wäre.[799] Er ist auch hier wie überall sonst an das Grundgesetz gebunden. Auf diese Weise sind auch in der Telekommunikationswirtschaft die Grundrechte und die Prinzipien der Demokratie, des Rechtsstaats und des Sozialstaates zu beachten. Schon an dieser Stelle ist zusätzlich darauf hinzuweisen, dass der Grundsatz von der wirtschaftspolitischen Neutralität des Grundgesetzes durch Art. 4 Abs. 1 EGV in Frage gestellt wird.[800] Nach dieser Vorschrift wird die Wirtschaftspolitik der Mitgliedsstaaten an den "Grundsatz einer offenen Marktwirtschaft mit freiem Wettbewerb" gebunden. Zugleich verbietet Art. 82 EGV auch für den hier relevanten Telekommunikationssektor den Missbrauch einer marktbeherrschenden Stellung durch Unternehmen. Durch Art. 83 EGV wird der Rat der Europäischen Gemeinschaft verpflichtet, alle zweckdienlichen Verordnungen und Richtlinien zur Verwirklichung dieses Verbots zu erlassen.

---

789 Vgl. auch BVerfG, Urt. v. 01.03.1979, E 50, 290 (336 f.).

790 Gegenstand der Entscheidung waren verschiedene Vorschriften des Gesetzes über die Mitbestimmung der Arbeitnehmer (Mitbestimmungsgesetz – MitbestG) vom 04.05.1976 (BGBl. I, S. 1153).

791 Vgl. BVerfG, Urt. v. 01.03.1979, E 50, 290 (336 ff.).

792 Vgl. ebd., (337).

793 Vgl. ebd.

794 Vgl. ebd.

795 Vgl. ebd.

796 Vgl. ebd., (337 f.).

797 Vgl. ebd., (338).

798 Vgl. ebd., m. w. N. zur eigenen Rechtsprechung.

799 Zur Missverständlichkeit des Begriffs der "wirtschaftspolitischen Neutralität" des Grundgesetzes vgl. auch *Wendt*, in: *Sachs* (Hrsg.), Grundgesetz, Art. 14, Rdnr. 6.

800 Vgl. *E. Stein*, Staatsrecht, § 44 VI, S. 376.

E. Praktische Bedeutung der Zweckbestimmung des Telekommunikationsgesetzes

Nach der umfassenden Darstellung von Inhalt und Reichweite der gesetzlichen Zweckbestimmung des Telekommunikationsgesetzes und deren besonderer verfassungsrechtlicher Relevanz stellt sich nunmehr die Frage nach deren Bedeutung für die Praxis. Nachfolgend werden daher die praktische Bedeutung und Funktion der Zweckbestimmung des § 1 TKG erläutert.

I. Leitfunktion der Zweckbestimmung

In erster Linie kommt den in der legislativen Zweckbestimmung enthaltenen Wertungen bei der Norminterpretation bzw. Lückenausfüllung maßgebliche Bedeutung zu.[801] Im Vordergrund der Interpretation steht freilich die jeweilige Einzelbestimmung des Telekommunikationsgesetzes. Grundsätzlich darf man dem Telekommunikationsgesetz unterstellen, dass es den Anspruch verfolgt, mit Normen auszukommen, die bereits aus sich heraus verständlich und interpretierbar sind. Die Zwecke des § 1 TKG können nur da von Relevanz werden, wo entweder Detailregelungen ganz fehlen (Lückenthema)[802] oder wo vorhandene Vorschriften interpretationsbedürftig und -fähig sind.[803] Regelmäßig werden die Spezialregelungen des Gesetzes jedoch keinen Raum für eine "ergänzende" oder gar "korrigierende" Auslegung unter Rückgriff auf die Zweckbestimmungen lassen.[804] Der vorschnelle Rückriff auf einen in § 1 TKG vorgeblich angelegten "§ 242 des Telekommunikationsrechts" würde die Gefahr einer Überformung der Spezialregelungen mit vorgeblich behaupteten zweck- oder allgemeinpolitischen Überlegungen bergen.[805] In der Regel wird sich auch ein unmittelbarer Rückgriff auf die Pflicht des Art. 87f Abs. 1 GG zur Gewährleistung eines Universaldienstes verbieten, da die Exekutive an diese verfassungsrechtliche Pflicht nur nach Maßgabe der einfachgesetzlichen Ausformung durch das Telekommunikationsgesetz gebunden ist.[806]

Der Gesetzgeber hat sich für eine Pointierung der beiden Belange *Förderung des Wettbewerbs zur Gewährleistung von Universaldienstleistungen* und *Festlegung einer Frequenzordnung* entschieden. Die hierin zum Ausdruck gebrachte Privilegierung dieser Belange verdeutlicht die mit dem gesamten Regelungswerk verfolgte Politik. Dabei lag die Förderung des Wettbewerbs bei gleichzeitiger Sicherstellung von Universaldienstleistungen dem Gesetzgeber bei der Verabschiedung des Gesetzes besonders am Herzen.[807] Die Förderung des Wettbewerbs zur Sicherstellung einer Mindestvorsorgung mit Dienstleistungen geben infolgedes-

801 Zur Bedeutung der Intention des Gesetzes im Rahmen einer Richtigkeitskontrolle im Anschluss an den Rechtsgewinnungsprozess vgl. *H. Höger*, Zweckbestimmungen, S. 62 ff., m. w. N.; *S. Kraatz*, Die Zweckambivalenz des Gentechnikgesetzes, S. 52 f., m. w. N.

802 Zum Rückgriff auf die gesetzlichen Zwecke für die Lückenausfüllung vgl. exemplarisch BVerwG, Urt. v. 11.07.1968, E 30, 123 (124).

803 Vgl. für das Gentechnikgesetz *W. Vitzthum/T. Geddert-Steinacher*, Der Zweck im Gentechnikrecht, S. 48.

804 Vgl. ebd.

805 Vgl. ebd.

806 Vgl. *K. Windthorst*, Universaldienst, S. 320, m. w. N.

807 Vgl. die Begründung zum TKG-E, BT-Drs. 13/4438, S. 4, i. V. m. BT-Drs. 13/3609, S. 33 ("Zweck des Gesetzes").

sen den legislativen Rahmen des gesamten Normenkomplexes vor. Dagegen spielt die Festlegung einer Frequenzordnung in diesem Zusammenhang nur eine untergeordnete Rolle. Wie sich diese Leitfunktion der Zweckbestimmungen im Einzelnen auswirkt, soll nachfolgend dargestellt werden.

1. Zweckbestimmungen als Mittel zur Norminterpretation

Im Allgemeinen rührt das Erfordernis zur Auslegung von Gesetzestexten bei der Gesetzesanwendung aus der Ungenauigkeit der Gesetzessprache, die, wie die Umgangssprache auch, keine in ihrem Umfang und in ihrer Bedeutung exakt festgeschriebenen Begriffe verwendet, sondern mit Begrifflichkeiten arbeitet, deren Sinngehalt sich innerhalb einer mehr oder minder weiten Bandbreite bewegt.[808] An der Notwendigkeit zur Auslegung der Vorschriften des Telekommunikationsgesetzes ändern auch die zahlreichen in § 3 TKG enthaltenen Legaldefinitionen nichts. Obwohl es sich bei den Legaldefinitionen des § 3 TKG scheinbar um klar umschriebene Begriffe handelt, enthalten diese häufig Merkmale, die inhaltlich nicht eindeutig sind. Exemplarisch sei hier auf das Merkmal der "Vermittlung" in § 3 Nr. 15 TKG hingewiesen.[809] Zudem sind wesentliche Begriffe, wie der der "Sprachkommunikationsdienstleistungen für die Öffentlichkeit" in § 13 Abs. 1 TKG überhaupt nicht definiert worden.[810] Gleichwohl ist zuzugeben, dass mit der Verwendung von Legaldefinitionen der Interpretationsfreiraum aufgrund der hiermit einhergehenden sprachlichen Präzision des Telekommunikationsgesetzes verengt wird.

a) Kriterien der Auslegung

Auslegung von Gesetzestexten meint grundsätzlich deren Sinnerschließung.[811] Die Methodenlehre hat verschiedene Kriterien entwickelt, um eine gesicherte und nachprüfbare Auslegung von Normen sicherzustellen.[812] Ausgangspunkt jeder Auslegung ist grundsätzlich die Feststellung der Wortbedeutung und des Wortsinns der fraglichen Norm nach dem allgemeinen Sprachgebrauch und dem besonderen Sprachgebrauch des betreffenden Gesetzes (grammatische Interpretation).[813] Die systematische Auslegung bezieht das allgemeine normative und das spezielle Umfeld des betreffenden Gesetzes in die Überlegungen ein.[814] Die historische Auslegung erweitert den Kreis der Aspekte über Text und Kontext hinaus und bezieht die Entstehungsgeschichte der Norm, also auch Gesetzesmaterialien und andere feststellbare Erwägungen, bei Erlass des Gesetzes in die Überlegungen mit ein. Hierdurch wird es möglich, auf die Regelungsabsicht, die Zwecke, Ziele und Normvorstellungen des historischen Gesetz-

808 Unterschiede im Bedeutungsgehalt können sich je nach den Umständen, der Sachbezogenheit und dem Zusammenhang der Rede, der Satzstellung und der Betonung eines Wortes ergeben.
809 Vgl. hierzu oben Kap. B.I.1.c)(bb).
810 Vgl. *Manssen*, in: TMR, C, § 3, Rdnr. 1.
811 Vgl. *K. Larenz/C.-W. Canaris*, Methodenlehre der Rechtswissenschaft, S. 134.
812 Zu Recht verweisen *Larenz/Canaris* darauf, dass es jedoch keine "absolut richtige" im Sinne einer abschließenden und für alle Zeiten gültigen Auslegung gibt, vgl. ebd., S. 135.
813 Vgl. ebd., S. 141.
814 Zur systematisch-logischen Auslegung vgl. auch *F. Bydlinsky*, Juristische Methodenlehre und Rechtsbegriff, S. 442 ff.

gebers zu schließen.[815] Die teleologische Auslegung erweitert den Kreis der Erwägungen noch einmal, entfernt sich damit noch stärker vom Text und seinem Wortlaut, gewinnt aber mit ihren vielfältigen Einzelaspekten schon im Hinblick auf die Masse des Rechtsstoffs und der Texte immer größere Bedeutung für eine in sich stimmige Interpretation.[816] Hier geht es zunächst einmal um die höchstmögliche Freiheit von Widersprüchen im Verhältnis zu anderen Teilen der Rechtsordnung und um die Konformität mit der Verfassung, dabei nicht aber nur um die Vermeidung widersprüchlicher Normbefehle und Normaussagen, sondern auch um die Vermeidung von Wertungswidersprüchen.[817] Weiter ist zu fragen, ob das so erreichte Verständnis der Norm als sachgemäße Regelung eines Lebensbereichs oder überhaupt als gerecht angesehen werden kann.[818] Die teleologische Interpretation fragt folglich nach dem Normzweck bzw. nach der in der Norm zum Ausdruck gekommenen Interessenbewertung.[819]

b) Besondere Bedeutung der historisch-teleologischen Auslegung

Gerade im öffentlichen Recht geht es bei der Gesetzesauslegung zumeist um die genaue Bestimmung von Inhalt, Zweck und Ausmaß der gesetzlichen Bindung der handelnden Verwaltungsorgane.[820] Nach Ansicht der Literatur ist hierbei der historisch-teleologischen Auslegung grundsätzlich Vorrang einzuräumen; soweit der mögliche Wortsinn und der Bedeutungszusammenhang des Gesetzes Raum für verschiedene Auslegungen lässt, sei diejenige Auslegung vorzuziehen, die der Regelungsabsicht des Gesetzgebers und dem Zweck der betreffenden Norm am ehesten gerecht würde.[821] An die Zwecke des Gesetzes und die ihnen zugrunde liegenden Wertentscheidungen des Gesetzgebers sei der Richter bei der Auslegung des Gesetzes grundsätzlich gebunden.[822]

Auch das Bundesverfassungsgericht hat bereits in einer Entscheidung aus dem Jahr 1952 ausgesprochen, dass für die Auslegung einer Gesetzesvorschrift "der in dieser zum Ausdruck kommende objektivierte Wille des Gesetzgebers" maßgeblich ist, "so wie er sich aus dem Wortlaut der Gesetzesbestimmung und dem Sinnzusammenhang ergibt", und dass der Entstehungsgeschichte einer Vorschrift für deren Auslegung nur insofern Bedeutung zukommt, "als sie die Richtigkeit einer nach den angegebenen Grundsätzen ermittelten Auslegung bestätigt oder Zweifel behebt, die auf dem angegebenen Weg allein nicht ausgeräumt werden können".[823] Gleichzeitig hat das Gericht unterstrichen, dass selbst eine verfassungskonforme Auslegung den Zweck eines Gesetzes nicht unbeachtet lassen kann.[824] Auch darf nach der Recht-

---

815 *K. Larenz/C.-W. Canaris*, Methodenlehre der Rechtswissenschaft, S. 149 ff.

816 Vgl. ebd., S. 153 ff.

817 Vgl. ebd.

818 Vgl. ebd.

819 Vgl. ebd.

820 *H. J. Wolff/O. Bachof/R. Stober*, Verwaltungsrecht I, § 28 III b.

821 Vgl. auch *Schuster*, in: Beck'scher TKG Komm., § 2, Rdnr. 4. Grundsätzlich stehen die verschiedenen Auslegungskriterien zueinander in keinem festen Rangverhältnis. Vgl. hierzu *K. Larenz/C.-W. Canaris*, Methodenlehre der Rechtswissenschaft, S. 163 ff.

822 Vgl. ebd.

823 BVerfG, Urt. v. 21.05.1952, E 1, 299 (2. Leitsatz und S. 312); bestätigt im Beschl. v. 15.12.1959, E 10, 234 (244) und im Beschl. v. 17.05.1960, E 11, 126, 130 f.

824 Zu den in Verfassungsrang erhobenen rechtsethischen Prinzipien und Wertentscheidungen, an denen sich die Auslegung zu orientieren hat, vgl. *K. Larenz/C.-W. Canaris*, Methodenlehre der Rechtswissenschaft, S. 159 ff.

sprechung des Gerichts im Wege der Auslegung einem nach Wortlaut und Sinn eindeutigen Gesetz nicht ein entgegengesetzter Sinn verliehen, der normative Gehalt der auszulegenden Norm nicht grundlegend neu bestimmt, das gesetzgeberische Ziel nicht in einem wesentlichen Punkt verfehlt werden.[825] Im öffentlichen Recht – somit auch im Telekommunikationsrecht – gilt die Besonderheit, dass ein Gericht nicht als erstes Staatsorgan hoheitlich tätig wird, sondern die von einem anderen Staatsorgan – hier beispielsweise der Regulierungsbehörde – vorgenommene Auslegung auf ihre Rechtsrichtigkeit hin kontrolliert.[826] Die einschlägigen Verwaltungsnormen stellen somit für die Regulierungsbehörde Verhaltensnormen, für die Verwaltungsgerichte Beurteilungsnormen dar.[827]

c) Gesetzgeberische Motive zum Telekommunikationsgesetz

Neben den normierten Zwecksetzungen des § 1 TKG können im Rahmen der historischen Auslegung entsprechend dem vorgesagten weitere (verdeckte) Zwecke des Telekommunikationsgesetzes Berücksichtigung finden. Zusätzliche Erkenntnisse über den Zweck des Gesetzes lassen sich aus dessen Entstehungsgeschichte gewinnen. Hier kann allgemein auf den rechtlichen und faktischen Zustand vor Erlass der jeweils auszulegenden telekommunikationsrechtlichen Norm, den Kontext mit den übrigen Normen der historischen Telekommunikationsrechts- bzw. Fernmelderechtsordnung beim Erlass des Gesetzes, den Anlass für den Gesetzeserlass sowie die gesamten Vorstufen des schließlich beschlossenen Gesetzes, wie wissenschaftliche Vorarbeiten, Vorentwürfe und deren Veränderungen, fachliche parlamentarische Beratungen etc., zurückgegriffen werden.[828]

Speziell den sog. Gesetzesmaterialien, d. h. den schriftlichen Zeugnissen der Arbeiten am Telekommunikationsgesetz, wie den Entwürfen, Beratungsprotokollen, Motivberichten (erläuternde Bemerkungen) zur Regierungsvorlage, den Ausschussberichten, Parlamentsprotokollen etc., kommt hierbei besondere Bedeutung zu. Vor allem in der Begründung zum Regierungsentwurf und in den Protokollen der Gesetzgebungsverhandlungen finden sich wichtige Vorerwägungen, denen man unterstellen kann, dass in ihnen mehrheitlich konsensfähige Gerechtigkeitsvorstellungen und rechtspolitische Ziele zum Ausdruck kommen.[829] Für das Telekommunikationsgesetz bedeutet dies, dass die legislativen Zwecksetzungen des § 1 TKG durch die besonderen Erwägungen des Gesetzgebers eine weitere Ausgestaltung erfahren.

Ausdrücklich wollte der Gesetzgeber mit der Verabschiedung des Telekommunikationsgesetzes zum einen die Entscheidungen der Europäischen Union umsetzen, zum anderen aber auch den verfassungsrechtlichen Vorgaben des Art. 87f GG Rechnung tragen, die eine Pflicht zur Gewährleistung von Universaldienstleistungen, aber auch zur Förderung des Wettbewerbs begründen.[830] So heißt es in der Begründung zum Regierungsentwurf wörtlich: "Mit diesem

---

825 Vgl. BVerfG, Beschl. v. 11.06.1958, E 8, 28 (34); Beschl. v. 11.06.1980, E 54, 277 (299), m. w. N. zur Rechtsprechung des BVerfG.

826 Vgl. *Redeker*, DÖV 1971, 762 (762) m. w. N.

827 Vgl. *P. Tettinger*, Rechtsanwendung und gerichtliche Kontrolle im Wirtschaftsverwaltungsrecht, S. 67, m. w. N. in Fn. 2.

828 Vgl. allgemein hierzu *F. Bydlinsky*, Juristische Methodenlehre und Rechtsbegriff, S. 449.

829 Vgl. allgemein hierzu auch *R. Zippelius*, Juristische Methodenlehre, S. 51.

830 Vgl. die Begründung zum TKG-E, BT-Drs. 13/4438, S. 4, i. V. m. BT-Drs. 13/3609, S. 33 ("Entwicklung und Bedeutung des Telekommunikationsmarktes"). Die Verpflichtung, im Bereich der Telekommunikation

Telekommunikationsgesetz werden die rechtlichen Rahmenbedingungen bereitgestellt, um den verfassungsrechtlichen Auftrag zu erfüllen, über Wettbewerb den Zugang von Wirtschaft und Verbrauchern zu modernen, preiswerten und leistungsfähigen Telekommunikationsnetzen und zu entsprechenden Telekommunikationsdienstleistungen zu gewährleisten. Gleichzeitig werden mit diesem Gesetz die europäischen Entscheidungen zur Liberalisierung der Telekommunikationsmärkte umgesetzt und so den Marktteilnehmern die notwendige Rechts- und Planungssicherheit verschafft."[831]

An anderer Stelle hat es Gesetzgeber als ein wesentliches Ziel des Telekommunikationsgesetzes bezeichnet, dass das Gesetz in Erfüllung des verfassungsrechtlichen Auftrags – die Versorgung mit Telekommunikationsdienstleistungen im Wettbewerb sicherzustellen – die staatlichen Rahmenbedingungen in der Telekommunikation schaffen muss, damit chancengleicher Wettbewerb durch neu hinzutretende Anbieter ermöglicht wird sowie durch regulierende Eingriffe in das Marktverhalten beherrschender Unternehmen ein funktionsfähiger Wettbewerb gefördert wird.[832] Diese über die ausdrücklich genannten Zwecksetzungen des § 1 TKG hinausgehenden gesetzgeberischen Intentionen werden zukünftig ergänzend bei der Interpretation einzelner Vorschriften des Gesetzes zu berücksichtigen sein, so dass die historisch-teleologische Auslegung für das Telekommunikationsgesetz besondere Bedeutung haben wird.

d) Auslegungsmaßstab der Normen des Telekommunikationsgesetzes im Einzelnen

Auslegung in diesem Sinne meint damit eine Interpretation einzelner Bestimmungen im Rahmen ihres möglichen Wortsinns und in Übereinstimmung mit dem Bedeutungszusammenhang des Telekommunikationsgesetzes, wie sich dieser aufgrund der normierten Wertungen des § 1 TKG und weiter aus den historischen Überlegungen des Gesetzgebers ergibt. Der Auslegende hat hierbei immer die Gesamtheit der telekommunikationsrechtlichen – so auch der europäischen -[833] Vorgaben zu beachten, die der auszulegenden Norm zugrunde liegt. Hierbei sind die bereits oben dargestellten Rangverhältnisse der telekommunikationsrechtlichen Zwecksetzungen zu beachten, die sich dem Anwender nicht auf den ersten Blick eröffnen. Maßgebliche Relevanz kommt damit der Hauptzweckvorgabe im Hinblick auf die Gewährleistung eines Universaldienstes bei gleichzeitiger Förderpflicht des Wettbewerbs zu. Die oben aufgezeigte untrennbare Verknüpfung der beiden Zweckelemente verbietet denknotwendig eine auf nur eine einzelne Wertsetzung beschränkte Interpretation einer auslegungsbedürftigen Vorschrift.

In Fortführung der europäischen Vorgaben ergibt sich für die Interpretation der Vorschriften des Telekommunikationsgesetzes das Prinzip der marktöffnungskonformen Auslegung.[834] Bei der Auslegung sind stets die besonderen wettbewerblichen Verhältnissen auf den Telekom-

---

Wettbewerb zuzulassen und zu fördern, leitete die Bundesregierung dabei aus dem Tatbestandsmerkmal "und andere Anbieter" des Art. 87f Abs. 2 GG ab.

831 Vgl. die Begründung zum TKG-E, BT-Drs. 13/4438, S. 4, i. V. m. BT-Drs. 13/3609, S. 34 ("Notwendigkeit eines neuen Gesetzes").

832 Vgl. ebd., S. 33 ("Zweck des Gesetzes").

833 Zur gemeinschaftsrechtskonformen Auslegung vgl. oben Kap. B.I.3.a)(aa)(3)(iii).

834 Vgl. *U. Immenga/N. Lübben/H.-P. Schwintowski* (Hrsg.), Telekommunikation: Vom Monopol zum Wettbewerb, S. 140.

munikationsmärkten zu beachten. Indem der Gesetzgeber ausdrücklich die Förderung des Wettbewerbs mit in die Zweckbestimmung aufgenommen hat, stellt er klar, für welches wirtschaftspolitische Leitmotiv er sich entschieden hat. Mit dieser Entscheidung schließt er für die Zukunft eine Umkehr hin zur Monopolwirtschaft aus. Exekutive wie Judikative sind im Rahmen der Gesetzesanwendung an diese Wertung gebunden. Die Zweckbestimmung wirkt hier als Auslegungsschranke und verhindert, dass eine partei- oder gesellschaftspolitisch veränderte Einschätzung der Vorteile der Liberalisierung der Märkte zu einer Nichtbeachtung des Förderzwecks innerhalb der Norminterpretation führt. Die Vorschriften des Telekommunikationsgesetzes sind daher so auszulegen, dass in der praktischen Anwendung an erster Stelle durch Regulierung Wettbewerb hergestellt wird, um eine flächendeckend angemessene und ausreichende Versorgung mit Telekommunikationsdienstleistungen zu erreichen.[835] Für die Auslegung des sektorspezifischen Kartellrechts hält das Gesetz eine gesetzliche Besonderheit bereit, in dem es in § 82 Satz 5 TKG ausdrücklich eine einheitliche und den Zusammenhang wahrende Auslegung der Vorschriften des Telekommunikationsgesetzes mit denen des Gesetzes gegen Wettbewerbsbeschränkungen anordnet.

Bereits oben wurde auf die Bedeutung der Zweckbestimmungen im Zusammenhang mit dem Verordnungsrecht hingewiesen. Aus Art. 80 Abs. 1 Satz 2 GG folgt die Maßgeblichkeit der Zweckbestimmung des ermächtigenden Gesetzes auch für die Auslegung einer Verordnungsvorschrift.[836] Vor allem im Fall der flexiblen Ausgestaltung des Universaldienstleistungskorbs durch eine Rechtsverordnung nach § 17 Abs. 2 TKG, mit der der Gesetzgeber die Standardisierung solcher Dienstleistungen zur Pflicht gemacht hat, deren Erbringung für die Öffentlichkeit als *Grundversorgung unabdingbar* geworden ist, ist die verbindliche Zweckvorgabe zur Gewährleistung "flächendeckend angemessener und ausreichender Dienstleistungen" als konkretisierende Interpretationsvorgabe wichtig.

2. *Bedeutung der Zweckbestimmung für die Ermessensausübung*

Im Allgemeinen wird den legislativen Zwecksetzungen auch eine Bedeutung im Rahmen des Verwaltungsermessens zugesprochen. Abgeleitet wird dies unter anderem auch aus verschiedenen Rechtsnormen, die bestimmen, dass die Verwaltungsbehörden nur in einer dem Zweck der Ermächtigung entsprechenden Weise davon Gebrauch machen dürfen (§ 114 VwGO, § 102 FGO, § 54 Abs. 2 SGG, § 226 BauGB, § 28 Abs. 3 EGGVG).[837] Nach der Rechtsprechung liegt ein Ermessensfehlgebrauch und damit ein rechtswidriger Verwaltungsakt vor, wenn die erlassende Behörde ein ihr gesetzlich eingeräumtes Ermessen nicht i. S. d. in der Norm zum Ausdruck kommenden Zwecksetzung ausübt.[838]

Die Zwecksetzungen des für das jeweilige Regulierungshandeln maßgeblichen Telekommunikationsgesetzes bestimmen folglich regelmäßig die konkreten *Grenzen* zulässiger Ermessenserwägungen und dirigieren sie. Die These, wonach die Zweckbestimmungen im Allgemeinen eher generell auslegungsleitende als ermessenslenkende Funktion haben,[839] wird auch

---

835 Vgl. ebd.

836 So nimmt § 4 GenTSV konkret auf die Zwecksetzung des Gentechnikgesetzes in § 1 GenTG Bezug. Vgl. hierzu auch *S. Kraatz*, Die Zweckambivalenz des Gentechnikgesetzes, S. 51.

837 Vgl. nur *S. Kraatz*, a. a. O., S. 54 f.

838 Vgl. nur BVerfG, Beschl. v. 04.02.1975, E 38, 369 ff.; Beschl. v. 08.08.1978, E 49, 147 ff.

839 Vgl. *W. Vitzthum/T. Geddert-Steinacher*, Der Zweck im Gentechnikrecht, S. 48.

durch die Systematik des Telekommunikationsgesetzes gestützt. Für die Ermessensausübung der Regulierungsbehörde sind vornehmlich die in § 2 Abs. 2 TKG niedergelegten Regulierungsziele von Bedeutung, die in den konkreten Abwägungsvorgang, der durch die Hauptzwecksetzung des § 1 TKG eine Eingrenzung erfährt, einzustellen sind.

II. Bedeutung der Zweckbestimmung für den Bürger

Gelegentlich wird diskutiert, ob die Verwendung einer Zweckbestimmung Gesetze populär macht bzw. einen "verbesserten Zugang des Bürgers zum Recht" ermöglicht.[840] Die zuweilen beklagte Unverständlichkeit von Gesetzestexten beruht schließlich teilweise auf der jeweils angewandten Gesetzgebungstechnik.[841] Ansatzpunkte der Kritik sind nicht selten Kompliziertheit der Gesetze in Systematik und Sprache. Erkennbarkeit und Verständlichkeit des Rechts sind jedoch wesentliche Voraussetzung für dessen Akzeptanz und Befolgung durch den Bürger.[842] In diesem Sinne fordert Hill[843] die Funktionsgerechtigkeit als oberstes Prinzip jeder gesetzlichen Regelung. Das der Funktionsgerechtigkeit immanente Element der Adressatengerechtigkeit beinhalte die Verständlichkeit des Gesetzes für den hiervon betroffenen Bürger.

1. Verfassungsrechtliche Vorgaben

Dieses Postulat nach Erkennbarkeit und Verständlichkeit von Gesetzen erfährt zugleich auch eine verfassungsrechtliche Verankerung.[844] Das Demokratieprinzip des Grundgesetzes – das Bundesverfassungsgericht versteht das Demokratieprinzip allgemein als den Grundsatz der "Selbstbestimmung des Volkes", also als den der "Volkssouveränität"[845] – gebietet es u. a. auch, dem Volk die Möglichkeit zu angemessener Information über die Rechtslage im Allgemeinen und damit verbunden über spezielle Gesetzesinhalte zu verschaffen. Auf diese Weise kann ein gut informierter Staatsbürger besser auf den Prozess der politischen Meinungsbildung Einfluss nehmen, generell an der politischen Willensbildung teilhaben und hierdurch die Entschlüsse der Staatsorgane beeinflussen.[846]

---

840 Vgl. *Hill*, in: Gesetzesvorspruch, S. 10 f.; *Fliedner*, in: Gesetzesvorspruch, S. 18 ff.

841 Unter Gesetzgebungstechnik versteht man die der systematischen und sprachlichen Seite der Gesetzgebung zuzurechnenden Regeln zur formalen Gestaltung von Rechtsvorschriften. Vgl. hierzu *Wyduckel*, DVBl. 1982, 1175 (1177).

842 Vgl. *Hill*, in: Gesetzesvorspruch, S. 2.

843 Unter Fortentwicklung der von *Walter*, ÖJZ 1963, 85, begründeten "Lehre von der Gesetzestechnik", vgl. *H. Hill*, Einführung in die Gesetzgebungslehre, S. 96. Demgegenüber beinhaltet die sog. Anwendungsgeeignetheit die Vollziehbarkeit des Gesetzes durch die Verwaltung und seine Kontrollfähigkeit (Justiziabilität) durch die Rechtsprechung.

844 Nach Auffassung von *Hill*, in: Gesetzesvorspruch, S. 2, folgt dies neben dem Demokratie- und Rechtsstaatsprinzip auch aus dem Sozialstaatsprinzip, denn dieses gebiete die Möglichkeit gleichen Zugangs zum Recht, insbesondere die Schaffung angemessener Informationsmöglichkeiten über gesetzliche Rechte und Pflichten. Schließlich seien es insbesondere die Grundrechte, die eine rechtzeitige, angemessene und vollständige Information über mögliche staatliche Eingriffe sowie Leistungsansprüche und Teilhabechancen verlangten.

845 Vgl. BVerfG, Urt. v. 23.10.1952, E 2, 1 (12 f.).

846 Vgl. allgemein die Entscheidung des BVerfG, Urt. v. 19.07.1966, E 20, 56 (98 f.) zum Recht des Bürgers auf Teilhabe an der politischen Willensbildung und zur Verschränkung der Willensbildung des Volkes mit der staatlichen Willensbildung.

Aber auch das Rechtsstaatsprinzip stellt an das Gesetz das Gebot zu Klarheit und Bestimmtheit.[847] Dieses Gebot leitet sich letztlich aus dem allgemeinen Grundsatz der Rechtssicherheit ab und beinhaltet das Gebot der Vermeidung von Unsicherheiten bei der Anwendung des Rechts.[848] Hieraus folgt für den Gesetzgeber die Notwendigkeit, den Inhalt von Rechtssätzen eindeutig zu fassen.[849] Anderenfalls droht nach Ansicht des Bundesverfassungsgerichts die Nichtigkeit des Gesetzes, was bereits ein Leitsatz einer frühen Entscheidung des Gerichts ausdrücklich betonte: "Wenn die Fassung eines Gesetzes seinen wirklichen Gehalt nicht zum Ausdruck bringt, wenn sie missverständlich oder irreführend ist oder wenn das Gesetz in sich widerspruchsvoll ist, kann es wegen Widerspruchs mit den Grundsätzen des Rechtsstaats nichtig sein."[850]

Als Mindestanforderung an die Normenklarheit verlangt das Bundesverfassungsgericht vom Gesetzgeber, dass dieser "wenigstens seinen Grundgedanken, das Ziel seines gesetzgeberischen Wollens, vollkommen deutlich macht[851] – besonders dann, wenn es sich um die Regelung eines verhältnismäßig einfachen und leicht zu übersehenden Lebenssachverhalts handelt und die Formung des gesetzlichen Tatbestandes deshalb wenig Schwierigkeiten bereitet."[852] Der Bürger muss erkennen können, welche Rechtsnormen von ihm zu beachten sind und was von ihm verlangt wird, damit er sich danach richten und sicher sein kann, nicht unwissentlich das Recht zu verletzen.[853]

2. *Umsetzung der verfassungsrechtlichen Anforderungen durch legislative Zweckbestimmungen*

Die in Kraft getretenen bundesdeutschen Gesetze kennen weder eine ihnen nachgestellte amtliche Begründung, noch nehmen sie ausdrücklich Bezug auf Materialien des Gesetzgebungsverfahrens. Dementsprechend kann die Voranstellung einer Zweckbestimmung, in der Anlass, Zweck und wesentlicher Inhalt eines Gesetzes in verständlicher Sprache beschrieben sind, den "Zugang des Bürgers zum Recht" prinzipiell verbessern. Letztlich begegnet man hier jedoch einem Dilemma: Die Notwendigkeit zur Aufnahme einer in die Problematik einführenden Zweckbestimmung erübrigt sich bei einfachen und leicht verständlichen Gesetzen. In Fällen komplizierter und komplexer Regelungen lässt sich dagegen nicht in wenigen Sätzen und in leicht verständlicher Form zusammengefasst darstellen, was nachfolgend nur nach Maßgabe der einzelnen Bestimmungen zu gelten hat. Mit wachsendem Umfang des Gesetzes geht die Schwierigkeit des Formulierens einer geeigneten Zweckbestimmung einher.

---

[847] Vgl. hierzu BVerfG, Urt. v. 24.11.1981, E 59, 104 (114) ("Das rechtsstaatliche Gebot hinreichender Bestimmtheit der Gesetze"); zur Bedeutung des Art. 103 Abs. 2 GG als verfassungsrechtlich verankerter Ausprägung des Gebots zu Klarheit und Bestimmtheit für Strafgesetze vgl. die Nachweise bei *K. Stern*, Staatsrecht I, § 20 IV 4, S. 829, Fn. 400.

[848] Vgl. *K. Stern*, Staatsrecht I, § 20 IV 4, S. 829 f.; zur Bestimmtheit und Klarheit als Mindesterfordernisse für die Normgestaltung nach der Judikatur des Bundesverfassungsgerichts vgl. auch *H. Schneider*, Gesetzgebung, S. 44 ff.

[849] Vgl. hierzu exemplarisch BVerfG, Urt. v. 19.02.1962, E 14, 13 (16); Urt. v. 01.07.1980, E 54, 237 (247).

[850] BVerfG, Urt. v. 23.10.1951, E 1, 14 (16, Leitsatz Nr. 14).

[851] BVerfG, Urt. v. 01.07.1980, E 54, 237 (247).

[852] BVerfG, Urt. v. 07.04.1964, E 17, 306 (314); ähnlich auch Urt. v. 19.04.1978, E 48, 210 (226).

[853] Vgl. *K. Stern*, Staatsrecht I, § 20 IV 4, S. 830, m. w. N.

Die hier zu untersuchende Zweckbestimmung des § 1 TKG verdeutlicht zwar zugegebenermaßen die oben ausführlich erörterten wesentlichen Grundgedanken des Telekommunikationsgesetzes bzw. die mit dem Regelungswerk verfolgte gesetzgeberische Intention. Ob diese Zweckbestimmung jedoch tatsächlich auch ein brauchbares Instrument zur Verbesserung des "Zugangs des Bürgers zum Recht der Telekommunikation" ist, bleibt hingegen zweifelhaft. Die gesetzliche Regelungsmaterie ist schon angesichts der Verzahnung mit verfassungs- und europarechtlichen Fragestellungen und auch durch die von § 2 Abs. 3 TKG ausdrücklich vorgenommene Verknüpfung mit den Regelungen des Gesetzes gegen Wettbewerbsbeschränkungen so komplex, dass die bloße Lektüre der einleitenden Zweckbestimmung des § 1 TKG dem juristischen Laien kaum den Zugang zum Recht der Telekommunikation erleichtern dürfte. Auch die zusätzliche Aneinanderreihung der ausdrücklich normierten sechs Zielsetzungen der Regulierung in § 2 Abs. 2 TKG neben der Formulierung der Zwecksetzung des Gesetzes in dessen § 1 – wobei die Zweck- und Zielsetzungen teilweise ähnlich lauten bzw. sich teilweise inhaltlich decken oder überschneiden – dient auf den ersten Blick nicht der Klarheit über die sich aus dem Telekommunikationsgesetz ergebenden Rechte und Pflichten der Bürger bzw. Marktteilnehmer. Die Darstellung der Regulierungsziele und Gesetzeszwecke geht über einen allgemeinen Katalog nicht hinaus. Sie sind offen, nicht eindeutig formuliert und stehen teilweise miteinander im Konflikt, den das Gesetz mangels ausdrücklicher Gewichtungen selbst nicht auflöst.

III. Bedeutung der Zweckbestimmung für den Gesetzgeber

Die Formulierung einer Zweckbestimmung durch den Gesetzgeber kann neben der eben diskutierten möglichen Relevanz für den Bürger auch unmittelbare Auswirkungen auf das Parlament selbst haben, zwingt doch – wie oben dargelegt – eine prägnante, positive Formulierung der gesetzgeberischen Intentionen zu einer vertieften Auseinandersetzung mit den angestrebten gesetzlichen Zielzuständen. Die Einführung einer Zweckbestimmung, in der Anlass, Zweck und wesentlicher Inhalt eines Gesetzes in verständlicher Sprache beschrieben sind, kann dergestalt zu einer verstärkten Selbst- und Vorabkontrolle des Parlaments führen. Durch eine verständliche Formulierung des Anlasses des gesetzgeberischen Tätigwerdens ist der Gesetzgeber beispielsweise gezwungen, in jedem Fall die Notwendigkeit für den Erlass eines neuen Rechts zu prüfen.[854]

1. Parlamentarische Selbstkontrolle

Diskutiert wird in diesem Zusammenhang zudem der durch einen erzieherischen Effekt eventuell zu erreichende Verzicht auf weitere (überflüssige) gesetzliche Regelungen bzw. die hierdurch gegebenenfalls zu bewerkstelligende Bündelung von Gesetzen. Ebenso denkbar ist, dass der Zwang, sich über die gesetzlichen Ziele klar zu werden, zu einer verstärkten Verwendung von Generalklauseln führen könnte.[855] Je klarer zudem die rechtspolitischen Vorga-

---

[854] Vgl. *Fliedner*, in: Gesetzesvorspruch, S. 18 f.

[855] Weiter verweist *Hill*, in: Gesetzesvorspruch, S. 34; auf eine Verdeutlichung möglicher Defizite im Vollzugsbereich. Der Vorspruch kann seiner Ansicht nach aber auch die Chance zur politischen Einigung erhöhen und interfraktionelle Konsensfindungsprozesse fördern. Auf die damit einhergehende Gefahr von bloßen

ben formuliert sind, desto besser lassen sich die gewählten Mittel zu deren Umsetzung auf ihre Notwendigkeit und Angemessenheit hin überprüfen.[856]

Ausführlich geht der Entwurf des Telekommunikationsgesetzes in seiner Begründung auf Anlass, Zweck und wesentlichen Inhalt des Gesetzes ein. So verweist die Begründung ausführlich auf die Entwicklung und Bedeutung des Telekommunikationsmarktes, nimmt Bezug auf die Entscheidungen der Europäischen Union, zum 01.01.1998 das Netz- und Telefondienstmonopol aufzuheben, und verweist auf die verfassungsrechtlichen Vorgaben des Art. 87f GG.[857] Über die Zwecksetzung in § 1 des Gesetzentwurfs hinaus begründet der Gesetzentwurf unter der Überschrift "Zweck des Gesetzes" die Erforderlichkeit sektorspezifischer Regelungen als Ergänzung zum allgemeinen Wettbewerbsrecht.[858] Nachfolgend gibt der Entwurf Kurzzusammenfassungen zu den mit dem Gesetz angestrebten Regelungsbereichen "Lizenz als Marktzugangsvoraussetzung", "Regulierung marktbeherrschender Unternehmen", "Universaldienst", "Preisregulierung", "Zusammenschaltungen", "Nummernverwaltung", "Frequenzordnung", "Benutzung öffentlicher Wege und Plätze", "Zulassung", "Regulierungsbehörde" und Hinweise auf die im elften und zwölften Teil des Gesetzes enthaltenen Regelungen betreffend das Fernmeldegeheimnis, den Datenschutz, die Netzsicherheit, die öffentliche Sicherheit und die Straf- und Bußgeldvorschriften.[859] Selbst zur Frage der Notwendigkeit eines neuen Telekommunikationsgesetzes nimmt der Entwurf in seiner Begründung Stellung. So geht der Entwurf davon aus, dass der gesamte vom Telekommunikationsgesetz aufzustellende Regulierungsrahmen nicht im Wege der Novellierung des Fernmeldeanlagengesetzes bzw. des Gesetzes über die Regulierung der Telekommunikation und des Postwesens hätte geschaffen werden können.[860]

Schon diese verkürzte Darstellung der allgemeinen Begründung zum Gesetzentwurf zeigt die Schwierigkeit, Anlass, Zweck und wesentlichen Inhalt des Telekommunikationsgesetzes in der legislativen Zweckbestimmung adäquat darzustellen. Vor dem Hintergrund dieser Gesetzesbegründung steht jedenfalls fest, dass der Gesetzgeber bei Neuregelung des Telekommunikationsrechts sowohl den bestehenden verfassungs- als auch den europarechtlichen Anforderungen genügen wollte. Zusätzlich gibt die Begründung zum Gesetzentwurf bereits weitreichende Erläuterungen zu den in § 1 TKG herausgestellten gesetzlichen Zielen. Der Blick auf die Begründung zeigt aber auch, dass sich der Gesetzgeber sehr wohl mit der Notwendigkeit einer umfassenden Neuregelung des Telekommunikationsrechts sowie darüber hinaus mit der Angemessenheit der neuen Regelungen auseinandergesetzt hat.[861] Unter dem Gesichtspunkt einer strengen Notwendigkeitsprüfung durch den Gesetzgeber war das Parlament im Falle des Telekommunikationsgesetzes jedoch nicht zwingend gehalten, Anlass und Notwendigkeit der umfassenden Neuregelung des Telekommunikationsrechts in die Zweckbestimmung des § 1 TKG mit aufzunehmen. Denn die Tatsache, dass der bundesdeutsche Gesetzgeber auf diesem

---

Formelkompromissen verweisen auch *W. Vitzthum/T. Geddert-Steinacher*, Der Zweck im Gentechnikrecht, S. 46, m. w. N.

856 Vgl. ebd.

857 Vgl. die Begründung zum TKG-E, BT-Drs. 13/4438, S. 4, i. V. m. BT-Drs. 13/3609, S. 33 ("Entwicklung und Bedeutung des Telekommunikationsmarktes").

858 Vgl. ebd., S. 33 f. ("Zweck des Gesetzes").

859 Vgl. ebd., S. 34 ff. ("Notwendigkeit eines neuen Gesetzes").

860 Vgl. ebd., S. 34 ("Notwendigkeit eines neuen Gesetzes").

861 Zur Frage der Angemessenheit im Hinblick auf die verfassungsrechtlichen Anforderungen vgl. die Ausführungen oben Kap. D.I.

Gebiet rechtssetzend tätig werden musste, stand aufgrund der zahlreichen europäischen Vorgaben schon vor den eigentlichen parlamentarischen Debatten fest.[862]

2. *Selbstbindung des Parlaments*

Durch die positive Formulierung der gesetzlichen Ziele wird zusätzlich eine Selbstbindung des Gesetzgebers – auch für zukünftige Novellierungsverfahren – bei der Ausgestaltung der übrigen Bestimmungen des Gesetzes erreicht. Insoweit stellt die Zweckbestimmung des § 1 TKG die Grenzen der Ausgestaltung des Regelwerks dar und zwingt den Gesetzgeber zur ständigen Orientierung an den selbst auferlegten Vorgaben. Demgemäss gewährleisten die Zweckbestimmungen bei der Umsetzung der rechtspolitischen Vorgaben Systematik und Kontinuität des Regelungswerks. Voraussetzung hierfür sind wiederum Eindeutigkeit und Qualität der Formulierung der Zweckbestimmung.[863] Im Ergebnis lässt sich festhalten, dass der Gesetzgeber in künftigen Novellierungsverfahren zum Telekommunikationsgesetz die selbst gesetzten Vorgaben des § 1, aber auch des § 2 Abs. 2 TKG zu beachten haben wird, wenn er nicht Homogenität und Kontinuität des gesamten Regelungswerks gefährden will.

IV. Bedeutung der Zweckbestimmung für das Verordnungsrecht

1. *Bedeutung der Zweckbestimmung für die Ermächtigungsnormen des Telekommunikationsgesetzes*

Eine weitere besondere Bedeutung kommt der Zweckbestimmung im Zusammenhang mit den verfassungsrechtlichen Vorgaben zum Verordnungsrecht zu. Für den Erlass von Rechtsverordnungen durch die Exekutive regelt Art. 80 Abs. 1 GG den Grundsatz vom Vorbehalt des Gesetzes. Nach Satz 1 dieser Vorschrift kann das Parlament die Bundesregierung, einen Bundesminister oder eine Landesregierung durch Gesetz ermächtigen, Rechtsverordnungen zu erlassen.

Das Telekommunikationsgesetz ist ein solches Ermächtigungsgesetz, indem es die Exekutive ermächtigt, gesetzesvertretende Verordnungen zu erlassen.[864] Die Vielzahl der Verordnungsermächtigungen stellt eine konstruktive Besonderheit des Telekommunikationsgesetzes dar,[865] die Bestandteil des generell offenen Regelungsansatzes des Gesetzes (Stichwort: Rahmenbedingungen) ist, um einen Großteil der Entscheidungen im Rahmen der Regulierung an die

---

862 Vgl. hierzu exemplarisch die Entschließung des Rates vom 22.07.1993 zur Prüfung der Lage im Bereich Telekommunikation und zu den notwendigen künftigen Entwicklungen in diesem Bereich, ABl. EG Nr. C 213 v. 06.08.1993, S. 1. Hier beschloss der Rat einstimmig die Liberalisierung aller öffentlichen Sprachtelefondienste zum 01.01.1998. Vgl. ebenso die Entschließung des Rates vom 22.12.1994 über die Grundsätze und den Zeitplan für die Liberalisierung der Telekommunikationsinfrastrukturen, ABl. EG Nr. C 379 v. 31.12.1994, S. 4. Hier beschloss der Rat einstimmig, dass die Bereitstellung von Telekommunikationsinfrastruktur bis zum 01.01.1998 zu liberalisieren ist.

863 Zur Frage, inwieweit die Zweckbestimmung des Telekommunikationsgesetzes diesen Anforderungen genügt, gelten die gleichen Überlegungen wie im Zusammenhang mit dem oben zuvor erörterten "verbesserten Zugang des Bürgers zum Recht".

864 Zum Begriff des Ermächtigungsgesetzes vgl. *Maunz*, in: *Maunz/Dürig*, GG, Art. 80, Rdnr. 7.

865 Vgl. *Schuster*, in Beck'scher TKG Komm., § 1, Rdnr. 24.

flexibler agierende Verwaltung zu delegieren.[866] Zu den zahlreichen im Wege der Verordnung zu regelnden Rechtsbereichen, zu denen das Telekommunikationsgesetz ermächtigt,[867] sind derzeit elf Rechtsverordnungen in Kraft getreten. Dabei handelt es sich um die Telekommunikations-Lizenzgebührenverordnung (TKLGebV[868]), die Telekommunikations-Universaldienstleistungsverordnung (TUDLV[869]), die Telekommunikations-Entgeltregulierungsverordnung (TEntgV[870]), die Netzzugangsverordnung (NZV[871]) die Telekommunikations-Kundenschutzverordnung (TKV[872]), die Frequenzgebührenverordnung (FGebV[873]), die Frequenznutzungsbeitragsverordnung (FBeitrV[874]), die Telekommunikationszulassungsverordnung (TZulV[875]), die Beleihungs- und Akkreditierungsverordnung (BAkkrV[876]), die Personenzulassungsverordnung (PersZulV[877]), und die Telekommunikations-Nummerngebührenverordnung (TNGebV[878]). Zusätzlich existieren noch aus der Zeit vor dem Inkrafttreten des Telekommunikationsgesetzes die Telekommunikationsdienstunternehmen–Datenschutzver-

---

866 Vgl. hierzu oben Kap. B.II.1.b).

867 Siehe die Ermächtigungsgrundlagen in §§ 16 Abs. 1 Satz 2; 17 Abs. 2 Satz 1; 27 Abs. 4 Satz 1; 35 Abs. 5 Satz 1; 37 Abs. 3 Satz 1 i. V. m. 35 Abs. 5 Satz 1; 41 Abs. 1 und 2; 43 Abs. 3 Satz 4; 45 Abs. 1 Satz 1; 46 Abs. 3 Satz 2; 47 Abs. 4; 48 Abs. 1 Satz 2; 48 Abs. 3 Satz 1; 59 Abs. 4 Satz 1; 60 Abs. 5 Satz 1; 61 Satz 1 i. V. m. § 59 Abs. 4; 62 Abs. 1 Satz 1; 63 Abs. 1 Satz 3; 64 Abs. 3 (i. V. m. §§ 59 Abs. 4 Satz 1, 60 Abs. 5 Satz 1, 61 Satz 1, 62 Abs. 1 Satz 1, 63 Abs. 1 TKG i. V. m. dem Verwaltungskostengesetz vom 23.06.1970 [BGBl. I S. 821]); 87 Abs. 3 Satz 1; 88 Abs. 2 Satz 2; 89 Abs. 1 Satz 1 TKG. Vgl. *U. Immenga/N. Lübben/ H.-P. Schwintowski* (Hrsg.), Telekommunikation: Vom Monopol zum Wettbewerb, S. 148, Fn. 15. Vgl. auch die Übersicht bei *Kerkhoff*, in: Beck'scher TKG Komm., Anhang zu § 71, unterteilt nach Rechtsgrundlage, Gegenstand, Verordnungsgeber und Abstimmungserfordernissen im Zusammenhang mit den nach dem Telekommunikationsgesetz zu erlassenden Rechtsverordnungen.

868 Telekommunikations-Lizenzgebührenverordnung (TKLGebV) vom 28.07.1997 (BGBl. I 1997, S. 1936); Ermächtigungsgrundlage ist § 16 Abs. 1 S. 2 TKG i. V. m. dem 2. Abschnitt des Verwaltungskostengesetzes vom 23.06.1970 (BGBl. I 1970, S. 821).

869 Telekommunikations-Universaldienstleistungsverordnung (TUDLV) vom 30.01.1997 (BGBl. I 1997, S. 141); Ermächtigungsgrundlage ist § 17 Abs. 2 TKG.

870 Telekommunikations-Entgeltregulierungsverordnung (TEntgV) vom 01.10.1996 (BGBl. I 1996, S. 1492); Ermächtigungsgrundlagen sind die §§ 27 Abs. 4 und 39 TKG.

871 Verordnung über besondere Netzzugänge (Netzzugangsverordnung – NZV) vom 23.10.1996 (BGBl. I 1996, S. 1568); Ermächtigungsgrundlagen sind die §§ 35 Abs. 5 und 37 Abs. 3 TKG.

872 Telekommunikations-Kundenschutzverordnung (TKV) vom 11.12.1997 (BGBl. I 1997, S. 2910); geändert durch Verordnung vom 14.04.1999 (BGBl. I 1999, S. 705); Ermächtigungsgrundlage ist § 41 TKG.

873 Frequenzgebührenverordnung (FGebV) vom 21.05.1997 (BGBl. I 1997, S. 1226 ff.), geändert durch Verordnung vom 16.12.1997 (BGBl. I 1997, S. 3194 ff.); Ermächtigungsgrundlage ist § 48 Abs. 1 Satz 2 TKG i. V. m. dem 2. Abschnitt des Verwaltungskostengesetzes.

874 Frequenznutzungsbeitragsverordnung (FBeitrV) vom 19.11.1996 (BGBl. I 1996, S. 1790); geändert durch Verordnung vom 22.12.1998 (BGBl. I 1998, S. 3894 ff.); Ermächtigungsgrundlage ist § 48 III TKG.

875 Verordnung über die Konformitätsbewertung, die Kennzeichnung, die Zulassung, das Inverkehrbringen und das Betreiben von Funkanlagen, die nicht zur Anschaltung an ein öffentliches Telekommunikationsnetz bestimmt sind, und von Telekommunikationseinrichtungen (Telekommunikationszulassungsverordnung) vom 20.08.1997 (BGBl. I 1997, S. 2117). Ermächtigungsgrundlagen sind die §§ 59 Abs. 4, 60 Abs. 5, 61, 64 Abs. 3, 96 Abs. 1 Nr. 1 TKG i. V. m. dem 2. Abschnitt des Verwaltungskostengesetzes.

876 Verordnung über die Anforderungen und das Verfahren für die Beleihung von benannten Stellen und für die Akkreditierung von Testlabors für Endeinrichtungen und Prüfstellen für Qualitätssicherungssysteme auf dem Gebiet der Telekommunikation (Beleihungs- und Akkreditierungsverordnung – BAkkrV) vom 10.12.1997 (BGBl. I 1997, S. 2905); Ermächtigungsgrundlagen sind die §§ 62 Abs. 1, 64 Abs. 3, 96 Abs. 1 Nr. 9 TKG i. V. m. dem 2. Abschnitt des Verwaltungskostengesetzes.

877 Verordnung über die Personenzulassung zum Aufbauen, Abschalten, Ändern und Instandhalten von Telekommunikationsendeinrichtungen (Personenzulassungsverordnung – PersZulV) vom 19.12.1997 (BGBl. I 1997, S. 3315); Ermächtigungsgrundlage sind §§ 63 Abs. 1 Satz 3, 64 Abs. 3 TKG i. V. m. dem 2. Abschnitt des Verwaltungskostengesetzes.

878 BGBl. I 1999, S. 1887. In Kraft getreten am 01.08.1999.

ordnung (TDSV[879]) und die Fernmeldeverkehr-Überwachungsverordnung (FÜV[880]). Von der Ermächtigung des § 87 Abs. 3 TKG hat das BMPT dagegen bislang ausdrücklich keinen Gebrauch gemacht.[881] Danach wäre es ermächtigt, die Erfüllung der Verpflichtungen (allgemeine Sicherheitsanforderungen) des § 87 Abs. 1 und 2 TKG in einer Rechtsverordnung näher zu regeln.

a) Verfassungsrechtliche Anforderungen an die Bestimmtheit der Ermächtigungsnorm

Art. 80 Abs. 1 Satz 2 GG verlangt über das Vorhandensein einer formell-gesetzlichen Ermächtigungsgrundlage hinaus, dass Inhalt, *Zweck* und Ausmaß der Ermächtigung in dem ermächtigenden Gesetz bestimmt sein müssen. Das Ermächtigungsgesetz muss folglich zwingend den Regelungsgegenstand, den Regelungsrahmen und den Regelungszweck festlegen. Im Ergebnis führt dies zur Ausgestaltung einfachgesetzlicher Zweckbestimmungen in Ermächtigungsgesetzen aufgrund eines ausdrücklichen Verfassungsbefehls.

b) Zweckbestimmungen als verfassungsrechtlich angeordnetes Element der Bestimmtheit

Die Frage, wann eine Ermächtigungsnorm den Anforderungen des Bestimmtheitsgebots genügt, hat das Bundesverfassungsgericht unterschiedlich beantwortet. Grundsätzlich gilt nach der verfassungsgerichtlichen Rechtsprechung: Ohne eine Inhalt-, Zweck- und Ausmaßbestimmung oder ohne deren hinreichende Konkretisierung ist ein Ermächtigungsgesetz nichtig.[882] Aufhänger der Rechtsprechung zum Bestimmtheitsgebot des Art. 80 Abs. 1 GG ist jeweils das Prinzip der Gewaltenteilung, denn nach Auffassung des Bundesverfassungsgerichts sind der in Art. 80 Abs. 1 GG verankerte Vorbehalt des Gesetzes und das angeordnete Bestimmtheitsgebot Ausdruck des strengen Prinzips der Gewaltenteilung des Grundgesetzes.[883] "Das Parlament soll sich seiner Verantwortung als gesetzgebende Körperschaft nicht dadurch entschlagen können, dass es einen Teil der Gesetzgebungsmacht der Regierung überträgt,

---

879 Verordnung über den Datenschutz für Unternehmen, die Telekommunikationsdienstleistungen erbringen (Telekommunikationsunternehmen-Datenschutzverordnung) vom 12.07.1996 (BGBL. I 1996, S. 982). Im Oktober 1999 hat die Bundesregierung einen neuen Entwurf der TDSV vorgelegt, der die TDSV terminologisch und inhaltlich an das Telekommunikationsgesetz anpassen soll, vgl. *Scherer*, NJW 2000, 772 (784).

880 Zu den Aktivitäten des BMWi, die bislang geltende FÜV vom 18.05.1995 durch eine Verordnung über die technische Umsetzung von Überwachungsmaßnahmen (TKÜV) gem. § 88 Abs. 2 Satz 2 TKG zu ersetzen vgl. *Scherer*, NJW 2000, 772 (784).

881 Jedoch hat die Regulierungsbehörde entsprechend § 87 Abs. 1 Satz 3 TKG im Benehmen mit dem Bundesamt für Sicherheit in der Informationstechnik nach Anhörung von Verbraucherverbänden und den Wirtschaftsverbänden der Hersteller und Betreiber von Telekommunikationsanlagen einen Katalog von Sicherheitsanforderungen für das Betreiben von Telekommunikations- und Datenverarbeitungssystemen erstellt, den das Bundesministerium für Post- und Telekommunikation (BMPT) veröffentlicht hat, vgl. Bekanntmachung des Katalogs von Sicherheitsanforderungen gemäß § 87 des Telekommunikationsgesetzes, BAnz Nr. 208a, ausgegeben am 07.11.1997. Danach ist es beabsichtigt, von der Ermächtigung des § 87 Abs. 3 TKG zunächst keinen Gebrauch zu machen, solange die Betreiber die Gefährdungen sachgerecht beurteilen und entsprechende Vorsorgemaßnahmen treffen. Dabei dient der vorgelegte Katalog als Orientierungshilfe zur Erreichung der im Gesetz genannten Schutzziele. Die allgemeine Verpflichtung der Betreiber gemäß § 87 Abs. 1 TKG bleibt von den Ausführungen dieses Katalogs jedoch ausdrücklich unberührt.

882 Vgl. hierzu exemplarisch BVerfG, Urt. v. 23.10.1951, E 1, 14 (60); Urt. v. 15.12.1959, E 10, 251 (258); vgl. auch die Entscheidungsformel des Beschl. v. 02.06.1964, E 18, 52 (53).

883 Vgl. BVerfG, Urt. v. 23.10.1951, E 1, 14 (60).

ohne genau die Grenzen dieser übertragenen Kompetenzen bedacht und bestimmt zu haben.[884] Die Regierung andererseits soll nicht, gestützt auf unbestimmte Ermächtigungen zum Erlass von Verordnungen, an die Stelle des Parlaments treten."[885] Die Legislative ist demzufolge gehalten, der Exekutive nicht Blankovollmachten zu erteilen, sondern zumindest Leitlinien bzw. Rahmenbedingungen für die Gestaltung der Rechtsverordnung zu liefern.

(aa) Maßstab der Bestimmtheit

Wann eine Ermächtigungsnorm im konkreten Einzelfall hinsichtlich Inhalt, Zweck und Ausmaß hinreichend substantiiert ist, lässt sich nur schwer beurteilen, denn Art. 80 Abs. 1 Satz 2 GG ordnet lediglich an, *dass* "Inhalt, Zweck und Ausmaß" bestimmt werden müssen, aber nicht *wie* bestimmt diese Regelung zu erfolgen hat. Grundsätzlich darf jedoch auch nach Auffassung des Bundesverfassungsgerichts dem Verordnungsgeber ein gewisses Maß an Gestaltungsfreiheit eingeräumt werden, soweit die Ermächtigung mit hinreichender Deutlichkeit erkennen lässt, innerhalb welcher Grenzen ihm diese Freiheit zustehen soll.[886] Letztlich hat das Gericht die Grenzen der Gestaltungsfreiheit des Verordnungsgebers dahingehend bestimmt, dass nicht erst aus der Verordnung zu erkennen und vorherzusehen sein soll, was vom Bürger gefordert werden kann, sondern dass bereits aus dem Gesetz der Inhalt der zu erlassenden Verordnung, insbesondere das Ausmaß von Belastungen zu entnehmen ist.[887] An anderer Stelle formulierte das Gericht ähnlich und unter Hinweis auf seine ständige Rechtsprechung, dass ein Ermächtigungsgesetz dann dem Bestimmtheitsgebot genügt, wenn der Bürger schon nach dem Gesetz hinreichend deutlich vorhersehen kann, in welchen Fällen und mit welcher Tendenz von der Ermächtigung Gebrauch gemacht wird und welchen möglichen Inhalt die auf Grund der Ermächtigung erlassene Verordnung haben könnte.[888]

Diese Rechtsprechung unterstreicht das Verhältnis des Bestimmtheitsgebots des Art. 80 Abs. 1 Satz 2 GG zu dem allgemeinen, u. a. rechtsstaatlich bedingten und nicht explizit normierten Bestimmtheitsgebot. Art. 80 Abs. 1 Satz 2 GG erfasst als spezielle Regelung einen Ausschnitt des allgemeinen aus dem Rechtsstaatsprinzip abgeleiteten Bestimmtheitsgebots.[889] Konsequent ist es daher, den an die Bestimmtheit nach Art 80 Abs. 1 Satz 2 GG anzulegenden *Maßstab* an den von der Rechtsprechung zum oben diskutierten allgemeinen Gebot der Normenklarheit und -bestimmtheit entwickelten Maßstab anzulehnen.[890] Dennoch gilt hier der

884 Diese zentrale Aussage übernahm das BVerfG später wörtlich, vgl. Beschl. v. 30.01.1968, E 23, 62 (73).

885 BVerfG, Urt. v. 23.10.1951, E 1, 14 (60).

886 Vgl. hierzu die Rechtsprechung des BVerfG, Beschl. v. 13.10.1970, E 29, 198 (211) zum "Ausmaß" der Ermächtigung unter Hinweis auf den Beschl. v. 14.05.1969, E 26, 16 (30). Zur Frage der Übertragung der Spezifizierung eines Straftatbestands an den Verordnungsgeber vgl. BVerfG, Beschl. v. 27.03.1979, E 51, 60 (70 ff.).

887 Vgl. BVerfG, Urt. v. 15.12.1959, E 10, 251 (258); Beschl. v. 02.06.1964, E 18, 52 (61); Beschl. v. 17.07.1974, E 38, 61 (83).

888 Vgl. BVerfG, Beschl. v. 13.10.1970, E 29, 183 (210), m. w. N.; bestätigt durch Beschl. v. 20.10.1981, E 58, 257 (277), m. w. N.; Beschl. v. 08.06.88, E 78, 249 (272).

889 Vgl. *Lücke*, in: *Sachs* (Hrsg.), Grundgesetz, Art. 80, Rdnr. 21.

890 *H. Schneider*, Gesetzgebung, § 9 Nr. 2, Rdnr. 237, hält diese Rechtsprechung, die seiner Ansicht nach den Schutz des Bürgers in den Vordergrund rückt, für unangebracht, da Art. 80 GG nicht individuelle Rechte schützen, sondern die parlamentarische Gesetzgebung sichern würde. *Maunz*, in: *Maunz/Dürig*, GG, Art. 80, Rdnr. 33, behandelt dagegen zutreffend das Kriterium "mangelnder Vorhersehbarkeit" als negative Begrenzung der Ermächtigungsnorm.

Grundsatz, dass die Anforderungen an die Bestimmtheit der Ermächtigung umso höher sind, je mehr die Regelung in die Rechtsstellung der Betroffenen eingreift.[891]

(bb) Anforderungen an Inhalt, Zweck und Ausmaß der Ermächtigung

Die Rechtsprechung betrachtet unterdessen die Merkmale "Inhalt", "Zweck" und "Ausmaß" nicht mehr isoliert voneinander.[892] Dies wird mit dem Hinweis darauf begründet, dass sich die Begriffsinhalte teilweise überschneiden würden. Bei einer konkreten Ermächtigungsnorm würden sich deren Inhalt, Zweck und Ausmaß gegenseitig ergänzen, durchdringen und erläutern und erst so ihren vollen Sinngehalt ergeben.[893] So hat das Bundesverfassungsgericht aus dem Zweck der Ermächtigung das Ausmaß[894] und sogar Inhalt und Ausmaß[895] ermittelt. Angesichts der erkennbaren Abgrenzungsschwierigkeiten der Begriffskriterien und des Ineinanderfließens von Inhalt, Zweck und Ausmaß hatte auch die "Enquête-Kommission Verfassungsreform" in ihrem Schlussbericht empfohlen, in Art. 80 Abs. 1 Satz 2 GG die Worte "Inhalt" und "Ausmaß" zu streichen und somit die bisherige Schrankentrias auf den "Zweck" zu reduzieren.[896]

Entscheidend ist nach der bundesverfassungsgerichtlichen Rechtsprechung weiter, dass sich Inhalt, Zweck und Ausmaß der Ermächtigung mit hinreichender Deutlichkeit aus dem Gesetz ergeben.[897] Dies bedeutet jedoch nicht, dass Inhalt, Zweck und Ausmaß der Ermächtigung ausdrücklich im Text der Ermächtigungsnorm zu bestimmen ist. Vielmehr hat das Bundesverfassungsgericht darauf hingewiesen, dass auch für die Interpretation von Ermächtigungsnormen die allgemeinen Auslegungsgrundsätze gelten,[898] d. h., es können – wie bei jeder Interpretation – zur Klärung von Inhalt, Zweck und Ausmaß der Ermächtigung der Sinnzusammenhang der Norm mit anderen Vorschriften und das Ziel, das die gesetzliche Regelung insgesamt verfolgt, berücksichtigt werden.[899] Es genügt, wenn sich Inhalt, Zweck und Ausmaß der Ermächtigung aus dem gesamten Gesetz ermitteln lassen.[900] Maßgebend ist der in der

---

891 Vgl. BVerfG, Beschl. v. 20.10.1981, E 58, 257 (278).

892 Vgl. BVerfG, Beschl. v. 04.02.1975, E 38, 348 (357 f.).

893 Auch *Maunz*, in: *Maunz/Dürig*, GG, Art. 80, Rdnr. 29, hält eine gegenseitige Abgrenzung von Inhalt, Zweck und Ausmaß für nicht notwendig und vielfach auch für gar nicht möglich. Seiner Ansicht nach sind die drei Voraussetzungen nicht unbedingt Unterschiede oder Gegensätze. Dagegen differenziert *Lücke*, in: *Sachs* (Hrsg.), Grundgesetz, Art. 80, Rdnr. 23 f., nach wie vor streng. Seiner Ansicht nach verpflichtet die Beschränkung "Ausmaß" den Gesetzgeber, "nicht ... im Ganzen oder für Teilgebiete zu übertragen", wie es Art. 118 HessVerf ausdrücklich vorsieht. Darüber hinaus würde Art. 80 Abs. 1 Satz 2 GG den Gesetzgeber verpflichten, die Ermächtigungen gegenständlich-konkret ("Inhalt") und richtungweisend-final ("Zweck") zu begrenzen.

894 Vgl. BVerfG, Urt. v. 20.07.1954, E 4, 7 (22).

895 Vgl. BVerfG, Beschl. v. 12.11.1958, E 8, 274 (315).

896 Vgl. Schlussbericht, BT-Drs. 7/5924, Kap. 6, Abschn. 1 und 2; nach den Vorstellungen der Kommission sollte Art. 80 Abs. 1 Satz 2 (neu) deshalb folgendermaßen lauten: "Dabei muss der Zweck der erteilten Ermächtigung im Gesetz bestimmt werden."

897 Vgl. BVerfG, Beschl. v. 10.06.1953, E 2, 307 (334 f.).

898 Vgl. BVerfG, Beschl. v. 27.11.1962, E 15, 153 (160).

899 Vgl. BVerfG, Beschl. v. 12.11.1958, E 8, 274 (307); Urt. v. 14.07.1959, E 10, 20 (51); Beschl. v. 27.11.1962, E 15, 153 (160 f.); Beschl. v. 11.01.1966, E 19, 354 (362); Urt. v. 21.05.1968, E 24, 1 (15); Urt. v. 19.07.1972, E 33, 358 (365); Beschl. v. 04.02.1975, E 38, 348 (358); Urt. v. 14.10.1975, E 40, 196 (230); Urt. v. 25.11.1980, E 55, 207 (226); BVerfG, Urt. v. 02.11.1981, JZ 1982, 288.

900 Vgl. BVerfG, Beschl. v. 27.11.1962, E 15, 153 (161); Beschl. v. 12.11.1958, E 8, 274 (307); so auch *Wolff*, AöR 78, 1952/53, 194 (199 f.).

Bestimmung zum Ausdruck kommende objektive Wille des Gesetzgebers, so wie er sich aus dem Wortlaut der Ermächtigungsnorm und dem Sinnzusammenhang ergibt, in den die Ermächtigung gestellt ist.[901]

Teilweise hat das Bundesverfassungsgericht Inhalt und Ausmaß der Ermächtigung auch durch Heranziehen des in dieser Norm enthaltenen "Programms" bestimmt. Das Gericht prüfte hier unter Verwendung der sog. Programmformel, ob das Gesetz schon selbst etwas bedacht und gewollt hatte und dem Verordnungsgeber ein *Programm* gesetzt hatte, das durch die Verordnung erreicht werden sollte.[902] Diese verfassungsgerichtliche Rechtsprechung korrespondiert mit dem von *Luhmann* vertretenen systemtheoretischen Verständnis, Gesetze als sog. Entscheidungsprogramme zu betrachten, die entweder konditional oder final strukturiert sind.[903] *Luhmann* beschreibt ein Entscheidungsprogramm als bestehend "aus vorentschiedenen Entscheidungsprämissen, die den Spielraum des Entscheidens begrenzen und es insoweit mit schon reduzierter Komplexität umgeben, also von Verantwortung entlasten."[904] Nach Ansicht von *Luhmann* fixieren Zweckprogramme "in ihrer einfachsten Form einen Zweck, d. h. eine zu bewirkende Wirkung, die als Leitfaden für die Ermittlung geeigneter Mittel und für die Rechtfertigung der gewählten Mittel den Entscheidungsprozess zwar nicht determiniert, aber doch in Grenzen fasst."[905] In Fortführung der von *Luhmann* aus systemtheoretischer Sicht untersuchten sog. Zweckprogrammierung ordnet *Höger* die Ermächtigungsgesetze konsequent den sog. Zweckprogrammen zu, denn sie postulierten einen Zweck, der Richtschnur für die von der Exekutive aufzustellende konkrete Regelung sei.[906]

(cc) Praktische Auswirkungen auf die Ermächtigungsnormen des Telekommunikationsgesetzes

Zusammenfassend lässt sich festhalten, dass die Legislative den Erfordernissen an die Bestimmtheit nicht unbedingt in der gesetzlichen Ermächtigungsnorm selbst genügen muss. Ausreichend ist es, wenn sich die verfassungsrechtlich angeordnete Bestimmtheit "im Gesetz", d. h. in dem gesamten – aus Ermächtigungsnorm und weiteren Vorschriften bestehenden – Telekommunikationsgesetz niederschlägt und durch Auslegung ermittelt werden

---

[901] Vgl. BVerfG, Beschl. v. 12.11.1958, E 8, 274 (307).

[902] Vgl. BVerfG, Urt. v. 13.06.1956, E 5, 71 (77); Beschl. v. 12.11.1958, E 8, 274 (307 und 313); Beschl. v. 14.03.1989, E 80, 1 (20); auch Beschl. v. 11.01.1966, E 19, 354 (361 f.); Beschl. v. 27.01.1976, E 41, 251 (265 f.) und Beschl. v. 08.06.1988, E 78, 249 (272).

[903] Vgl. *N. Luhmann*, Rechtssoziologie, Bd. 2, S. 227.

[904] Vgl. *N. Luhmann*, Zweckbegriff und Systemrationalität, S. 284.

[905] Dabei definiert *N. Luhmann*, a. a. O., S. 284, grundsätzlich den Begriff der "Zwecke" als stets bewertete Wirkungen des Handelns, deren Abstraktion zumeist eine Vielzahl von Mitteln als geeignet und zulässig erscheinen lässt. *K. Luhmann*, a. a. O., S. 257 ff., ordnet dabei die Zweck-Mittel-Analyse in die Systemtheorie ein und verschmilzt zusätzlich das Zweck-Mittel-Schema mit dem sog. Input-Output-Modell. So geht er davon aus, dass Zwecke und Mittel programmatische Festlegungen von Entscheidungsprämissen sind, über die im System entschieden wird und die dann, wenn und solange sie gelten, Entscheidungsprozesse strukturieren. Das Input-Output-Modell behandelt – auf einer höheren Ebene der Komplexität, nämlich nicht für Handlungen, sondern für Systeme – dasselbe Thema wie das Zweck-Mittel-Schema: Die Bewertung der kausalen Bestimmung des Unbestimmten. Demnach bezieht sich der Begriff des Zweckprogramms auf einen durch Systemgrenzen skandierenden Fluss von Informationen, der unter Reduktion von Komplexität nach bestimmten Gesichtspunkten der Selektion (eben dem Programm) verändert wird.

[906] *H. Höger*, Zweckbestimmungen, S. 75 ff., verdeutlicht dies am Beispiel des § 1 des Gesetzes über gesetzliche Handelsklassen für Rohholz (vom 29.08.99, BGBl. I, S. 1533).

kann.[907] Das OVG Münster geht sogar bei der Bestimmung von Inhalt, Zweck und Ausmaß der Ermächtigung zum Erlass der TKLGebV noch einen Schritt weiter, indem es den Regelungsgehalt des Art. 11 Abs. 1 der der Ermächtigungsnorm (§ 16 Abs. 1 TKG) zugrunde liegenden ONP-Lizenzrichtlinie 97/13/EG[908] mit berücksichtigt.[909] Die ausdrückliche Formulierung einer Zweckbestimmung ist somit weder in der Ermächtigungsnorm selbst noch in den weiteren Vorschriften des Telekommunikationsgesetzes zwingend notwendig, solange sich die verfassungsrechtlich angeordnete Bestimmtheit hinsichtlich Inhalt, Ausmaß und Zweck der Ermächtigung aus dem Gesamtzusammenhang durch Auslegung ermitteln lässt. Dabei kann auch auf das insgesamt im Telekommunikationsgesetz angelegte Zweckprogramm zurückgegriffen werden. Im Umkehrschluss bedeutet dies jedoch auch, dass bei Fehlen einer ausdrücklichen Bestimmung von Inhalt, Ausmaß und Zweck der Ermächtigung in der Ermächtigungsnorm selbst jedenfalls auf die allgemein formulierte Zweckbestimmung des § 1 TKG zurückgegriffen werden kann.

Notwendig erscheint dies insbesondere in den Fällen der Ermächtigungen nach §§ 16 Abs. 1 Satz 2 und 48 Abs. 1 Satz 2 TKG. Die gesetzliche Vorgabe des § 1 TKG flächendeckend angemessene und ausreichende Dienstleistungen grundsätzlich im Wettbewerb zu gewährleisten, zwingt in diesen Fällen zu einer Begrenzung der durch Verordnung festzulegenden Gebührenhöhen, um nicht den Wettbewerb zu erdrosseln.[910]

2. *Bedeutung der Zweckbestimmung für den Verordnungsgeber*

Im Zusammenhang mit der oben diskutierten Bedeutung der gesetzlichen Zweckbestimmungen für das Parlament stehen die nun zu erörternden Auswirkungen für den Verordnungsgeber. Neben dem Zitiergebot des Art. 80 Abs. 1 Satz 3 GG ist die Gestaltungsfreiheit des Verordnungsgebers im Verhältnis zum Gesetzgeber beschränkt. Während der Gesetzgeber nur den verfassungsrechtlichen Vorgaben unterworfen ist, hat der Verordnungsgeber zusätzlich die einfachen Gesetze und hier insbesondere die vorstehend diskutierten Beschränkungen der jeweiligen Ermächtigung zu beachten. Daraus folgt, dass die Zwecksetzung der Rechtsverordnung mit der Zweckbestimmung der Ermächtigungsnorm, aber auch mit der des § 1 TKG korrespondieren muss. Der Verordnungsgeber ist insoweit gehalten, den Erwägungen zu folgen, die vom Gesetzgeber in § 1 TKG zum Ausdruck gebracht worden sind, und darf von den durch den Gesetzgeber gestellten Zwecken nicht abweichen und sie auch nicht zu korrigieren suchen.[911]

---

907 Zur besonderen Bedeutung der historisch-teleologischen Auslegung vgl. unten Kap. E.I.1.b).

908 RL 97/13/EG des Europäischen Parlaments und des Rates v. 10.04.1997 über einen gemeinsamen Rahmen für Allgemein- und Einzelgenehmigungen für Telekommunikationsdienste (ABl. EG Nr. L 117 v. 07.05.1997, S. 15, "ONP-Lizenzrichtlinie").

909 Vgl. OVG Münster, Beschl. v. 27.10.1999, K&R 2000, 92 (93).

910 Vgl. auch *Schütz*, in: Beck'scher TKG Komm., § 16, Rdnrn. 10 ff., bzw. *Ehmer*, in: Beck'scher TKG Komm., § 48, Anhang I, Rdnr. 4.

911 Vgl. BVerfG, Beschl. v. 21.02.1957, E 6, 273 (280 f.); Urt. v. 13.12.1961, E 13, 248 (255, 257); Beschl. v. 23.07.1963, E 16, 332 (339).

V. Zweckbestimmungen im Zusammenhang mit den Verwaltungsgrundsätzen

Neben den oben aufgeführten Verordnungsermächtigungen ermächtigt das Gesetz den Bundeswirtschaftsminister, allgemeine, d. h. verfahrensübergreifende Weisungen zu erlassen (§ 66 Abs. 5 TKG). Auch die Regulierungsbehörde ist von Gesetzes wegen verpflichtet, verfahrensübergreifende Verwaltungsgrundsätze zu entwickeln und diese fortlaufend in ihrem Amtsblatt zu veröffentlichen (§ 81 Abs. 2 TKG). Diese Verwaltungsgrundsätze dienen dazu, die Ausübung von behördlichem Ermessen sowie die Interpretation unbestimmter Rechtsbegriffe verfahrensübergreifend zu vereinheitlichen.[912] Dies ist insbesondere in der Anfangsphase, in der sich noch keine behördliche oder gerichtliche Spruchpraxis herausgebildet hat, von besonderer Bedeutung.[913] Auch hier gebietet die Rechtssicherheit, dass die auf den Telekommunikationsmärkten tätigen Unternehmen sich auf einen verlässlichen Ordnungsrahmen für ihre Investitionen stützen können. Bei dieser Form der Konkretisierung des Telekommunikationsgesetzes gilt daher ebenso wie für das Verordnungsrecht, dass die Verwaltungsgrundsätze sich an der Leitentscheidung des Gesetzes, nämlich der Förderung des Wettbewerbs auf den vollständig liberalisierten Märkten, die eine flächendeckend angemessene und ausreichende Versorgung mit Telekommunikationsdienstleistungen gewährleisten soll, orientieren müssen.

VI. Zweckbestimmungen im Zusammenhang mit Fragen des Rechtsschutzes

1. Verwaltungsgerichtlicher Rechtsschutz

Das Telekommunikationsgesetz trifft keine eigenen Regelungen zur Zulässigkeit von Klagen eines Verfahrensbeteiligten nach § 74 Abs. 2 Nr. 3 TKG gegen Entscheidungen der Regulierungsbehörde. Daraus folgt zunächst, dass das zuständige Verwaltungsgericht prüfen wird, ob eigene Rechte des Klägers durch die regulierungsbehördliche Entscheidung verletzt worden sind, § 42 Abs. 2 VwGO. Insoweit ergibt sich hier eine Abweichung von der kartellrechtlichen Praxis. Ausreichend für die Befugnis, gerichtlich gegen Entscheidungen des Kartellamts vorzugehen, ist nach §§ 63 Abs. 2, 67 Abs. 1 GWB n. F. schon die bloße Beteiligung am Verfahren bei der Beschlussabteilung des Bundeskartellamts. Dieser sog. Grundsatz der Kontinuität der Verfahrensbeteiligung sichert allen Verfahrensbeteiligten, auch ohne Geltendmachung einer möglichen Verletzung in eigenen Rechten, den Weg einer Beschwerde zu dem nach § 63 Abs. 4 GWB n.F. zuständigen Oberlandesgericht.

a) Kein Grundsatz der Kontinuität der Verfahrensbeteiligung

Trotz des Verzichts des Telekommunikationsgesetzes auf eine vergleichbare Regelung für Wettbewerber im Verfahren vor der Regulierungsbehörde nimmt ein Teil der Literatur an, dass auch hier grundsätzlich jeder gegen eine regulierungsbehördliche Entscheidung klagen kann, wenn er nur am behördlichen Ausgangsverfahren gemäß § 74 Abs. 2 TGK beteiligt

---

912 Vgl. *U. Immenga/N. Lübben/H.-P. Schwintowski* (Hrsg.), Telekommunikation: Vom Monopol zum Wettbewerb, S. 152.

913 Vgl. ebd., S. 151 f.

war.[914] Begründet wird dies mit dem angeblichen Schutzzweck des Telekommunikationsgesetzes, der – zumindest auch – den Schutz der Verfahrensbeteiligten umfasse.[915] Gegen eine solche Auslegung spricht schon, dass die Ausdehnung der Beteiligungsrechte in § 74 TKG gegenüber dem behördlichen Verfahren nach dem Gesetz gegen Wettbewerbsbeschränkungen eine Beschränkung der Rechtsschutzmöglichkeiten im gerichtlichen Verfahren rechtfertigt.[916] Im Vergleich zum Gesetz gegen Wettbewerbsbeschränkungen ist der Kreis der Verfahrensbeteiligten nach § 74 Abs. 2 Nr. 3 TKG durch den Verzicht auf die "Erheblichkeit" (vgl. § 67 Abs. 1 Nr. 3 GWB n. F.) der berührten Interessen erweitert worden.[917] Mangels gleich laufender Systematik ist daher kein Gleichlauf des gerichtlichen Rechtsschutzes geboten.[918] Anders als in den Verfahren nach dem Gesetz gegen Wettbewerbsbeschränkungen ist für die gerichtliche Überprüfung der Entscheidungen der Regulierungsbehörde nach § 40 Abs. 1 VwGO grundsätzlich der Verwaltungsrechtsweg eröffnet.[919] § 80 Abs. 1 TKG enthält insoweit abschließende Modifizierungen der Verwaltungsgerichtsordnung, so dass die Notwendigkeit zur Geltendmachung einer Verletzung in eignen Rechten nach § 42 Abs. 2 VwGO auch in gerichtlichen Verfahren zur Überprüfung von Entscheidungen der Regulierungsbehörde bestehen bleibt. Ein anderes Ergebnis lässt sich auch nicht mit dem Verweis auf den Zweck des Telekommunikationsgesetzes begründen. Das Gesetz bezweckt nach § 1 TKG nicht die Förderung der Wettbewerber, sondern der Institution Wettbewerb.[920] Folglich bezwecken alle der Förderung des Wettbewerbs dienenden Normen des Telekommunikationsgesetzes in erster Linie lediglich den Schutz des Wettbewerbs im Allgemeinen und nicht gleichzeitig den Schutz jedes einzelnen Wettbewerbers bzw. Nutzers.[921] Die (potenzielle) Verletzung von Rechten Dritter durch Entscheidungen der Regulierungsbehörde bleibt daher begründungsbedürftig.

b) Notwendigkeit qualifizierter Drittbetroffenheit

Ob eine qualifizierte Drittbetroffenheit vorliegt, die die notwendige Klagebefugnis gem. § 42 Abs. 2 VwGO begründet, lässt sich in Anlehnung an die Rechtsprechung zu behördlichen Tarifgenehmigungen nach zwei alternativ zu verwendenden Kriterien bestimmen. Zum einen kann insbesondere im Fall von Tarifgenehmigungen darauf abgestellt werden, dass die angefochtene Entscheidung "unmittelbare Wirkung" auf das Rechtsverhältnis zwischen dem drittbetroffenen Anfechtungskläger und dem Adressaten der angefochtenen Entscheidung hat.[922]

---

914 Vgl. ebd., S. 153.

915 Vgl. ebd.

916 Dieses Argument führen *U. Immenga/N. Lübben/H.-P. Schwintowski*, a. a. O., S. 153, gerade als Gegenargument für die parallele Anwendung des Grundsatzes der Kontinuität der Verfahrensbeteiligung auf das Telekommunikationsrecht an.

917 Vgl. *Kerkhoff*, in: Beck'scher TKG Komm., § 74, Rdnr. 32.

918 A. A. *U. Immenga/N. Lübben/H.-P. Schwintowski*, Telekommunikation: Vom Monopol zum Wettbewerb, S. 153.

919 Der Gesetzgeber hat sich ausdrücklich gegen einen Sonderrechtsweg für Verfahren mit wettbewerbsrechtlicher Ausrichtung zu den Kartellgerichten entschieden. Vgl. *Geppert*, in: Beck'scher TKG Komm., § 80, Rdnr. 1.

920 Vgl. oben Kap. C.I.1.a)(aa)(1).

921 A. A. *U. Immenga/N. Lübben/H.-P. Schwintowski*, Telekommunikation: Vom Monopol zum Wettbewerb, S. 153.

922 Vgl. BVerwG, Urt. v. 16.07.1968, E 30, 135 (136); Urt. v. 25.11.1986, E 75, 147 (149); Urt. v. 22.02.1994, E 95, 133 (135). Die Unmittelbarkeit der Wirkung der Tarifgenehmigung ist danach zu verneinen, wenn sie

Zum anderen kann die angefochtene Entscheidung der Regulierungsbehörde den drittbetroffenen Anfechtungskläger dann in eigenen Rechten verletzen, wenn für die Entscheidung eine Rechtsnorm maßgeblich ist, die auch den Schutz der individuellen Interessen des Klägers zu dienen bestimmt ist (Schutznormtheorie).[923] Dabei ist zu beachten, dass der Schutzzweck einer Norm häufig nicht aus ihr allein, sondern nur aus dem "umgebenden Normgefüge und aus seinen institutionellen Rahmenbedingungen" ermittelt werden kann.[924] Ob eine Rechtsnorm "individuellen Drittschutz" (mit-)gewährt, kann daher aus dem Sinn und Zweck der zugrunde liegenden Vorschrift ermittelt werden, die sich wiederum aus den gesetzlich formulierten Zwecken und Materialien des Gesetzes erschließen lassen.[925] In diesem Zusammenhang kommt dann den jeweils der Entscheidung der Regulierungsbehörde zugrunde liegenden Regulierungszielen nach § 2 Abs. 2 TKG besondere Bedeutung zu.

c) Beispiele aus der Rechtsprechung zur Entgeltregulierung

Gerade zur Frage des individuellen Drittschutzes von Normen des Telekommunikationsgesetzes ist die Rechtsprechung der Instanzgerichte nicht einheitlich. So hat sich das OVG Münster in einem Beschluss, mit dem der Beschwerde gegen einen Antrag nach § 123 VwGO auf Untersagung der Akteneinsicht von Beigeladenen im Entgeltregulierungsverfahren stattgegeben wurde, zur drittschützenden Wirkung der Entgeltregulierungsvorschriften des Telekommunikationsgesetzes wie folgt geäußert: Regulierungsziele der §§ 24 ff. und § 73 ff. i. V. m. § 2 TKG seien "die Ordnung des Wettbewerbsmarktes und der Verbraucherschutz schlechthin als Ziele der staatlichen Gemeinschaft", nicht aber "der Schutz des individuellen Kunden oder Konkurrenten in dem Sinne, dass die Vorschriften der antizipierten Regulierung oder der nachträglichen Regulierung subjektiv-öffentliche Rechte der Kunden oder Konkurrenten des marktbeherrschenden Unternehmens begründen" würden.[926] Dagegen hat das VG Köln unter Hinweis auf die vom OVG Münster nicht angewandte Schutznormtheorie ausgeführt, dass Wortlaut des § 24 Abs. 2 Nr. 2 TKG, Sinn und Zweck sowie Entstehungsgeschichte der Entgeltregulierungsvorschriften, vor allem aber die Vorgaben des europäischen Gemeinschaftsrechts (Art. 5a Abs. 3 der ONP-Rahmenrichtlinie) dafür sprächen, den Entgeltregulierungsvorschriften drittschützende Wirkung zuzuerkennen.[927]

Auf der Grundlage dieser Rechtsprechung haben daher die Verwaltungsgerichte bei jeder, einer Entscheidung der Regulierungsbehörde zugrunde liegenden Norm zu prüfen, ob eine qualifizierte Mitbetroffenheit vorliegt. Ob eine solche Betroffenheit vorliegt, die die notwendige Klagebefugnis gem. § 42 Abs. 2 VwGO begründet, ist dann insbesondere nach den allgemeinen Grundsätzen der Schutznormtheorie zu bestimmen.[928]

---

noch einer "zivilrechtlichen Umsetzung" bedarf, um Inhalt des Rechtsverhältnisses zwischen Genehmigungsempfänger und Drittbetroffenem zu werden, vgl. BVerwG, Urt. v. 22.02.1994, E 95, 133 (135).

923 Vgl. nur BVerwG, Urt. v. 25.11.1986, E 75, 147 (152); Urt. v. 22.02.1994, E 95, 133 (135 f.). Zur Schutznormtheorie vgl. nur *Bauer*, AöR 113 (1988), S. 582 ff.

924 Vgl. *Bauer*, AöR 113 (1988), S. 582 (590), m. w. N.

925 Vgl. *Ossenbühl*, Archiv PT 1996, 207 (216).

926 Vgl. OVG Münster, Beschl. v. 12.05.1999, MMR 1999, 553 (554).

927 Vgl. VG Köln, Beschl. v. 27.10.1999, 1 L 1917/99, S. 7 f., Urteilsumdruck; Beschl. v. 27.10.1999, 1 L 2068/99, S. 7 f., Urteilsumdruck.

928 Vgl. zur Anwendbarkeit der Schutznormtheorie im Telekommunikationsgesetz vgl. *Ladeur*, CR 2000, 433 (438 ff.).

2. *Geltendmachung von Schadenersatzansprüchen*

Mit dem angeblichen Schutzzweck der wettbewerbsfördernden Vorschriften des Telekommunikationsgesetzes wird auch im Zusammenhang mit der gegenseitigen Geltendmachung von Schadenersatzansprüchen von Wettbewerbern auf den Telekommunikationsmärkten argumentiert. Das Telekommunikationsgesetz gewährt Nutzern von Telekommunikationsdienstleistungen für die Öffentlichkeit einen Schadenersatzanspruch gegen einen Anbieter, wenn dieser vorsätzlich oder fahrlässig gegen das Telekommunikationsgesetz, gegen eine aufgrund des Gesetzes erlassene Rechtsverordnung oder gegen eine aufgrund des Gesetzes in der Lizenz festgelegte Verpflichtung oder eine Anordnung der Regulierungsbehörde verstößt, sofern die Vorschrift oder die Verpflichtung den Schutz des Nutzers bezweckt.

a) Schutzgesetzcharakter i. S. d. § 40 TKG

Voraussetzung für einen Schadenersatzanspruch ist, dass die von einem Anbieter verletzte Norm als Schutzgesetz im Sinne des § 40 TKG zu qualifizieren wäre. Analog zu den Grundsätzen, die zu dem grundsätzlich neben § 40 TKG bestehenden deliktischen Anspruch aus § 823 Abs. 2 BGB entwickelt wurden,[929] ist eine solche Schutznorm dann gegeben, wenn sie gerade dazu dienen soll, den Einzelnen oder einzelne Personenkreise gegen die Verletzung eines Rechtsgutes zu schützen.[930] Unschädlich ist dabei, wenn eine solche Norm zugleich auch dem Schutze der Allgemeinheit dient.[931] Entscheidend ist nicht die Wirkung, sondern Inhalt und Zweck des Gesetzes nach der gesetzgeberischen Intention zum Zeitpunkt des Gesetzeserlasses.[932] Ein Schutzgesetz muss erkennbar die Schaffung eines individuellen Schadenersatzanspruchs anstreben, bzw. es muss die Schaffung eines solchen Anspruchs im Rahmen des haftpflichtrechtlichen Gesamtsystems wenigstens tragbar erscheinen.[933]

b) Schutzcharakter der wettbewerbsschützenden Vorschriften

Ein Teil der Literatur billigt nun allgemein den wettbewerbsschützenden Vorschriften des Telekommunikationsgesetzes diesen Schutzcharakter zu.[934] Im Gegensatz dazu hatte die Literatur den Normen des Gesetzes gegen Wettbewerbsbeschränkungen nach dessen Einführung die Schutzgesetzeigenschaft mit dem Argument abgesprochen, dass das Gesetz gegen Wettbewerbsbeschränkungen zwar den Wettbewerb als Institution schütze, aber nicht die Rechte der Wettbewerber.[935] Nunmehr ist der Schutzgesetzcharakter der Vorschriften des Gesetzes gegen Wettbewerbsbeschränkungen, die Diskriminierungen oder Behinderungen einzelner

---

[929] Im Rahmen des privatrechtlichen Rechtsschutzes kann neben § 40 TKG ergänzend auf entsprechende deliktische Ansprüche aus § 823 Abs. 2 BGB i. V. m. den Schutz des Nutzers bezweckenden Vorschriften des Telekommunikationsgesetzes zurückgegriffen werden, vgl. *Büchner*, in: Beck'scher TKG Komm., § 40, Rdnr. 1.

[930] Vgl. BGH, Urt. v. 21.10.1991, ZIP 1991, 1597 (1598).

[931] Vgl. ebd.

[932] Vgl. ebd.

[933] Vgl. BGH, Urt. v. 29.04.1969, Z 46, 17 (23); Urt. v. 18.05.1976, DB 76, 1665 (1665).

[934] Vgl. *U. Immenga/N. Lübben/H.-P. Schwintowski*, Telekommunikation: Vom Monopol zum Wettbewerb, S. 155.

[935] Vgl. ebd.

Unternehmen verbieten, praktisch unbestritten. Hierzu zählten die §§ 25 Abs. 2, 26 Abs. 1 und 26 Abs. 2 GWB a. F.[936] Zusätzlich hat der Bundesgerichtshof in besonders gelagerten Fällen für die Grundnorm des Gesetzes gegen Wettbewerbsbeschränkungen (§ 1 a. F.) den Schutzgesetzcharakter bejaht, obwohl allgemein anerkannt ist, dass diese Norm in erster Linie den Wettbewerb als solchen und nicht bestimmte Personen oder Unternehmen einer Marktgegenseite schützt.[937]

Argument für den Schutzcharakter der wettbewerbsschützenden Normen des Telekommunikationsgesetzes ist die behauptete Verknüpfung von Gemeinwohl- mit Individualbelangen in der Zweckformel des § 1 TKG, die eine Differenzierung bei den wettbewerbsschützenden Normen nach öffentlichen oder individuellen Interessen der Nutzer dienenden Vorschriften verbiete.[938] Zwar verfolgt dieser Ansatz ein grundsätzlich anerkennenswertes Interesse. Aus der Zweckformel des § 1 TKG lässt sich die pauschale Qualifizierung der wettbewerbsschützenden Vorschriften des Telekommunikationsgesetzes als Schutzgesetze im Sinne des § 823 Abs. 2 BGB jedoch nicht herleiten. Die Zweckformel des § 1 TKG betont nämlich gerade nicht Individualinteressen, sondern benennt allgemein die Förderung der Institution "Wettbewerb". Hier hilft auch nicht der Verweis auf § 2 Abs. 2 Nr. 1 TKG weiter.[939] Zwar spricht dieses Regulierungsziel von der *Wahrung der Interessen der Nutzer auf dem Gebiet der Telekommunikation.* Hierdurch werden jedoch weder Individualrechte begründet noch betont. Vielmehr unterstreicht das Gesetz durch die gewählte Formulierung erneut Gemeinwohlinteressen, da durch die Verwendung des Begriffs der "Nutzer" gerade nicht zwischen Wettbewerbern und privaten Verbrauchern differenziert wird. Zwar ist richtig, dass eine Förderung des Wettbewerbs grundsätzlich nicht ohne Begründung von Individualrechten möglich ist.[940] Diese Individualrechte werden aber gerade noch nicht durch § 1 TKG begründet, sondern gegebenenfalls erst im Einzelfall durch die jeweils konkret verletzte, einen Nutzer schützende Norm des Telekommunikationsrechts. Eine pauschale Qualifizierung sämtlicher wettbewerbsschützender Normen als Schutzgesetze im Sinne des § 823 Abs. 2 BGB, würde sich im Übrigen auch vor dem Hintergrund des oben aufgezeigten differenzierenden Meinungsstandes zu den allgemeinen Vorschriften des Gesetzes gegen Wettbewerbsbeschränkungen verbieten.

Auch bei den Vorschriften des Telekommunikationsgesetzes wird daher jeweils im Einzelfall zu prüfen sein, ob die verletzte Norm als Schutznorm im Sinne des § 40 TKG zu qualifizieren ist.[941] Die Zweckformel des § 1 TKG spielt aber hierbei keine Rolle. Dabei wird allerdings zu berücksichtigen sein, dass sich ein Telekommunikationsunternehmen bei einer drohenden Gefährdung seiner Interessen am freien Wettbewerb nicht alleine auf das Eingreifen der Regulierungsbehörde verweisen lassen muss.[942] Das Gebot eines effektiven Rechtsschutzes wird

---

936 Vgl. *Bechtold*, GWB, § 35, Rdnr. 3.

937 So der BGH, Urt. v. 25.01.1983, Z 86, 324 (330), im Zusammenhang mit Kartellabsprachen bzw. abgestimmten Verhaltensweisen, die sich gezielt gegen bestimmte Abnehmer und Lieferanten richteten, und dadurch die Marktgegenseite vom Marktzutritt ausschlossen. Vgl. auch BGH, Urt. v. 04.04.1975, Z 64, 232 (237 f.).

938 Vgl. *U. Immenga/N. Lübben/H.-P. Schwintowski*, Telekommunikation: Vom Monopol zum Wettbewerb, S. 155.

939 So aber *U. Immenga/N. Lübben/H.-P. Schwintowski* (Hrsg.), a. a. O., S. 155, die fälschlicherweise die Regulierungsziele des § 2 Abs. 2 TKG als Gesetzesziele des Telekommunikationsgesetzes verstehen.

940 Vgl. ebd.

941 Eine Zusammenstellung sog. nutzerschützender Bestimmungen findet sich bei *Büchner*, in Beck'scher TKG Komm., § 40, Rdnr. 4.

942 Vgl. für § 823 Abs. 2 BGB BGH, Urt. v. 04.04.1975, Z 64, 232 (237 f.).

es in einer Vielzahl von Fällen erforderlich machen, der Marktgegenseite, der durch einen Wettbewerber der Marktzutritt abgeschnürt wurde, mangels eines hinreichenden außertelekommunikationsrechtlichen Deliktsschutzes in diesem Interessenbereich und mangels eines hinreichenden kartellrechtlichen Deliktsschutzes im Telekommunikationsgesetz selbst, einen Schadenersatzanspruch aus § 40 TKG zuzubilligen.[943]

VII. Abgrenzungsfunktion der Zweckbestimmung

1. Bestimmung des Regelungsbereichs des Telekommunikationsgesetzes

Wie einleitend ausgeführt, sind einführende gesetzliche Vorschriften zum Teil mit "Anwendungsbereich" oder "Regelungsbereich" überschrieben. Auch wenn es im Fall des Telekommunikationsgesetzes expressis verbis an einer solchen Überschrift fehlt, könnte man daran denken, gegebenenfalls mit Hilfe der Zweckbestimmung die erforderliche Bestimmung des gesetzlichen Anwendungsbereiches vorzunehmen.[944] § 1 TKG sieht vor, dass sich die mit dem Gesetz verfolgte *Regulierung* auf den *Bereich der Telekommunikation* beziehen soll. Der sachliche[945] Anwendungsbereich des Telekommunikationsgesetzes orientiert sich dementsprechend an der Reichweite der sektorspezifischen staatlichen Einflussnahme und somit letztlich am Umfang der Begriffe "Telekommunikation" und "Regulierung".[946] Vom gesetzlichen Anwendungsbereich wird daher die Gewährleistung eines Universaldienstes mittels Beteiligungsverwaltung nicht erfasst.[947] Die Zwecksetzung wirkt insofern auch als Abgrenzungsnorm zum Postwesen[948], zum Rundfunk[949] und zu den Telediensten[950] sowie zum Multimediabereich[951]. Spätestens seit dem 01.01.1998 strebt das Telekommunikationsgesetz eine *umfassende* Regulierung des *Bereichs* der Telekommunikation an.[952] Zusätzlich umfasst der gesetzliche Anwendungsbereich die Festlegung einer Frequenzordnung, die nach der gesetzlichen Systematik nicht zur Regulierung der Telekommunikation zählt.

---

943 Vgl. ebd.

944 Vgl. hierzu BVerwG, Urt. 14.06.1972, E 40, 143 (145), das anhand des in § 1 FlurbG festgelegten Begriffs der Flurbereinigung den Aufgabenbereich des Gesetzes und damit Umfang und Grenzen der Tätigkeit der Flurbereinigungsbehörden ermittelte.

945 Zum zeitlichen Geltungsbereich des Telekommunikationsgesetzes vgl. *K. Windthorst*, Universaldienst, S. 408 ff.

946 So für die Zwecksetzung des Postgesetzes in § 1 PostG *Herdegen*, in: Beck'scher PostG Komm., § 1, Rdnr. 2. Nach Ansicht von *K. Windthorst*, Universaldienst, S. 405, wird der sachliche Geltungsbereich des Telekommunikationsgesetzes zumindest durch den in § 1 hervorgehobenen Gesetzeszweck eingegrenzt.

947 Vgl. *K. Windthorst*, Universaldienst, S. 405.

948 Im Bereich des Postwesens handelt es sich im Gegensatz zur Telekommunikation um die Übermittlung "körperlicher" Nachrichten.

949 Zur Abgrenzung von Rundfunk und Telekommunikation vgl. oben Kap. B.I.2.

950 Zur Abgrenzung des Geltungsbereichs des Gesetzes über die Nutzung von Telediensten (Teledienstegesetz – TDG vom 22.07.1997 (BGBl. 1997, S. 1870) von dem des Telekommunikationsgesetzes vgl. *Manssen*, in: TMR, E, § 2, Rdnr. 9 f.

951 Vgl. zur Gesetzgebungskompetenz für den Multimediabereich *K. Windthorst*, Universaldienst, S. 358 ff.

952 Die weiteren Grundlagen der Regulierung neben dem Telekommunikationsgesetz – das Gesetz über die Regulierung der Telekommunikation und des Postwesens und das Fernmeldeanlagengesetz – waren jeweils bis zum 31.12.1997 befristet, vgl. oben Fn. 60.

2. *Bestimmung des Adressatenkreises des Telekommunikationsgesetzes*

Die Rechtsprechung hat in Einzelfällen auch den Adressatenkreis eines Gesetzes mit Hilfe der gesetzlichen Zwecksetzung bestimmt.[953] Anhand der in der Zweckbestimmung des § 1 TKG genannten Begriffe *Bereich der Telekommunikation* und *Regulierung* i. V. m. der Legaldefinition des § 3 Nr. 13 TKG lassen sich beispielsweise als Adressaten des Gesetzes die einer (besonderen) Regulierung unterworfenen Telekommunikationsunternehmen, d. h. Unternehmen, die auf den lizenzpflichtigen Märkten im *Bereich der Telekommunikation* tätig sind, bestimmen. Mangels einer einfachgesetzlichen Legaldefinition lässt sich ein Telekommunikationsunternehmen beschreiben als eine planvoll organisierte, vom Unternehmer und vom Unternehmensinhaber abgegrenzte Wirtschaftseinheit aus Sachen und Personen mit der Zielsetzung, Sachgüter und Dienstleistungen auf den Telekommunikationsmärkten anzubieten.[954] Der Kreis der Adressaten, die einer Regulierung unterworfen sind, ist folglich nicht auf die DT AG begrenzt, sondern erstreckt sich auf alle aktuellen und potenziellen Anbieter von Telekommunikationsdienstleistungen auf den lizenzpflichtigen Märkten, unabhängig von ihrer Marktmacht.[955]

Wie der Blick auf §§ 4 und 5 bzw. §§ 50 ff., insbesondere § 57 TKG, zeigt, ist der Adressatenkreis des Gesetzes aber nicht auf die einer Regulierung unterworfenen Telekommunikationsunternehmen beschränkt. Mit Hilfe der Zweckbestimmung des § 1 TKG lässt sich daher der Adressatenkreis des Gesetzes nur für Teilbereiche des Regelungswerkes abschließend bestimmen.

3. *Bestimmung des Aufgabenbereichs der Regulierungsbehörde*

Das Telekommunikationsgesetz beinhaltet auch organisationsrechtliche Vorschriften. Sog. Organisationsgesetze[956] normieren die ämter- und behördenmäßige Gestaltung des Staates. Dieser Gesetzestypus ordnet den strukturellen Aufbau der Verwaltung, grenzt ihre Kompetenzen gegeneinander ab und regelt das Zusammenwirken der verschiedenen Träger der Staatsgewalt organisatorisch.[957]

a) Organisationsrechtlicher Gehalt der Zweckbestimmung

In diesem Sinne bestimmt etwa § 66 TKG das Verhältnis zwischen Regulierungsbehörde und Bundesministerium für Wirtschaft, regelt die Abgrenzung der Entscheidungszuständigkeit im Verhältnis zwischen Behördenspitze und Beschlusskammern, macht Vorgaben über die amtsinterne Geschäftsverteilung und normiert das Bestellungsverfahren für die Ämter des Präsidenten und der beiden Vizepräsidenten. Soweit Organisationsgesetze die Errichtung von Organisationseinheiten (Behörden, Anstalten, Körperschaften und Stiftungen) zum Gegenstand

---

953 Vgl. zur Frage der Adressaten des Landwirtschaftsgesetzes BVerwG, Urt. v. 11.12.1964, E 20, 101 ff.

954 Vgl. allgemein zum Unternehmensbegriff *G. Püttner*, Die öffentlichen Unternehmen, S. 25.

955 Anders der verfassungsrechtliche Adressatenkreis der Regulierung, der nicht an das Kriterium der Lizenzpflicht anknüpft, vgl. *K. Windthorst*, Universaldienst, S. 346.

956 Zum Typus "Organisationsgesetz" vgl. *H. Höger*, Zweckbestimmungen, S. 106.

957 *E. Forsthoff*, Lehrbuch des Verwaltungsrechts, S. 410.

haben, sind sie nach der Untersuchung von *Höger* durchweg mit einer Zweckbestimmung versehen.[958] Dies gründet sich auf die Notwendigkeit zur Bestimmung von Zweck und sachlicher Kompetenz von Behörden als Voraussetzung für deren Errichtung.[959] Dabei ist zu berücksichtigen, dass es sich bei den von *Höger* beispielhaft angeführten Zwecksetzungen[960] gesetzessystematisch nicht um allgemeine mit dem Gesetz verfolgte Zwecke – wie den hier zu untersuchenden des § 1 TKG - handelt, sondern um für die Tätigkeit der jeweiligen Behörde spezifisch normierte Zwecke. Auch § 66 Abs. 1 TKG beschreibt den im vorgenannten Sinne verstandenen gesetzlichen Zweck der Errichtung der Regulierungsbehörde, indem er ihr allgemein die Wahrnehmung der sich aus diesem und aus anderen Gesetzen ergebenden Aufgaben zuweist.[961] Funktion dieser spezifischen Zweckbestimmungen ist im Allgemeinen, dass sie mit eindeutigen Definitionen der Aufgaben und Befugnisse eine klare Kompetenzverteilung zwischen den einzelnen Trägern staatlicher Gewalt gewährleisten.[962]

Ob allein der tätigkeitsspezifischen Zwecksetzung des § 66 Abs. 1 TKG diese eindeutig finale und integrative Eingliederung der Regulierungsbehörde in das übergeordnete Sozialsystem und die Regelung von deren Funktionen (Aufgabeninhalte und Aufgabenumfang) gelingt, ist fraglich. Schließlich begründet § 66 Abs. 1 TKG mit seiner Zwecksetzung lediglich eine allgemeine Zuständigkeit der Regulierungsbehörde für die u. a. im Zusammenhang mit dem Telekommunikationsgesetz anfallenden Aufgaben.[963] Die allgemeine Zuständigkeitszuweisung schließt jedoch nicht ipso jure die Befugnisse der Regulierungsbehörde ein, die erforderlichen Eingriffe zu tätigen. So trennt das Telekommunikationsgesetz wie die klassischen Polizeigesetze zwischen der allgemeinen Aufgabenzuweisung und speziellen Handlungsermächtigungen (Befugnisse). Der zweite Abschnitt des zehnten Teils des Telekommunikationsgesetzes, der die Überschrift des § 71 TKG "Aufgaben und Befugnisse" trägt, enthält diesbezüglich keine abschließende Regelung.[964] Nachfolgend soll untersucht werden, ob die spezifische Zwecksetzung des § 66 Abs. 1 TKG eine eindeutige Kompetenzzuweisung beinhaltet bzw. ob eine solche eindeutige Kompetenzzuweisung zumindest ergänzend aus dem Gesetzeszweck hergeleitet werden kann.

b) Kompetenzrechtlicher Gehalt der Zweckbestimmung

Die Zweckbestimmung des Telekommunikationsgesetzes für sich betrachtet weist der Regulierungsbehörde keinerlei Kompetenzen bzw. Zuständigkeiten zu.[965] Eine allgemeine Zuweisung trifft § 66 i. V. m. § 71 Satz 1 TKG. Trotz dieser scheinbar eindeutigen organisationsrechtlichen Regelung ist der Umfang dieses Aktes von Organisationsgewalt in der Literatur strittig bzw. schafft in der kartellrechtlichen Verwaltungspraxis Raum für Zweckmäßigkeits-

958 *H. Höger*, Zweckbestimmungen, S. 106.

959 *F. Hohrmann*, Bundesgesetzliche Organisation landesunmittelbarer Selbstverwaltungskörperschaften, S.53.

960 So § 3 des Gesetzes über die Deutsche Bundesbank (vom 26.07.1957, BGBl. I S. 745) und § 1 des Gesetzes über Maßnahmen zur Förderung des deutschen Films (vom 22.12.1967, BGBl. I, S. 1352).

961 Eine Übersicht zu den sich aus dem Telekommunikationsgesetz ergebenden wichtigsten Aufgaben der Regulierungsbehörde findet sich bei *Geppert*, in: Beck'scher TKG Komm, § 66, Rdnr. 11. Zu weiteren, über dieses Gesetz hinausgehende Aufgaben vgl. *Gramlich*, CR 1998, 463 (467).

962 Vgl. *H. Höger*, Zweckbestimmungen, S. 106, m. w. N.

963 Vgl. *Geppert*, in: Beck'scher TKG Komm., § 66, Rdnr. 10.

964 Vgl. *Weber/Rommersbach*, in: TMR, C, § 66, Rdnr. 2.

965 Zum Verhältnis von Zuständigkeit und Kompetenz vgl. *J. Schween*, Handlungs- und Rechtsschutzformbestimmung bei Regelungen der institutionellen Behördenorganisation, S. 37 f.

überlegungen.[966] Für Diskussionsstoff sorgt das Verhältnis der Kompetenzen von Regulierungsbehörde und Bundeskartellamt im Rahmen der sektorspezifischen Verhaltensaufsicht des dritten und vierten Teils des Telekommunikationsgesetzes (§§ 23–39).[967] Aufhänger der Diskussion ist die zugegebenermaßen unglückliche Formulierung des § 2 Abs. 3 TKG, der allgemein bestimmt, dass die Vorschriften des Gesetzes gegen Wettbewerbsbeschränkungen unberührt bleiben. Die von einigen Autoren in diesem Zusammenhang vertretene Auffassung, wonach die Vorschriften des Gesetzes gegen Wettbewerbsbeschränkungen ohne Einschränkungen, demzufolge auch dessen Kompetenzzuweisungen, neben den Vorschriften des TKG Anwendung finden sollen, würde für die Wettbewerbsaufsicht im Bereich der Telekommunikation zu einer grundsätzlichen Doppelzuständigkeit von Regulierungsbehörde und Bundeskartellamt führen, was die Gefahr widersprüchlicher Entscheidungen in sich birgt.[968]

Zwar kann an dieser Stelle auf die hierzu geführte Diskussion aus Platzgründen nicht im Detail eingegangen werden, jedoch ist darauf hinzuweisen, dass die Annahme einer solchen Doppelzuständigkeit keinesfalls mit der Zweckbestimmung des Telekommunikationsgesetzes in Einklang zu bringen wäre.[969] Besondere Berücksichtigung müssen bei diesem Meinungsstreit die in der Zwecksetzung des § 1 TKG, den Regulierungszielen des § 2 Abs. 2 TKG und in der Begründung zum Gesetzentwurfs zum Ausdruck kommenden gesetzgeberischen Wertungen finden. Zentrales Anliegen des Gesetzes ist nach § 1 TKG die Förderung des Wettbewerbs zur Sicherstellung eines Universaldienstes. Gleichfalls ist ausdrückliches Ziel der Regulierung nach § 2 Abs. 2 Nr. 2 TKG die Sicherstellung eines chancengleichen und funktionsfähigen Wettbewerbs auf den Märkten der Telekommunikation.

(aa) Erwägungen zur Sondersituation auf den Telekommunikationsmärkten

Die außergewöhnlichen wettbewerblichen Verhältnisse auf den Telekommunikationsmärkten haben den Gesetzgeber bereits zu Beginn des Gesetzgebungsverfahrens zu besonderen Erwägungen veranlasst, deren Produkt die sektorspezifischen Regelungen des Telekommunikationsgesetzes zur Wettbewerbsaufsicht auf den Telekommunikationsmärkten sind.[970] In der Begründung zum Gesetzentwurf wies die Bundesregierung insbesondere darauf hin, dass potenzielle Anbieter ohne besondere regulatorische Vorkehrungen keine Chance gegenüber dem dominanten Anbieter hätten.[971] Um durch regulatorische Eingriffe in das Marktverhalten beherrschender Unternehmen einen funktionsfähigen Wettbewerb zu fördern, seien sektorspezifische Regelungen als Ergänzung zum allgemeinen Wettbewerb erforderlich.[972]

---

[966] Vgl. *Schroeder*, WuW 1999, 14 (15).

[967] Zum Streitstand vgl. die Darstellung bei *Martenczuk*, CR 1999, 363 (364); vgl. auch *M. Paulweber*, Regulierungszuständigkeiten in der Telekommunikation, S. 50, Fn. 133.

[968] So etwa *Schroeder*, WuW 1999, 14 (27); *Martenczuk*, CR 1999, 363 (364). A. A. *Manssen*, in: TMR, C, § 2, Rdnr. 11, m. w. N., der die allgemeinen Vorschriften des Gesetzes gegen Wettbewerbsbeschränkungen nur da für anwendbar hält, wo das Telekommunikationsgesetz keine speziellen Bestimmungen trifft.

[969] Im Ergebnis so auch *Säcker/Calliess*, K&R 1999, 337 (340), die über § 2 Abs. 3 TKG überhaupt erst den Anwendungsbereich für die allgemeinen Grundsätze der (materiellen) Subsidiarität oder der Spezialität eröffnet sehen.

[970] Vgl. zu den besonderen Erwägungen in der Begründung zum Gesetzentwurf oben Kap. C.I.1.a)(bb)(2).

[971] Vgl. die Begründung zum TKG-E, BT-Drs. 13/4438, S. 4, i. V. m. BT-Drs. 13/3609, S. 33 ("Zweck des Gesetzes").

[972] Vgl. ebd.

Die Bundesregierung war daher der Ansicht, dass die notwendigen Regulierungsaufgaben über eine bloße Missbrauchsaufsicht weit hinausgehen würden und daher eine sektorspezifische Regulierungsinstanz erforderlich sei, die ihre fachliche Entscheidung möglichst unabhängig treffen könne.[973] Die Regulierungsbehörde sei zur Durchführung der Regierungsziele mit wirksamen Instrumenten ausgestattet, die auch Informations- und Untersuchungsrechte sowie abgestufte Sanktionsmöglichkeiten einschließen würden.[974] Auch wurde in der Begründung zum Gesetzentwurf ausdrücklich darauf hingewiesen, dass das Gesetz gegen Wettbewerbsbeschränkungen – und somit auch seine Kompetenzzuweisungen – immer nur dann Anwendung finden solle, wenn keine Spezialregelung durch das Telekommunikationsgesetz getroffen wird.[975]

(bb) Zweckgerechte Kompetenzverteilung

Wollte man eine generelle Parallelzuständigkeit des Bundeskartellamts für die Wettbewerbsaufsicht im Bereich der Telekommunikation begründen, hieße dies, die vorstehend dargelegten besonderen gesetzgeberischen Motive, die § 1 TKG verkürzt insbesondere durch die Formulierung "den Wettbewerb zu fördern" ausdrückt, zu umgehen. Allein die Regulierungsbehörde ist im Rahmen ihrer Regulierungsentscheidungen an die Regulierungsziele des § 2 Abs. 2 TKG gebunden. Gleiches gilt für die ebenfalls regulierungsrelevanten Zwecksetzungen des § 1 TKG. Im Falle einer grundsätzlichen Parallelzuständigkeit bestünde stets die Gefahr einer Behandlung der Telekommunikationsmärkte durch das Bundeskartellamt mit Mitteln des allgemeinen Wettbewerbs- und Kartellrechts, d. h. die Gefahr divergierender Entscheidungen.

Zwar ist es richtig, dass das Bundeskartellamt auf dem Gebiet der Wettbewerbsaufsicht gegenüber der erst neu geschaffenen Regulierungsbehörde über einen Wissens- und Erfahrungsvorsprung verfügt, dabei ist aber auch zu berücksichtigen, dass sich dieser Vorsprung in erster Linie auf eine Ex-post-Missbrauchsaufsicht beschränkt. Gerade im Bereich der Ex-ante-Regulierung würde das Bundeskartellamt ebenso wie die Regulierungsbehörde neues Rechtsterrain betreten. Gerade weil das sektorspezifische Wettbewerbsrecht des Telekommunikationsgesetzes schwerpunktmäßig auf eine den Markt gestaltende, weil ex-ante ausgerichtete Missbrauchsaufsicht setzt, erscheint auch aus rechtspolitischen Gründen die Schaffung einer unabhängigen, mit eigenen Aufgaben und Kompetenzen ausgestatteten Behörde in Gestalt der Regulierungsbehörde als wünschenswert. Auf diese Weise kann eine besondere Konnexität von materiellem Telekommunikationsrecht und verwaltungsmäßiger Aufgabenbewältigung im Sonderbereich der Telekommunikation sichergestellt werden. Der Gefahr einer übermäßigen Betonung der telekommunikationsrechtlichen Fachzwecke begegnet das Gesetz mit den speziellen Vorschriften über die Zusammenarbeit der Regulierungsbehörde mit dem Bundeskartellamt (§ 82 TKG) bzw. mit sonstigen Behörden (§ 83 TKG).

---

973 Vgl. ebd., 51 ("Zu § 65").
974 Vgl. ebd., S. 36 ("10. Regulierungsbehörde").
975 Vgl. ebd., S. 36 ("Zu § 2", "Absatz 3"). Auch *Möschel*, MMR-Beilage 3/99, 3 (3), m. w. N. in Fn. 2, leitet hieraus den gesetzgeberischen Willen ab, dass zwischen den Gesetzen ein Verhältnis der Spezialität gelten soll.

c) Sektorspezifische Kompetenzverteilung

Trotz dieser eindeutigen gesetzgeberischen Wertungen lassen sich Zuständigkeitsüberschneidungen nicht vermeiden. Dies betrifft vor allem die Fälle, in denen das Bundeskartellamt als "dezentrales Durchsetzungsorgan" aufgrund seiner ausschließlichen Zuständigkeit nach § 50 Abs. 1 GWB n. F. (§ 47 Abs. 1 GWB a. F.) europäische Wettbewerbsregeln anwenden muss.[976] Gleichzeitig hat die Regulierungsbehörde dort keine Kompetenzen, wo das Telekommunikationsgesetz keine sektorspezifischen Regelungen trifft, wie z. B. in Fällen von Missbrauch wegen sonstiger Absprachen, wie Kundenschutzklauseln, Ausschließlichkeitsbindungen, Preisabsprachen und Mindestabnahmemengen.[977] Demgegenüber kann das Bundeskartellamt aber da keine Kompetenzen haben, allgemeines Wettbewerbsrecht anzuwenden, wo der Gegenstand unter die sektorspezifischen Regulierungskompetenzen nach dem Telekommunikationsgesetz fällt.[978] Nur im Rahmen der Regulierungsentscheidungen durch die Regulierungsbehörde können mit Hilfe der sektorspezifischen Regelungsinstrumentarien die besonderen Marktverhältnisse und gleichzeitig auch die besonderen gesetzgeberischen Wertungen, wie sie in der Zweckbestimmung zum Ausdruck kommen und an welche die Regulierungsbehörde gebunden ist, Berücksichtigung finden.

Zwischen der Aufgaben- bzw. Zuständigkeitszuweisung des § 66 Abs. 1 i. V. m. § 71 Satz 1 TKG und der Zwecksetzung des § 1 bzw. den Regulierungszielen des § 2 Abs. 2 TKG besteht ein enger Zusammenhang. Die besonderen gesetzgeberischen Wertungen und die besonderen wettbewerblichen Rahmenbedingungen auf den Märkten der Telekommunikation, die der Gesetzgeber berücksichtigt wissen wollte, machen eine sorgfältige funktionsgerechte Abgrenzung der jeweiligen Kompetenzsphären von Regulierungsbehörde und Bundeskartellamt unbedingt erforderlich, da eine grundsätzliche Parallelzuständigkeit der beiden Behörden nicht gegeben ist.[979] Letztlich begründen die gesetzgeberischen Wertungen, wie sie in der Zweckbestimmung zum Ausdruck kommen, die ausschließliche Kompetenz der Regulierungsbehörde im Bereich der Wettbewerbsaufsicht auf den Märkten der Telekommunikation in den aufgezeigten Grenzen. Ungeachtet dessen wird diese derzeit gültige Kompetenzaufteilung spätestens mit Wegfall des besonderen präventiven regulatorischen Schutzbedürfnisses der Telekommunikationsmärkte zweifelhaft.[980] Das Telekommunikationsgesetz enthält für die hiervon betroffenen Vorschriften keine Verfallsklausel, jedoch ist an eine künftige Aufhebung dieser sektorspezifischen Regelungen gedacht.[981]

---

976 Vgl. das Beispiel bei *Weber/Rommersbach*, in: TMR, C, § 66, Rdnr. 17.

977 Vgl. *M. Geppert/E. Ruhle/F. Schuster*, Handbuch Recht und Praxis Telekommunikation, Rdnr. 30. Darüber hinaus bejaht *Möschel*, MMR-Beilage 3/1999, 3 (3), eine Auffangzuständigkeit des Bundeskartellamts für Fälle des vertikalen Behinderungswettbewerbs im Rahmen der §§ 33, 37 TKG.

978 So auch *Moritz*, CR 1998, 13 (20), Fn. 61.

979 Ausführlich zur Verteilung der Regulierungszuständigkeiten *M. Paulweber*, Regulierungszuständigkeiten in der Telekommunikation, S. 58 ff.

980 Vgl. hierzu *Weber/Rommersbach*, in: TMR, C, § 66, Rdnr. 13, m. w. N., die vorschlagen, in letzter Konsequenz die gesamte oder Teile der Regulierungsbehörde in das Bundeskartellamt zu integrieren.

981 In der Regierungsbegründung zur GWB-Novelle (BT-Drs. 13/9720) heißt es dazu: "Der Gesetzgeber hat daher für den Bahn- und den Telekommunikationssektor spezialgesetzliche Regelungen getroffen, die den Netzzugang sicherstellen (§ 14 Allgemeines Eisenbahngesetz, §§ 33 ff. Telekommunikationsgesetz) ... Damit liegt ein Missbrauch nicht vor, wenn das Verhalten aufgrund spezialgesetzlicher Regelungen zulässig ist ... Soweit spezialgesetzliche Regelungen bestehen, bleiben diese unberührt und haben Vorrang. Mit der generellen Regelung in § 19 Abs. 4 Nr. 4 wird einer weiteren Sektoralisierung des Kartellrechts entgegengewirkt. Außerdem steht damit ein Auffangtatbestand zur Verfügung, der dann eingreift, wenn künftig – wie

VIII. Zweckbestimmungen als Zeitbestimmung

Bereits oben wurde diskutiert, welche Rolle die Zweckbestimmung für den sachlichen Anwendungsbereich des Telekommunikationsgesetzes spielt. Darüber hinaus kann der Zweckbestimmung über die Akzentuierung der gesetzgeberischen Motive eine zeitliche Komponente zugeschrieben werden. Wie bereits oben erörtert, enthält das Gesetz in seinem dreizehnten Teil eine Reihe von sog. Übergangsvorschriften, die das Inkrafttreten einzelner Vorschriften des Gesetzes ebenso regeln wie Fragen des zeitlichen Anwendungsbereichs weitergeltender Vorschriften des Fernmeldeanlagengesetzes bzw. des Gesetzes über die Regulierung der Telekommunikation und des Postwesens, die im Rahmen der Postreform II von vornherein bis zum 31.12.1997 befristet wurden.[982]

Über den Zeitpunkt des Außerkrafttretens der eigenen Vorschriften schweigt sich dagegen das Telekommunikationsgesetz aus. Dies ist an und für sich nicht ungewöhnlich, für den mit dem Gesetz verfolgten Regelungsansatz jedoch bemerkenswert, wird doch dem Telekommunikationsgesetz eine begleitende Funktion für den *Übergangszeitraum* "vom Monopol zum Wettbewerb" auf den Telekommunikationsmärkten zugeschrieben. Der Übergangscharakter des Regelwerks drückt sich dabei schon in der gesetzlichen Zweckbestimmung[983] aus, wonach insbesondere der Wettbewerb im Bereich der Telekommunikation gefördert werden soll. Während die durch Art. 87f Abs. 1 GG begründete Pflicht zur Gewährleistung eines Universaldienstes über diesen Übergangszeitraum hinaus von Bedeutung sein wird,[984] stellt sich die Frage nach einer Zweckerreichung im Falle der Zweckkomponente "Förderung des Wettbewerbs". Sobald sich die Strukturen auf den Telekommunikationsmärkten in einer Art und Weise entwickelt haben werden, dass chancengleicher funktionsfähiger Wettbewerb stattfindet, könnte sich die Zwecksetzung dann an die hiermit einhergehende neue Aufgabenstellung zur Sicherstellung des nunmehr chancengleichen, funktionsfähigen Wettbewerbs anpassen.[985] Die Zwecksetzung des Gesetzes speziell zur Förderung des Wettbewerbs wird in diesem Augenblick obsolet.

Noch deutlicher wird die beschränkte Aktualität des Gesetzes in der Begründung zum Gesetzentwurf angesprochen, wonach die Notwendigkeit von sektorspezifischen Maßnahmen aus den besonderen Verhältnissen auf den deutschen Telekommunikationsmärkten resultiert, denen man durch die besonderen Regulierungsmaßnahmen entgegenwirken wollte.[986] Die Typisierung des Telekommunikationsgesetzes als sog. *Maßnahmegesetz* wurde bereits oben begründet.[987] Nach dem Begriffsverständnis des Bundesverfassungsgerichts handelt es sich bei diesem Gesetzestypus um Gesetze, die "konkrete Maßnahmen verwirklichen wollen und gegenstandslos werden, nachdem diese durchgeführt sind"[988]. Nach Auffassung der Literatur

---

vorgesehen – die sektorspezifische Regulierung im Bereich der Telekommunikation vom Gesetzgeber wieder aufgehoben wird."

982 Vgl. Fn. 60.

983 Maßnahmegesetze sind daher oftmals mit Zweckbestimmungen versehen. Vgl. *H. Höger*, Zweckbestimmungen, S. 91.

984 Vgl. *K. Windthorst*, Universaldienst, S. 235.

985 Zum Übergangscharakter der Entgeltregulierung vgl. *Manssen*, in: TMR, C, § 24, Rdnr. 4, m. w. N.

986 Vgl. die Begründung zum TKG-E, BT-Drs. 13/4438, S. 4, i. V. m. BT-Drs. 13/3609, S. 33 f. ("Zweck des Gesetzes").

987 Vgl. oben Kap. D.II.2.

988 So das BVerfG zum Investitionshilfegesetz in seinem Urt. v. 20.07.1954, E 4, 7 (18).

zeichnen sich Maßnahmegesetze gegenüber anderen Gesetzen dadurch aus, dass sie auf eine konkrete Situation zugeschnitten sind, die sie ordnen sollen.[989] Auf diese Weise greift das Telekommunikationsgesetz in die Telekommunikationsmärkte ein. Dieser Eingriff ist jedoch schon nach der Intention des Gesetzgebers nicht dazu bestimmt, zum dauernden Bestandteil der Rechtsordnung zu werden, sondern stellt nur ein vorübergehendes Mittel dar, um vom unerwünschten Zustand "Monopol" zum erwünschten Zustand "Wettbewerb" zu gelangen.

Somit verstärkt die Akzentuierung des Belangs "Förderung des Wettbewerbs" vor dem Hintergrund der auch in der Gesetzesbegründung angesprochenen Marktverhältnisse den Charakter der spezifisch wettbewerbsfördernden Regelungen als zeitlich beschränktes Regelungswerk. Notwendige Folge dieser (ausdrücklichen) gesetzlichen Zwecksetzung ist die Untauglichkeit des Gesetzes im Moment der Zweckerreichung. Da sich letztlich das genaue Datum, zu dem der Wettbewerb auf den Telekommunikationsmärkten ohne Regulierung funktioniert, zum Zeitpunkt der Verabschiedung des Gesetzes nicht bestimmen ließ, ist verständlich, dass das Gesetz keine nach dem Kalender bestimmbare Geltungszeit festgelegt hat. Das Gesetz selbst begründet daher in § 81 Abs. 3 Satz 2 TKG ein Recht der Monopolkommission zur Stellungnahme zu der Frage, ob aus ihrer Sicht Gesetzesänderungen notwendig werden. Nach der gesetzlichen Konzeption tritt daher spätestens mit der Herstellung eines funktionsfähigen Wettbewerbs eine Zweckerreichung ein, die in letzter Konsequenz zur Verfassungswidrigkeit eines Großteils der gesetzlichen Regelungen[990] und damit zur Rechtswidrigkeit vieler auf diesen Grundlagen ergangener Regulierungsmaßnahmen führen würde, sollte der Gesetzgeber nicht rechtzeitig genug den gesetzlichen Regelungsansatz umstellen und auch die Telekommunikationsmärkte in das allgemeine Wettbewerbs- und Kartellrecht überführen.[991]

---

[989] Zu den unterschiedlichen Erklärungsmodellen zum Typus Maßnahmegesetz vgl. nur *H. Höger*, Zweckbestimmungen, S. 90.

[990] Vgl. hierzu die Ausführungen in Kap. D.

[991] Vgl. zur angedachten Umstellung der Regulierung auf europäischer Ebene den Kommunikationsbericht 1999 der Europäischen Kommission, KOM (1999) 539 (nicht offizielle Version), S. 14. Vgl. auch *Schaub*, MMR2000, 211 (212). Dementsprechend fordert *Knieps*, den Mobilfunkmarkt bereits heute dem allgemeinen Wettbewerbsrecht zu unterwerfen, vgl. *Knieps*, MMR-Beilage 2/2000, 1 (2 f.).

F. Zusammenfassung der Ergebnisse der Arbeit

1. Die gesetzliche Zweckbestimmung des § 1 TKG lässt sich vereinfacht als (Leit-) Faden bezeichnen, der angibt, worin die Wirkungen der gesetzlich vorgesehenen Maßnahmen bestehen sollen, und der den Grund des gesetzlichen Handelns markiert, an dem sich diese Maßnahmen auszurichten haben.

2. Schon der erste Blick auf die Zwecksetzungen des § 1 TKG zeigt, dass das Telekommunikationsgesetz aufgrund seines selbst gesetzten Regelungsanspruchs jedenfalls der Wirtschaftsaufsicht zuzuordnen ist, diese jedoch über eine reine Wettbewerbsaufsicht hinausreichen soll, da auch die infrastrukturelle Grundversorgung mit Telekommunikationsdienstleistungen gesichert werden und anderen öffentlichen Belangen Rechnung getragen werden soll.

3. Unabhängig von den speziellen verfassungsrechtlichen Vorgaben zum Recht der Telekommunikation greifen die von der Zweckbestimmung des § 1 TKG umfassten Belange einzelne Staatszielbestimmungen auf.

4. Zentrale Begriffe der Zweckbestimmung in § 1 TKG sind die "Telekommunikation" und die "Regulierung".

5. Der positiv legaldefinierte Telekommunikationsbegriff des § 1 i. V. m. § 3 Nr. 16 TKG lässt sich schlagwortartig wie folgt beschreiben:

   - Es muss sich um die Beförderung einer Nachricht handeln.
   - Diese Nachricht muss an einem Ort wahrnehmbar zum Ausdruck gebracht worden sein.
   - Diese Nachricht muss an einem anderen, entfernten Ort sinnlich wahrnehmbar wiedererzeugt werden.
   - Die Nachrichtenbeförderung wird nicht dadurch bewirkt, dass ein körperlicher Träger der Nachricht von Ort zu Ort transportiert wird.
   - Die Nachrichtenbeförderung ist mittels hierfür geeigneter bestimmter technischer Einrichtungen oder Systeme zu bewerkstelligen.

6. Gleichzeitig zeigen die Tatbestandsmerkmale des § 3 Nr. 16 TKG, dass von einem dreigliedrigen Telekommunikationsbegriff auszugehen ist. Telekommunikation setzt sich zusammen aus der technischen Plattform (Infrastruktur), einem physikalischen Vorgang und einem kommunikativen Element. Wenn nur ein Kennzeichen fehlt, liegt keine Telekommunikation vor.

7. Das Verständnis des Telekommunikationsgesetzes zum Begriff der "Telekommunikation" ist marktbezogen.

8. Zusammenfassend lässt sich weiter feststellen, dass der einfachgesetzliche Begriff der "Telekommunikation" entsprechend der Legaldefinition des § 3 Nr. 1 TKG positiv bestimmt wird auf ausschließlich technische Vorgänge unter Einschluss der hierfür ver-

wendeten technischen Einrichtungen oder Systeme und zugleich nach dem Willen des Gesetzgebers negativ begrenzt wird durch den Bereich des Rundfunks.

9. Der einfachgesetzliche Begriff der Telekommunikation erfährt keine verfassungsrechtlichen Beschränkungen mit Ausnahme der negativen Begrenzung durch den verfassungsrechtlich relevanten Rundfunkbegriff.

10. Die zahlreichen gemeinschaftsrechtlichen Regelungen statuieren keinen eigenen Telekommunikationsbegriff, sondern beschränken sich auf Festlegungen zu Teilaspekten des Oberbegriffs "Telekommunikation".

11. Das Telekommunikationsgesetz lehnt sich jedoch stark an europarechtlichen Festlegungen an und führt die systematische Trennung von verschiedenen Märkten auf europäischer Ebene schon durch die Begriffsbestimmungen des § 3 TKG fort. Der Telekommunikationsbegriff des Telekommunikationsgesetzes erfährt durch die europäischen Vorgaben keinerlei Einschränkungen.

12. Eine gemeinschaftskonforme Auslegung der in § 3 TKG aufgeführten Begriffe kommt allenfalls bei solchen Vorschriften des Telekommunikationsgesetzes in Betracht, die im Widerspruch zu europäischen Richtlinien stehen, die dem nationalen Gesetzgeber keinen Gestaltungsspielraum bei der Umsetzung einräumen.

13. Die über die einschlägigen europäischen Vorschriften hinausgehenden völkerrechtlichen Vereinbarungen zum Bereich der Telekommunikation machen eine inhaltliche Änderung des einfachgesetzlichen Telekommunikationsbegriffs des § 1 i. V. m. § 3 Nr. 16 TKG nicht notwendig.

14. Der sektorspezifische Regulierungsbegriff lässt sich nicht allein durch die Legaldefinition des § 3 Nr. 13 i. V. m. § 2 Abs. 2 TKG bestimmen. Der einfachgesetzliche Regulierungsbegriff ist sehr komplex und geht über einen reinen Verwaltungsvollzug weit hinaus. Das neue Modell der Regulierung zeichnet sich letztlich durch die Gesamtheit der regulierungsrelevanten gesetzlichen Bestimmungen und der hierauf basierenden Maßnahmen der Verwaltung aus.

15. Der Regulierungsansatz des Telekommunikationsgesetzes ist zum einen sektorspezifisch, d. h., er erstreckt sich auf den Bereich der Telekommunikation und ist hierbei primär auf die Steuerung des Verhaltens von Telekommunikationsunternehmen ausgerichtet; zum anderen ist die Regulierung i.d.S. asymmetrisch angelegt, dass zum einen nicht jedes Angebot, sondern lediglich die lizenzpflichtigen Kommunikationsdienste der Regulierung unterliegen und dass zum zweiten Lizenzauflagen zur Sicherstellung eines Universaldienstangebotes und die Maßnahmen der Verhaltenskontrolle auf marktbeherrschende Anbieter beschränkt bleiben.

16. Der Regulierungsansatz des Telekommunikationsgesetzes ist offen angelegt, so dass eine stetige Anpassung an veränderte Marktverhältnisse möglich ist. Dies zeigt sich durch die zahlreichen Verordnungsermächtigungen, die etliche Entscheidungen an die Verwaltung delegieren und die gesetzlichen Vorgaben konkretisieren sollen. Hierdurch

wird es der Exekutive ermöglicht, aufgrund Gesetzes, jedoch mit begrenzt eigenem normativem Ermessen rasch, flexibel und mit spezialisiertem Sachverstand rechtssetzend tätig zu werden. Hierdurch verbleiben der vollziehenden Gewalt bedeutende Ermessensspielräume bei der Beurteilung und der Gestaltung.

17. Der Katalog der Regulierungsziele in § 2 Abs. 2 TKG enthält nur eine beispielhafte, kein abschließende Aufzählung der Regulierungsleitlinien bzw. Regulierungsbelange. Die Regulierung hat sich angesichts der grundrechtlichen Relevanz der Eingriffe auf das Nötigste zu beschränken.

18. Die Formulierung des Förderzwecks entspricht der gesetzlichen Verantwortung, die Voraussetzungen dafür zu schaffen, dass die mit der Telekommunikation einhergehenden Zukunftschancen verwirklicht und genutzt werden. Insofern stellt die Formulierung des § 1 TKG ein klares politisches Bekenntnis gegen die Verleihung ausschließlicher Rechte und für die Einführung des vollkommenen Wettbewerbs auf den Telekommunikationsmärkten dar.

19. Der Förderzweck fasst das gesamte dem Telekommunikationsgesetz zugrunde liegende ordnungspolitische Konzept stark verkürzt zusammen. Die Förderung des Wettbewerbs ist das gesetzliche Konzept, durch das weitgehende Eingriffe in die wettbewerbsstrukturell besonders problematischen Telekommunikationsmärkte vorgegeben werden. Das Konzept des § 1 TKG geht dabei weit über die bloße Bekämpfung von wettbewerbsbeschränkenden und unlauteren Verhaltensweisen hinaus.

20. Zur Verbesserung der wirtschaftlichen Steuerungseffizienz hat sich der Gesetzgeber für eine mittelbare Wettbewerbsförderungspolitik entschieden, die durch Wettbewerb herstellende Maßnahmen auf die vermachteten Telekommunikationsmärkte strukturell einwirkt.

21. Die Förderung des Wettbewerbs umfasst die Aufspaltung des zu Monopolzeiten bestehenden einheitlichen Marktes in diverse Teilmärkte. Dagegen ist eine Änderung der Anbieterstruktur nicht zwingend notwendig. Für die Förderung des Wettbewerbs genügt bereits potenzieller Wettbewerb. Auf eine Entflechtung marktbeherrschender Unternehmen als zusätzliche, eine Wettbewerbsstruktur herstellende Maßnahme hat der Gesetzgeber jedoch verzichtet, obgleich es sich hierbei um eine Dekonzentrationsmaßnahme der direkten Art gehandelt hätte.

22. Als absichernde, Nichtwettbewerbsbereiche einrichtende Maßnahme hat der Gesetzgeber für den privatwirtschaftlichen Telekommunikationssektor eine Überwachungsordnung mit einer staatlichen Dauerregulierung eingeführt.

23. Die Förderung des Wettbewerbs verfolgt wirtschaftliche Ziele unter dem Gesichtspunkt der Effizienz, aber auch gesellschaftspolitische Ziele, wie die Begrenzung bzw. rechtliche Bindung wirtschaftlicher Macht im Interesse der Marktteilnehmer.

24. Ein derivatives Teilhaberecht auf individuelle Fördermaßnahmen einzelner Telekommunikationsunternehmen wird durch die Zwecksetzung nicht begründet. Der Förder-

zweck zielt auf die Institution Wettbewerb, nicht auf einen leistungsschwachen Wettbewerber. Die Förderfunktion begründet daher keine unmittelbaren Rechte und Pflichten für den einzelnen Marktteilnehmer.

25. Der Förderzweck stellt aber sicher, dass die Unternehmensgrundrechte gewahrt werden und bei der konkreten Auslegung und Anwendung des Telekommunikationsgesetzes und seiner Verordnungen ein positives Votum für den Wettbewerb einfließt.

26. Ein verfassungsrechtliches Postulat eines offenen und fairen Wettbewerbs auf den Telekommunikationsmärkten lässt sich keinesfalls aus Art. 87f Abs. 1 Satz 1 GG, sondern allenfalls aus Art. 12 Abs. 1 GG ableiten. Über eine bloße Zulassung von Wettbewerb über die verfassungsrechtlich angelegte Liberalisierung gehen die Vorgaben des Art. 87f GG im Hinblick auf die Förderung des Wettbewerbs nicht hinaus.

27. Der Gewährleistungszweck geht maßgeblich auf Art. 87f Abs. 1 GG zurück, wobei die Formulierung des § 1 TKG zeigt, dass das Gesetz nicht im gleichen Maße eine Garantie für flächendeckend angemessene und ausreichende Dienstleistungen übernimmt, sondern lediglich ein Mittel zur Umsetzung des Gewährleistungsauftrags darstellen soll. Neben Art. 87f Abs. 1 GG stellen insbesondere das Sozialstaatsgebot und die Art. 72 Abs. 2, 91a Abs. 1 Nr. 2 und 104a Abs. 4 GG verfassungsrechtliche Vorgaben im Hinblick auf das von § 1 TKG angesprochene Gemeinwohl dar.

28. Die Konkretisierung des verfassungsrechtlichen Gewährleistungsniveaus wird nicht durch das Gesetz selbst, insbesondere nicht durch § 1 TKG konkretisiert, sondern über § 17 Abs. 2 Satz 1 TKG an die Verwaltung delegiert. Hierdurch erreicht der Gesetzgeber die notwendige Dynamisierung des verfassungsrechtlich geforderten Universaldienstes, die sich an die technologischen, ökonomischen und gesellschaftlichen Bedingungen anpassen kann.

29. Gesetzlich angeordnetes Mittel des Gewährleistungszwecks ist der ebenfalls in § 1 TKG festgeschriebene Wettbewerb auf den Telekommunikationsmärkten.

30. § 1 TKG fordert deckungsgleich mit Art. 87f Abs. 1 GG nur eine Mindestversorgung i.S. einer jedenfalls zu sichernden Versorgung mit Telekommunikationsdienstleistungen. Das gesamte einfachgesetzliche Universaldienstkonzept steht im Einklang mit den europäischen Vorgaben.

31. Der Gewährleistungszweck weist dem Gesetz eine Schutzfunktion lediglich für das Gemeinwohl zu, an der der Einzelne nur reflexhaft teilnehmen kann. Der Gewährleistungszweck setzt dabei noch vor der klassischen polizeirechtlichen Gefahrenabwehr an und hat seine schwerpunktmäßige Funktion in der Vorbeugung einer Unterversorgung. Mit einbezogen in den Gemeinwohlzweck ist dabei auch die Sorge für die Telekommunikationsinfrastruktur.

32. Die Festlegung einer Frequenzordnung dient dazu, eine optimale Frequenznutzung angesichts der gegebenen Frequenzknappheit zu sichern und die notwendigen technischen

und rechtlichen Bedingungen für eine geordnete Frequenznutzung und für die Nutzung einer zuzuteilenden Frequenz festzulegen.

33. Nach der Systematik des Gesetzes zählen zur *Festlegung* einer Frequenzordnung nach § 1 TKG nur die Regelungen zur Frequenzbereichszuweisung, zum Erstellen des Frequenznutzungsplans und zur Festlegung der Frequenzgebühren und Beiträge. Dagegen umfasst die *Regulierung* der Frequenzordnung die Frequenzzuteilung und die Überwachung der Frequenznutzung.

34. Die Frequenzbereichszuweisung, das Erstellen des Frequenznutzungsplanes und die Frequenzzuteilung haben Bedeutung auch außerhalb der Telekommunikation, insbesondere für den Bereich des Rundfunks, der in die Kompetenz der Länder fällt. Insofern ist die Aufnahme der Zwecksetzung im Hinblick auf die Festlegung einer Frequenzordnung vornehmlich politisch motiviert.

35. Die Förderung des Wettbewerbs und die Gewährleistung flächendeckend angemessener und ausreichender Telekommunikationsdienstleistungen in § 1 TKG sind untrennbar miteinander verknüpft. Für beide Vorgaben gilt, dass sie gleichermaßen einem übergeordneten Zweck dienen: der Vermeidung eines Unterversorgungstatbestands aufgrund eines Marktversagens. Über die verknüpfte Akzentuierung dieser Belange kommt der Zweckbestimmung des § 1 TKG eine besondere Ordnungsfunktion zu. Über die bloße Abwehr von Risiken und Beeinträchtigung von Gemeinwohlinteressen hinaus sorgt sie für einen verantwortungsvollen Ausgleich bei den mit der Entwicklung auf den Telekommunikationsmärkten einhergehenden, divergierenden Rechtspositionen.

36. Entscheidende Erkenntnis für die Gesetzessystematik ist, dass das Telekommunikationsgesetz insgesamt nicht drei, sondern lediglich zwei offene Zwecke verfolgt.

37. Eine dem Gesetzeszweck entsprechende Regulierung kann keinen Verstoß gegen Art. 12 Abs. 1, 3 Abs. 1, 14 Abs. 1 und 2 Abs. 1 GG begründen.

38. In erster Linie kommt den in der legislativen Zweckbestimmung enthaltenen Wertungen bei der Norminterpretation bzw. Lückenausfüllung maßgebliche Bedeutung zu. Auslegung i. d. S. meint damit eine Interpretation einzelner Bestimmungen im Rahmen ihres möglichen Wortsinns und in Übereinstimmung mit dem Bedeutungszusammenhang des Telekommunikationsgesetzes, wie sich dieser aufgrund der normierten Wertungen des § 1 TKG und weiter aus den historischen Überlegungen des Gesetzgebers ergibt. In Fortführung der europäischen Vorgaben ergibt sich für die Interpretation der Vorschriften des Telekommunikationsgesetzes das Prinzip der marktöffnungskonformen Auslegung. Die Vorschriften des Telekommunikationsgesetzes sind daher so auszulegen, dass in der praktischen Anwendung an erster Stelle durch Regulierung Wettbewerb hergestellt wird, um eine flächendeckend angemessene und ausreichende Versorgung mit Telekommunikationsdienstleistungen zu erreichen.

39. Die Zweckbestimmungen des § 1 TKG haben eher auslegungsleitende als ermessenslenkende Funktion.

40. Die Formulierung einer Zweckbestimmung kann im Einzelfall ein brauchbares Instrument zur Verdeutlichung des gesetzlichen Regelungsgehalts bzw. der Intention des Gesetzgebers für die Bürger sein, speziell für den Fall der hier zu untersuchenden Zweckbestimmung des Telekommunikationsgesetzes ist diese jedoch nicht geeignet, den Bürgern bzw. Marktteilnehmern die Rechtslage für den Bereich der Telekommunikation näher zubringen.

41. Die Zweckbestimmung gewährleistet bei der Umsetzung der rechtspolitischen Vorgaben Systematik und Kontinuität des Regelungswerks. Der Gesetzgeber wird in künftigen Novellierungsverfahren zum Telekommunikationsgesetz die selbst gesetzten Vorgaben des § 1, aber auch des § 2 Abs. 2 TKG zu beachten haben, wenn er nicht Homogenität und Kontinuität des gesamten Regelungswerks gefährden will.

42. Der Verordnungsgeber ist beim Erlass von Rechtsverordnungen in erster Linie an die in dem Zweckprogramm der jeweiligen Ermächtigungsnorm des Telekommunikationsgesetzes zum Ausdruck kommende Intention des Gesetzgebers gebunden. Mangels einer den Bestimmtheitsanforderungen genügenden Zweckbestimmung kann aber auch auf das Zweckprogramm des systematisch mit der Ermächtigungsnorm zusammenhängenden Normenkomplexes bzw. sogar auch auf das Zweckprogramm des gesamten Telekommunikationsgesetzes unter Berücksichtigung der europäischen Vorgaben, wie es durch § 1 TKG stark verkürzt zum Ausdruck gebracht wird, zurückgegriffen werden. Die Zweckbestimmung des § 1 TKG wird somit kraft Existenz formales Element der verfassungsrechtlich angeordneten Bestimmtheit der jeweiligen Ermächtigungsnorm.

43. Die Zwecksetzung der Rechtsverordnung muss mit der Zweckbestimmung der Ermächtigungsnorm, aber auch mit der des § 1 TKG korrespondieren. Der Verordnungsgeber ist insoweit gehalten, den Erwägungen zu folgen, die vom Gesetzgeber in § 1 TKG zum Ausdruck gebracht worden sind, und darf von den durch den Gesetzgeber gestellten Zwecken nicht abweichen und sie auch nicht zu korrigieren suchen.

44. Auch auf der Grundlage des Telekommunikationsgesetzes erlassene Verwaltungsgrundsätze haben sich insbesondere an der Leitentscheidung des Gesetzes in § 1 TKG zu orientieren.

45. Der für den Rechtsschutz in Verfahren nach dem Gesetz gegen Wettbewerbsbeschränkungen geltende Grundsatz der Kontinuität der Verfahrensbeteiligung lässt sich nicht auf den verwaltungsgerichtlichen Rechtsschutz in Verfahren zur Überprüfung von Entscheidungen der Regulierungsbehörde übertragen. Die mögliche Verletzung von Rechten Dritter durch Entscheidungen der Regulierungsbehörde bleibt hier begründungsbedürftig. Auf der Grundlage der Rechtsprechung haben daher die Verwaltungsgerichte bei jeder einer Entscheidung der Regulierungsbehörde zugrunde liegenden Norm zu prüfen, ob eine qualifizierte Mitbetroffenheit vorliegt. Ob eine solche Betroffenheit vorliegt, die die notwendige Klagebefugnis gem. § 42 Abs. 2 VwGO begründet, ist dann insbesondere nach den allgemeinen Grundsätzen der Schutznormtheorie zu bestimmen.

46. Auch bei der Geltendmachung von Schadenersatzansprüchen auf der Grundlage des Telekommunikationsgesetzes ist jeweils im Einzelfall zu prüfen, ob die verletzte Norm

als Schutznorm im Sinne des § 40 TKG zu qualifizieren ist. Die Zweckformel des § 1 TKG spielt aber hierbei keine Rolle.

47. Mit Hilfe der Zwecksetzung lassen sich der gesetzliche Regelungsbereich und eingeschränkt auch der gesetzliche Adressatenkreis bestimmen.

48. Zwischen der Aufgaben- bzw. Zuständigkeitszuweisung des § 66 Abs. 1 i. V. m. § 71 Satz 1 TKG und der Zwecksetzung des § 1 bzw. den Regulierungszielen des § 2 Abs. 2 TKG besteht ein enger Zusammenhang. Die gesetzgeberischen Wertungen, wie sie in der Zweckbestimmung zum Ausdruck kommen, begründen grundsätzlich die ausschließliche Kompetenz der Regulierungsbehörde im Bereich der Wettbewerbsaufsicht auf den Märkten der Telekommunikation.

49. Nach der gesetzlichen Konzeption tritt mit der Herstellung eines funktionsfähigen Wettbewerbs eine Zweckerreichung ein, die in letzter Konsequenz zur Verfassungswidrigkeit eines Großteils der gesetzlichen Regelungen und damit zur Rechtswidrigkeit vieler auf diesen Grundlagen ergangener Regulierungsmaßnahmen führen würde, sollte der Gesetzgeber nicht rechtzeitig genug den gesetzlichen Regelungsansatz umstellen und auch die Telekommunikationsmärkte in das allgemeine Wettbewerbs- und Kartellrecht überführen.

G. Abkürzungen

Die Abkürzungen richten sich nach *Hildebert Kirchner*, Abkürzungsverzeichnis der Rechtsprechung, 4. Auflage 1993, bzw. sind die üblichen.

H. Literatur

Badura, Annuschka/Schneider, Ralf, Interconnection – Der Anspruch auf Netzzusammenschaltung in der Praxis, in: RTkom 1999, 161 ff.

Badura, Peter, in: *Badura, Peter/Danwitz, Thomas v./Herdegen, Matthias/Stern, Klaus* (Hrsg.), Beck'scher PostG-Kommentar, München 2000 (zit.: Beck'scher PostG Komm.).

Ders., in: *Dolzer Rudolf/Vogel, Klaus* (Hrsg.), Bonner Kommentar zum Grundgesetz, Stand 91. Lieferung, August 1999.

Ders., in: *Schmidt-Aßmann, Eberhard* (Hrsg.), Besonderes Verwaltungsrecht, 11. Auflage, Berlin, New York, 1999.

Ders., Schriftliche Stellungnahme zur Vorbereitung der öffentlichen Anhörung des Rechtsausschusses und des Ausschusses für Post und Telekommunikation des Deutschen Bundestages zu dem Entwurf eines Gesetzes zur Änderung des Grundgesetzes – Drucksache 12/6717 – am 8. März, in: Deutscher Bundestag, Anlage zum Protokoll der Anhörung des Rechtsausschusses vom 08.03.1994, 12. Wahlperiode, Protokoll Nr. 117 (zit.: BT-RechtsA-Prot 12/117).

Ders., Stellungnahme zur Anhörung zum Entwurf eines Gesetzes zur Änderung des Grundgesetzes – Drucksache 12/6717 – vor dem Rechtsausschuss und dem Ausschuss für Post und Telekommunikation des Deutschen Bundestages, in: Deutscher Bundestag, Anlage zum Protokoll der Anhörung des Rechtsausschusses vom 08.03.1994, 12. Wahlperiode, Protokoll Nr. 117 (zit.: Anhörung, BT-RechtsA-Prot 12/117).

Bartling, Hartwig, Leitbilder der Wettbewerbspolitik, München 1980.

Bartosch, Andreas, Die Fernsehkabelnetze aus der Perspektive des Europarechts, in: CR 1997, 751 ff.

Bauer, Hartmut, Altes und Neues zur Schutznormtheorie, in: AöR 113 (1988), 582 ff.

Bechtold, Rainer, Kartellgesetz, Gesetz gegen Wettbewerbsbeschränkungen, Kommentar, 2. Auflage, München 1999 (zit.: *Bechtold*, GWB).

Becker, Lutz, Entgeltregulierung im TKG unter besonderer Berücksichtigung kartellrechtlicher Preiskontrollinstrumentarien, in: K&R 1999, 112 ff.

Bernhardt, Rudolf, Verfassungsrecht und völkerrechtliche Verträge, in: *Isensee, Josef/Kirchhof, Paul* (Hrsg.), Handbuch des Staatsrechts der Bundesrepublik Deutschland,

Band VII, Normativität und Schutz der Verfassung – Internationale Beziehungen (zit.: HbStR VII), Heidelberg 1992, S. 571 ff.

Blasius, Hans, Die Gesetzgebungslehre und ihr Verhältnis zur Dogmatik und Rechtsanwendung, in: Vr 1979, 408 ff.

Bogdandy, Armin v./Nettesheim, Martin, in: *Bogdandy, Armin v./Nettesheim, Martin /Grabitz, Eberhard/Hilf, Meinard* (Hrsg.), Das Recht der europäischen Union, Altband I, EUV, Art. 1-136a EGV (Maastricht Fassung).

Börnsen, Arne, Zielsetzung und Gestaltungsgrundsätze des neuen Gesetzes, in: *Witte, Eberhard* (Hrsg.), Das Telekommunikationsgesetz 1996 – eine Herausforderung für Markt und Ordnungspolitik, Heidelberg 1996, S. 11 ff.

Bötsch, Wolfgang, Grundsatzreferat, in: *Witte, Eberhard* (Hrsg.), Regulierung und Wettbewerb in der Telekommunikation – Ein internationaler Vergleich –, Heidelberg 1996, S. 9 ff. (zit.: Regulierung und Wettbewerb in der Telekommunikation).

Ders., Zielsetzung und Gestaltungsgrundsätze des neuen Gesetzes, in: *Witte, Eberhard* (Hrsg.), Das Telekommunikationsgesetz 1996 – Eine Herausforderung für Markt und Ordnungspolitik, S. 3 ff.

Brohm, Winfried, Soziale Grundrechte und Staatszielbestimmungen in der Verfassung – Zu den gegenwärtig diskutierten Änderungen des Grundgesetzes, in: JZ 1994, 213 ff.

Büchner, Lutz Michael, Liberalisierung und Regulierung im Post- und Telekommunikationssektor – Vom Monopol zum Wettbewerb, in: CR 1996, 581 ff.

Büchner, Wolfgang, in: *Büchner, Wolfgang* u. a. (Hrsg.), Beck'scher TKG Kommentar, 2. Auflage, München 2000 (zit.: *Büchner*, in: Beck'scher TKG Komm.).

Bull, Hans Peter, Die Staatsaufgaben nach dem Grundgesetz, 2. Auflage, Kronberg/Ts, 1977.

Bydlinsky, Franz, Juristische Methodenlehre und Rechtsbegriff, 2. Auflage, Wien 1991.

Carl, Wilhelm/Amkreutz, Johann J., Wörterbuch der Datenverarbeitung, Band 2, L – Z, 2. Ausgabe, Köln 1984.

Classen, Claus Dieter, Zur Bedeutung von EWG-Richtlinien für Privatpersonen, in: EuZW 1993, 83 ff.

Demmel, Annette, in: *Manssen, Gerrit* (Hrsg.), Telekommunikations- und Multimediarecht, Ergänzbarer Kommentar zum Telekommunikationsgesetz, Mediendienste-Staatsvertrag, Teledienstegesetz, Teledienstedatenschutzgesetz, Signaturgesetz, einschließlich Gesetzes- und Verordnungstexten und europäischen Vorschriften (zit.: *Demmel*, in: TMR).

Di Fabio, Udo, Richtlinienkonformität als ranghöchstes Normauslegungsprinzip? – Überlegungen zum Einfluss des indirekten Gemeinschaftsrechts auf die nationale Rechtsordnung, in: NJW 1990, 947 ff.

Dichtl, Erwin/Issing, Otmar (Hrsg.), Vahlens Großes Wirtschaftslexikon, Band 1, A–K, München 1987.

Ehmer, Jörg, in: *Büchner, Wolfgang* u. a. (Hrsg.), Beck'scher TKG Kommentar, 2. Auflage, München 2000 (zit.: *Ehmer*, in: Beck'scher TKG Komm.).

Engel, Christoph, Der Weg der deutschen Telekommunikation in den Wettbewerb, in: MMR-Beilage 3/99, 7 ff.

Ders./Knieps, Günter, Die Vorschriften des Telekommunikationsgesetzes über den Zugang zu wesentlichen Leistungen: Eine juristisch-ökonomische Untersuchung, Baden-Baden 1998 (zit.: Die Vorschriften des Telekommunikationsgesetzes über den Zugang zu wesentlichen Leistungen).

Fangmann, Helmut/Lörcher, Klaus/Scheuerle, Walter/Schwemmle, Michael/Wehner, Ewald, Telekommunikations- und Postrecht – Kommentar und alle neue Rechtsvorschriften, 2. Auflage, Augsburg 1996.

Fehling, Michael, Mitbenutzungsrechte Dritter bei Schienenwegen, Energieversorgungs- und Telekommunikationsleistungen vor dem Hintergrund staatlicher Infrastrukturverantwortung, in: AöR 121 (1996), 59 ff.

Ferger, Herbert/Junker, Harald, "Neue Medien" und Fernmelderecht – Die Fernmeldekompetenz des Bundes aus Art. 73 Nr. 7 GG im Lichte neuer Formen der Individualkommunikation –, in: DÖV 1981, 439 ff.

Fliedner, Ortlieb, Einführung eines Gesetzesvorspruchs, in: *Hill, Hermann* (Hrsg.), Gesetzesvorspruch, Heidelberg 1988, S. 16 ff.

Forsthoff, Ernst, Lehrbuch des Verwaltungsrechts, Band 1, Allgemeiner Teil, 10. Auflage, München 1973.

Fuhr, Karl-Michael/Kerkhoff, Bärbel, Regulierung als Voraussetzung für Wettbewerb in den Telekommunikationsmärkten – Eine Replik, in K&R 1999, 213 ff.

Geppert, Martin, in: *Büchner, Wolfgang* u. a. (Hrsg.), Beck'scher TKG Kommentar, 2. Auflage, München 2000 (zit.: *Geppert*, in: Beck'scher TKG Komm.).

Ders./Ruhle, Ernst-Olav/Schuster, Fabian, Handbuch Recht und Praxis der Telekommunikation, Baden-Baden 1998.

Gerpott, Thorsten J., Konsequente Fortsetzung der marktmachtsymmetrischen Regulierung von TK Netzbetreibern, in: MMR 2000, 191 ff.

Gersdorf, Hubertus, Der Staat als Telekommunikationsunternehmer – Zur verfassungsrechtlichen Problematik der so genannten Rückverstaatlichung im Telekommunikationssektor, in: AfP 1998, 470 ff.

Ders., Der verfassungsrechtliche Rundfunkbegriff im Lichte der Digitalisierung der Telekommunikation: ein Rechtsgutachten im Auftrag der Hamburgischen Anstalt für neue Medien, Schriftenreihe der HAM, Band 11, Berlin 1995 (zit.: Der verfassungsrechtliche Rundfunkbegriff).

Graf Vitzthum, Wolfgang/Geddert-Steinacher, Tatjana, Der Zweck im Gentechnikrecht: zur Schutz- und Förderfunktion von Umwelt- und Technikgesetzen, Tübinger Schriften zum Staats- und Verwaltungsrecht, Band 4, Berlin 1990 (zit.: Der Zweck im Gentechnikrecht).

Gramlich, Ludwig, Ohne Regulierung kein Wettbewerb – Zum Start der Regulierungsbehörde für Telekommunikation und Post, in: CR 1998, 463 ff.

Ders., Rechtliche Möglichkeiten der Finanzierung von Infrastrukturleistungen im Post- und Telekommunikationsbereich durch die Errichtung eines Infrastrukturfonds, in Archiv PT 1995, 189 ff.

Ders., Von der Postreform zur Postneuordnung – Zur erneuten Novellierung des Post- und Telekommunikationswesens, in: NJW 1994, 2785 ff.

Hallenga, Rainer, Europarechtliche Vorgaben für die Liberalisierung von Telekommunikationsnetzmärkten und die Umsetzung in nationales Recht, in: Archiv PT 1996, 239 ff.

Hefekäuser, Hans-Willi, Telekommunikationsmärkte zwischen Regulierung und Wettbewerb, in: MMR 1999, 144 ff.

Herdegen, Mathias, in: *Badura, Peter/Danwitz, Thomas v./Herdegen, Matthias/ Stern, Klaus* (Hrsg.), Beck'scher PostG-Kommentar, München 2000 (zit.: *Herdegen*, in: Beck'scher PostG Komm.).

Hermes, Georg, Staatliche Infrastrukturverantwortung: rechtliche Grundstrukturen netzgebundener Transport- und Übertragungssysteme zwischen Daseinsvorsorge und Wettbewerbsregulierung am Beispiel der leitungsgebundenen Energieversorgung in Europa, Tübingen 1998 (zit.: Staatliche Infrastrukturverantwortung).

Herzog, Roman, Allgemeine Staatslehre, Frankfurt a. M. 1971.

Hilf, Meinhard, EG-Außenkompetenzen in Grenzen – Das Gutachten des EuGH zur Welthandelsorganisation, in: EuZW 1995, 7 ff.

Hill, Hermann, Einführung in die Gesetzgebungslehre, Heidelberg 1982.

Ders., Maßnahmen zur Verbesserung der Gesetzgebungskultur in nationalen Rechtsordnungen in Anlehnung an das EG-Recht, in: *Hill, Hermann* (Hrsg.), Gesetzesvorspruch, Heidelberg 1988, S. 1 ff.

Ders., Zusammenfassung der Ergebnisse der Diskussion, in: *Hill, Hermann.* (Hrsg.), Gesetzesvorspruch, Heidelberg 1988, S. 34 ff.

Hoffmann-Riem, Wolfgang, Der Rundfunkbegriff in der Differenzierung kommunikativer Dienste, in: AfP 1996, 9 ff.

Höger, Harro, Die Bedeutung von Zweckbestimmungen in der Gesetzgebung der Bundesrepublik Deutschland, Berlin 1976 (zit.: Zweckbestimmungen).

Hohrmann, Friedrich, Bundesgesetzliche Organisation landesunmittelbarer Selbstverwaltungskörperschaften, Berlin 1967.

Hoppe, Werner/Beckmann, Martin, Umweltrecht, München 1989.

Hoppmann, Erich, Marktmacht und Wettbewerb (Beurteilungskriterien und Lösungsmöglichkeiten); Vortrag gehalten am 25.02.1922 auf dem X. FIW-Symposium in Innsbruck, Tübingen 1977 (zit.: Marktmacht und Wettbewerb).

Huber, Konrad, Maßnahmegesetz und Rechtsgesetz – Eine Studie zum rechtsstaatlichen Gesetzesbegriff, Berlin 1963 (zit.: Maßnahmegesetz und Rechtsgesetz).

Hugger, Werner, Gesetze – Ihre Vorbereitung, Abfassung und Prüfung: ein Handbuch für Praxis und Studium, Mit einer Einführung von *Böhnert, Carl*, Anwendungsorientierte Gesetzgebungslehre – ein längst fälliger Beitrag, Baden-Baden 1983 (zit.: Gesetze – Ihre Vorbereitung, Abfassung und Prüfung).

Immenga, Ulrich, Politische Instrumentalisierung des Kartellrechts?: Antrittsvorlesung, gehalten am 28.01.1976 an der Juristischen Fakultät der Georg-August-Universität Göttingen, Recht und Staat in Geschichte und Gegenwart, Band 461, Tübingen 1976 (zit.: Politische Instrumentalisierung des Kartellrechts?).

Ders., Relevante Märkte und Marktbeherrschung in der Regulierungspraxis, in: MMR 2000, 196 ff.

Ders./Lübben, Natalie/Schwintowski, Hans-Peter, Telekommunikation: Vom Monopol zum Wettbewerb, Baden-Baden 1998.

Ipsen, Hans Peter, Subventionen, in: *Isensee, Josef/Kirchhof, Paul* (Hrsg.), Handbuch des Staatsrechts der Bundesrepublik Deutschland, Band IV, Finanzverfassung – Bundesstaatliche Ordnung, Heidelberg 1990 (zit.: HbStR IV), S. 357 ff.

Isensee, Josef, Gemeinwohl und Staatsaufgaben im Verfassungsstaat, in: *Isensee, Josef/Kirchhof, Paul* (Hrsg.), Handbuch des Staatsrechts der Bundesrepublik Deutschland, Band III, Das Handeln des Staates, Heidelberg 1990 (zit.: HbStR III), S. 3 ff.

Jansen, Bernhard, Die neue Welthandelsorganisation (World Trade Organization – WTO), in: EuZW 1994, 333 ff.

Jhering, Rudolf v., Der Zweck im Recht, Band I., 5. Auflage, Leipzig 1916.

Kardasiadou, Zoi, Mitteilung der EU-Kommission: Die Reform des Rechtsrahmens für den TK-Sektor, in: RTkom 1999, S. 168 ff.

Kemmler, Anne, Telekommunikationsgesetz (TKG) - Einführung und Stand der Umsetzung, in: Archiv PT 1996, 321 ff.

Kerkhoff, Bärbel, in: *Büchner, Wolfgang* u. a. (Hrsg.), Beck'scher TKG Kommentar, 2. Auflage, München 2000 (zit.: *Kerkhoff*, in: Beck'scher TKG Komm.).

Kilian, Wolfgang, Juristische Entscheidung und elektronische Datenverarbeitung, Frankfurt a. M. 1974.

Klein, Christina, in: *Manssen, Gerrit* (Hrsg.), Telekommunikations- und Multimediarecht, Ergänzbarer Kommentar zum Telekommunikationsgesetz, Mediendienste-Staatsvertrag, Teledienstegesetz, Teledienstedatenschutzgesetz, Signaturgesetz, einschließlich Gesetzes- und Verordnungstexten und europäischen Vorschriften (zit.: *Klein*, in: TMR).

Kloepfer, Michael/Meßerschmidt, Klaus, Innere Harmonisierung des Umweltrechts, Berlin 1987.

Knieps, Günter, Wettbewerb auf dem Mobilfunkmarkt, in: MMR-Beilage 2/2000, 1 ff.

Ders., Wettbewerb in Netzen: Reformpotenziale in den Sektoren Eisenbahn und Luftverkehr, Tübingen 1996 (zit.: Wettbewerb in Netzen).

Köbele, Bernd, Fernmeldewesen und Telematik in ihrer rechtlichen Wechselwirkung, Schriften zum Öffentlichen Recht, Band 597, Berlin 1991.

Korehnke, Stefan/Grotelüschen, Gerd-Hinrich, in: *Büchner, Wolfgang* u. a. (Hrsg.), Beck-scher TKG Kommentar, 2. Auflage, München 2000 (zit.: *Grotelüschen/Haas*, in: Beck'scher TKG Komm.).

Kraatz, Stephan, Die Zweckambivalenz des Gentechnikgesetzes: der Schutz- und Förderzweck in § 1 GenTG, Baden-Baden 1993 (zit.: Die Zweckambivalenz des Gentechnikgesetzes).

Krems, Burkhardt, Grundfragen der Gesetzgebungslehre – erörtert anhand neuerer Gesetzgebungsvorhaben, insbesondere der Neuregelung des Bergschadensrechts, Berlin 1979 (zit.: Grundfragen der Gesetzgebungslehre).

Kruse, Jörn, Zugang zum Frequenzspektrum, in: *Mestmäcker, Ernst-Joachim* (Hrsg.), Kommunikation ohne Monopole II/Ein Symposium über Ordnungsprinzipien im Wirtschaftsrecht der Telekommunikation und der elektronischen Medien, Baden-Baden 1995, S. 449 ff. (zit.: Kommunikation ohne Monopole).

Ladeur, Karl-Heinz, Drittschutz des Entgeltregulierungsverfahrens nach § 23 ff. TKG?, in: CR 2000, 433 ff.

Ders., Regulierung nach dem TKG – Genehmigung von AGB über Entgelte für Dienstleistungen marktbeherrschender TK-Unternehmen: Verfahren, materiell-rechtliche Anforderungen und Kontrolle, in: K&R 1998, 479 ff.

Lampert, Thomas, Der Begriff der Marktbeherrschung als geeignetes Kriterium zur Bestimmung der Normadressaten für das sektorspezifische Kartellrecht nach dem TKG, in: WuW 1998, 27 ff.

Larenz, Karl/Canaris, Claus-Wilhelm, Methodenlehre der Rechtswissenschaft, 3. Auflage, Berlin u.a. 1995.

Lerche, Peter, Grundrechtlicher Schutzbereich, Grundrechtsprägung und Grundrechtseingriff, in: *Isensee, Josef/Kirchhof, Paul* (Hrsg.), Handbuch des Staatsrechts der Bundesrepublik Deutschland, Band V, Allgemeine Grundrechtslehren, Heidelberg 1992 (zit.: HbStR V), S. 739 ff.

Ders., in: *Maunz, Theodor/Dürig, Günter/Herdegen, Matthias/Herzog, Roman/Klein, Hans/Lerche, Peter/Papier, Hans-Jürgen/Radelzhofer, Albrecht/Schmidt-Aßmann, Eberhard/Scholz, Rupert* (Hrsg.), Grundgesetz Kommentar, Band IV, Art. 70– 91b, Stand 35. Lieferung (zit.: *Lerche*, in: *Maunz/Dürig*, GG).

Ders., Infrastrukturelle Verfassungsaufträge (zu Nachrichtenverkehr, Eisenbahnen), in: *Wendt, Rudolf* (Hrsg.), Festschrift für Karl Heinrich Friauf zum 65. Geburtstag, Heidelberg 1996 (zit.: Festschrift für K. H. Friauf), S. 251 ff.

Ders., Rundfunkmonopol – Zur Zulassung privater Fernsehveranstaltungen, Frankfurt a. M./ Berlin 1970, in: Beiträge zum Rundfunkrecht, Heft 11 (zit.: Rundfunkmonopol).

Libertus, Michael, Durchleitung digitaler Rundfunksignale im Breitbandkabelnetz – Im Blickpunkt: Zulässigkeit von Transport-Verschlüsselungen, in: K&R 1999, 259 ff.

Lücke, Jörg, in: *Sachs, Michael* (Hrsg.), Grundgesetz Kommentar, 2. Auflage, München 1999 (zit.: *Sachs* [Hrsg.], Grundgesetz).

Luhmann, Niklas, Rechtssoziologie, Band 2, Reinbeck bei Hamburg, Mai 1972.

Ders., Theorie der Verwaltungswissenschaft, Köln u.a. 1966.

Ders., Zweckbegriff und Systemrationalität: über die Funktion von Zwecken in sozialen Systemen, 5. Auflage, Frankfurt a. M. 1991 (zit.: Zweckbegriff und Systemrationalität).

Lutter, Marcus, Die Auslegung angeglichenen Rechts, in: JZ 1992, 593 ff.

Manssen, Gerrit, in: *Manssen, Gerrit* (Hrsg.), Telekommunikations- und Multimediarecht, Ergänzbarer Kommentar zum Telekommunikationsgesetz, Mediendienste-Staatsvertrag, Teledienstegesetz, Teledienstedatenschutzgesetz, Signaturgesetz, einschließlich Gesetzes- und Verordnungstexten und europäischen Vorschriften (zit.: *Manssen*, in: TMR).

Ders., Artikel 12, in: *Mangoldt, Hermann von/Klein, Friedrich/Starck, Christian*, Das Bonner Grundgesetz, Kommentar, Band 1, Präambel, Artikel 1 bis 19, 4. Auflage, München 1999 (zit.: Das Bonner Grundgesetz, Bd. 1).

Martenczuk, Bernd, Regulierungsbehörde contra Bundeskartellamt? – Das Verhältnis der Kompetenzen auf dem Gebiet der Telekommunikation –, in: CR 1999, 363 ff.

Maunz, Theodor, in: *Maunz, Theodor/Dürig, Günter/Herdegen, Matthias/Herzog, Roman/Klein, Hans H., Lerche, Peter/Papier, Hans-Jürgen/Radelzhofer, Albrecht/Schmidt-Aßmann, Eberhard/Scholz, Rupert* (Hrsg.), Grundgesetz Kommentar, Band IV, Art. 70-91b, Stand 35. Lieferung (zit.: *Maunz*, in: *Maunz/Dürig*, GG).

Mayer, Barbara, Die Bundespost: Wirtschaftsunternehmen oder Leistungsbehörde, Berlin 1990 (zit.: Bundespost).

Meibom, Wolfgang v./Busche, Axel Frhr. v.d., Notwendigkeit einer Rückführung der TK-Regulierung, in: MMR 2000, 206 ff.

Mestmäcker, Ernst-Joachim, Über den Einfluss von Ökonomie und Technik auf Recht und Organisation der Telekommunikation und der elektronischen Medien, in: *Mestmäcker, Ernst-Joachim* (Hrsg.), Kommunikation ohne Monopole II/Ein Symposium über Ordnungsprinzipien im Wirtschaftsrecht der Telekommunikation und der elektronischen Medien, Baden-Baden 1995 (zit.: Kommunikation ohne Monopole II), S. 13 ff.

Monopolkommission, Sondergutachten der Monopolkommission vom 12. November 1999 gemäss § 81 Abs. 3 Telekommunikationsgesetz und § 44 Postgesetz, Wettbewerb auf den Telekommunikations- und Postmärkten, Band 29, Baden-Baden 2000 (zit.: *Monopolkommission*, Sondergutachten 29).

Dies., Sondergutachten gemäß § 24b Abs. 5 Satz 4 GWB, Die Telekommunikation im Wettbewerb, Band 24, Baden-Baden 1996 (zit.: *Monopolkommission*, Sondergutachten 24).

Moritz, Hans-Werner, Schwächen der TK Liberalisierung – Folgen der Übereignung des Festnetzes an die Deutsche Telekom AG, in: CR 1998, 13 ff.

Möschel, Wernhard, Regulierungswirrwarr in der Telekommunikation, in: MMR-Beilage 3/1999, 3 ff.

Murswiek, Dietrich, in: *Sachs, Michael* (Hrsg.), Grundgesetz Kommentar, 2. Auflage, München 1999 (zit.: *Sachs* [Hrsg.], Grundgesetz).

Nettesheim, Martin, Auslegung und Fortbildung nationalen Rechts im Lichte des Gemeinschaftsrechts, in: AöR 119 (1994), 261 ff.

Niederleithinger, Ernst, Wettbewerbsaufsicht und Fachaufsicht in der privaten Telekommunikationswirtschaft, in: *Immenga, Ulrich/Möschel, Wernhard/Reuter, Dieter* (Hrsg.), Festschrift für Ernst-Joachim Mestmäcker zum siebzigsten Geburtstag, Baden-Baden 1996 (zit.: Festschrift für E.-J. Mestmäcker), S. 683 ff.

Nierstein, Viktor Janik, Der deutsche Rundfunkbegriff im Spiegel technischer Entwicklungen, in: AfP 2000, 7 ff.

Nipperdey, Hans Carl, Soziale Marktwirtschaft und Grundgesetz, 3. Auflage, Köln 1965.

Noll, Peter, Gesetzgebungslehre, Hamburg 1973.

Nolte, Nobert, Lizenzierung von Telekommunikationsunternehmen, in: CR 1996, 459 ff.

Nowosadtko, Volker, Frequenzplanungsrecht, Nutzung terrestrischer Rundfunkfrequenzen durch öffentlich-rechtliche Rundfunkanstalten, Baden-Baden 1999 (zit.: Frequenzplanungsrecht).

Oppermann, Thomas, Europarecht, ein Studienbuch, München 1991.

Ossenbühl, Fritz, Die Freiheiten des Unternehmers nach dem Grundgesetz, in: AöR 115 (1990), 1 ff.

Ders., Gesetz und Recht – Die Rechtsquellen im demokratischen Rechtsstaat, in: *Isensee, Josef/Kirchhof, Paul* (Hrsg.), Handbuch des Staatsrechts der Bundesrepublik Deutschland, Band III, Das Handeln des Staates, Heidelberg 1988 (zit.: HbStR III), S. 281 ff.

Ders., Inhaltsbestimmung des Eigentums und Enteignung – BVerfGE 83, 201, in: JuS 1993, 200 ff.

Ders., Rechtsschutz gegen die Festsetzungen von Entgelten für Leistungen der Deutschen Telekom AG, Archiv PT 1996, 207 ff.

Osterloh, Lerke, in: *Sachs, Michael* (Hrsg.), Grundgesetz Kommentar, 2. Auflage, München 1999 (zit.: *Sachs* [Hrsg.], Grundgesetz).

Ders., Privatisierung von Verwaltungsaufgaben, in: VVDStRl 54 (1995), 204 ff.

Papier, Hans-Jürgen, Art. 12 GG – Freiheit des Berufs und Grundrecht der Arbeit, in: DVBl. 1984, 801 ff.

Paulweber, Michael, Regulierungszuständigkeiten in der Telekommunikation – Sektorspezifische Wettbewerbsaufsicht nach dem TKG durch die Regulierungsbehörde im Verhältnis zu den allgemeinen kartellrechtlichen Kompetenzen des Bundeskartellamts und der Europäischen Kommission, Baden-Baden 1999 (zit.: Regulierungszuständigkeiten in der Telekommunikation).

Peters, Hans, Das Recht auf freie Entfaltung der Persönlichkeit in der höchstrichterlichen Rechtsprechung, Köln und Opladen 1963.

Ders., Die freie Entfaltung der Persönlichkeit als Verfassungsziel, in: *Constantpoulos, Dimitri/Wehberg, Hans* (Hrsg.), Gegenwartsprobleme des internationalen Rechtes und der Rechtsphilosophie – Festschrift für *Rudolf Laun* zu seinem siebzigsten Geburtstag, Hamburg 1953, S. 699 ff. (zit.: Festschrift für R. Laun).

Peters, Hans-Rudolf, Grundzüge sektoraler Wirtschaftspolitik, 2. Auflage, Bern 1975.

Petersmann, Ernst-Ulrich, Thesen zur Wirtschaftsverfassung der EG, in: EuZW 1993, 593 ff.

Piepenbrock, Hermann-Josef, in: *Büchner, Wolfgang* u. a. (Hrsg.), Beck'scher TKG Kommentar, 2. Auflage, München 2000 (zit.: *Piepenbrock*, in: Beck'scher TKG Komm.).

Plagemann, Jürgen, Zur verfassungsrechtlichen Lage bei der Einführung neuer Telekommunikationsdienste, in: ZUM 1986, 518 ff.

Pohl, Marcus A., Universaldienst in der Telekommunikation – Zur Verfassungsmäßigkeit der Universaldienstleistungsabgabe, Heidelberg 1998.

Polster, Stephan, Das Telekommunikationsrecht der Europäischen Gemeinschaft, Wien 1999.

Püttner, Günter, Die öffentlichen Unternehmen, Verfassungsfragen zur wirtschaftlichen Betätigung der öffentlichen Hand, Bad Homburg 1969 (zit.: Die öffentlichen Unternehmen).

Ratzke, Dietrich, Handbuch der neuen Medien – Information und Kommunikation, Fernsehen und Hörfunk, Presse und Audiovision heute und morgen, 2. Auflage, Stuttgart 1984 (zit.: Handbuch der neuen Medien).

Redeker, Konrad, Fragen der Kontrolldichte verwaltungsgerichtlicher Rechtsprechung, in: DÖV 1971, S. 757 ff.

Rittaler, Jan B., Der Wettbewerb in der Telekommunikation – Einige Anmerkungen zum Sondergutachten der Monopolkommission, in: WuW 1996, 699 ff.

Rittner, Fritz, Wirtschaftsrecht: ein Lehrbuch, 2. Auflage, Heidelberg 1987.

Rottmann, Michael, Zu den verfassungsrechtlichen Aspekten der Postreform II, in: Archiv PT 1994, 193 ff.

Rudolf, Walter, in: *Fuhr, Ernst W./Rudolf, Walter/Wasserburg, Klaus* (Hrsg.), Recht der Neuen Medien – Ein Handbuch, Heidelberg 1989 (zit.: Recht der Neuen Medien).

Sachs, Michael, Begriff und Arten der Begrenzung der Grundrechte, in: *Stern, Klaus* (Hrsg.), Das Staatsrecht der Bundesrepublik Deutschland, Band III/2, Allgemeine Lehren der Grundrechte, Grundrechtstatbestand, Grundrechtbeeinträchtigungen und Grundrechtsbegrenzungen, Grundrechtsverluste und Grundpflichten, Schutz der Grundrechte, Grundrechtskonkurrenzen, Grundrechtssystem, München 1994, S. 225 ff.

Ders., in: *Sachs, Michael* (Hrsg.), Grundgesetz Kommentar, 2. Auflage, München 1999 (zit.: *Sachs* [Hrsg.], Grundgesetz).

Säcker, Jürgen/Calliess, Gralf-Peter, Billing und Inkasso fremder Telekommunikationsdienstleistungen (I) – Zur Auslegung von § 33 TKG und § 15 TKV, in: K&R 1999, 289 ff.

Dies., Billing und Inkasso fremder Telekommunikationsdienstleistungen (II) – Zur Auslegung von § 33 TKG und § 15 TKV, in: K&R 1999, 337 ff.

Salje, Peter, Marktbeherrschung auf den Telekommunikations-Märkten, in: K&R 1998, 331 ff.

Sandrock, Otto, Grundbegriffe des Gesetzes gegen Wettbewerbsbeschränkungen, München 1968.

Schaub, Alexander, Europäische Wettbewerbsaufsicht über die Telekommunikation, in: MMR 2000, 211 ff.

Schelsky, Helmut, Die Soziologen und das Recht, Opladen 1980.

Scherer, Joachim, Das neue Telekommunikationsgesetz, in: NJW 1996, 2953 ff.

Ders., Die Entwicklung des Telekommunikationsrechts in den Jahren 1998 und 1999, in: NJW 2000, 772 ff.

Ders., Frequenzverwaltung zwischen Bund und Ländern – Rechtsgutachten, in: Beiträge zum Rundfunkrecht, Heft 39, Hrsg. im Auftrag der Arbeitsgemeinschaft der öffentlich-rechtlichen Rundfunkanstalten der Bundesrepublik Deutschland (ARD) vom Hessischen Rundfunk, Frankfurt a. M. 1987, Redaktion: Prof. Dr. Klaus Berg (zit.: Frequenzverwaltung zwischen Bund und Ländern).

Ders., Nachrichtenübertragung und Datenverarbeitung im Telekommunikationsrecht – Eine vergleichende Untersuchung telekommunikationsrechtlicher Regelungsmodelle, Baden-Baden 1987 (zit.: Nachrichtenübertragung und Datenverarbeitung im Telekommunikationsrecht).

Ders., Telekommunikationsrecht und Telekommunikationspolitik, Baden-Baden 1985; (zit.: Telekommunikationsrecht und Telekommunikationspolitik).

Ders./Ellinghaus, Ulrich, Unzulässigkeit von Zusammenschaltungsentgelten nicht marktmächtiger Netzbetreiber, in: MMR 2000, 201 ff.

Scherzberg, Arno, Die innerstaatlichen Wirkungen von EG-Richtlinien, in: Jura 1993, 225 ff.

Schlecht, Otto, Erneuerte soziale Marktwirtschaft statt Regulierungs- und Versorgungsstaat, Tübingen 1996.

Schmidt, Kurt, Entgeltregulierung für Telekommunikationsdienstleistungen, in: K&R 1999, 385 ff.

Schmidt, Reiner, Öffentliches Wirtschaftsrecht, Allgemeiner Teil, unter Mitarbeit von *Bauer, Hartmut und Mögele, Rudolf*, Berlin u.a. 1990 (zit.: Öffentliches Wirtschaftsrecht, Allg. Teil).

Schneider, Hans, Gesetzgebung – Ein Lehrbuch, 2. Auflage, Heidelberg 1991 (zit.: Gesetzgebung).

Schneider, Hans-Jochen, Lexikon Informatik und Datenverarbeitung, 4. Auflage, München – Oldenburg 1998.

Schnyder, Anton K., Verhältnis nationaler, regionaler und globaler Regulierungen – insbesondere extraterritoriale Wirkungen nationaler oder regionaler Marktgestaltungen, in: *Mestmäcker, Ernst-Joachim* (Hrsg.), Kommunikation ohne Monopole II/Ein Symposium über Ordnungsprinzipien im Wirtschaftsrecht der Telekommunikation und der elektronischen Medien, Baden-Baden 1995 (zit.: Kommunikation ohne Monopole II), S. 211 ff.

Scholz, Rupert, Entflechtung und Verfassung, Baden-Baden 1981.

Ders., Paritätische Mitbestimmung und Grundgesetz – Verfassungsrechtliche Fragen zur gesetzlichen Einführung der paritätischen Unternehmensmitbestimmung, Berlin 1974 (zit.: Paritätische Mitbestimmung und Grundgesetz).

Ders./Aulehner, Josef, Tochtergesellschaften und Unternehmensbeteiligungen der Deutschen Bundespost Telekom im Ausland, in: Archiv PT 1993, 103 ff.

Schrader, Stephan, Der neue ordnungspolitische Rahmen für die Telekommunikationsmärkte – Eine Bestandsaufnahme, in: *Witte, Eberhard* (Hrsg.), Das Telekommunikationsgesetz 1996 – Eine Herausforderung für Markt und Ordnungspolitik, S. 35 ff.

Schroeder, Dirk, Telekommunikationsgesetz und GWB, in: WuW 1999, 14 ff.

Schuppert, Gunnar Folke, Verwaltungsrechtswissenschaft als Steuerungswissenschaft. Zur Steuerung des Verwaltungshandelns durch Verwaltungsrecht, in: *Hoffmann-Riem*,

Wolfgang/Schmidt-Aßmann, Eberhard/Schuppert, Gunnar Folke (Hrsg.), Reform des Allgemeinen Verwaltungsrechts: Grundfragen, Baden-Baden 1993, S. 65 ff.

Schuster, Fabian, in: *Büchner, Wolfgang* u. a. (Hrsg.), Beck'scher TKG Kommentar, 2. Auflage, München 2000 (zit.: *Schuster*, in: Beck'scher TKG Komm.).

Ders./Müller, Ulf, Rechtliche Grundlagen und Praxis der Frequenzzuteilung durch die Reg TP, in: MMR 2000, 26 ff.

Schütz, Raimund, in: *Büchner, Wolfgang* u. a. (Hrsg.), Beck'scher TKG Kommentar, 2. Auflage, München 2000 (zit.: *Schütz*, in: Beck'scher TKG Komm.).

Ders., Telefondienst und Telekom-Monopol – Marktchancen für Wettbewerber des Telefonmonopolisten Deutsche Telekom AG, in: BB 1996, 1445 ff.

Ders./Esser-Wellié, Michael, Wettbewerb in der Telekommunikation – Anmerkungen zum Entwurf eines Telekommunikationsgesetzes, in: AfP 1995, 580 ff.

Schween, Jürgen, Handlungs- und Rechtsschutzformbestimmung bei Regelungen der institutionellen Behördenorganisation – Rechtsnaturprobleme der sog. Organisationsakte im Hinblick auf ihre Einordnung in das Rechtsschutzsystem, Hamburg 1991.

Schwintowski, Hans-Peter, Ordnung und Wettbewerb auf Telekommunikationsmärkten, in: CR 1997, 630.

Siekmann, Helmut, in: *Sachs, Michael* (Hrsg.), Grundgesetz Kommentar, 2. Auflage, München 1999 (zit.: *Sachs* [Hrsg.], Grundgesetz).

Spoerr, Wolfgang/Deutsch, Markus, Das Wirtschaftsverwaltungsrecht der Telekommunikation – Regulierung und Lizenzen als neue Schlüsselbegriffe des Verwaltungsrechts?, in: DVBl. 1997, 300 ff.

Stein, Ekkehart, Staatsrecht, 16., neu bearbeitete Auflage, Tübingen 1998.

Stern, Klaus, Das Staatsrecht der Bundesrepublik Deutschland, Band I, Grundbegriffe und Grundlagen des Staatsrechts, Strukturprinzipien der Verfassung, 2. Auflage, München 1984 (zit.: Staatsrecht I).

Ders., Postreform zwischen Privatisierung und Infrastrukturgewährleistung, in: DVBl. 1997, 309 ff.

Ders., Stellungnahme zur Anhörung zum Entwurf eines Gesetzes zur Änderung des Grundgesetzes – Drucksache 12/6717 – vor dem Rechtsausschuss und dem Ausschuss für Post und Telekommunikation des Deutschen Bundestages, in: Deutscher Bundestag, Anlage zum Protokoll der Anhörung des Rechtsausschusses vom 08.03.1994, 12. Wahlperiode, Protokoll Nr. 117 (zit.: Anhörung, BT-RechtsA-Prot 12/117).

Tettinger, Peter J., in: *Sachs, Michael* (Hrsg.), Grundgesetz Kommentar, 2. Auflage, München 1999 (zit.: *Sachs* [Hrsg.], Grundgesetz).

Ders., Rechtsanwendung und gerichtliche Kontrolle im Wirtschaftsverwaltungsrecht, München 1980.

Tietz, Heiko, *IV. Telekommunikation, in:* Grabitz, Eberhard/Bogdandy, Armin v./Nettesheim, Martin *(Hrsg.)*, Europäisches Außenwirtschaftsrecht – Der Zugang zum Binnenmarkt: Primärrecht, Handelsschutzrecht und Außenaspekte der Binnenmarktharmonisierung, München 1994 (zit.: Europäisches Außenwirtschaftsrecht).

Ulmen, Winfried/Gump, Thomas Klaus, Die neue Regulierungsbehörde für Telekommunikation und Post, in: CR 1997, 396 ff.

Wagner, Christoph, Rundfunkempfang über Kabel – eine Preisfrage? Teilnehmeranschlussentgelte für Kabelrundfunk und TKG-Entgeltregulierung, in: K&R 1998, 234 ff.

Walter, Robert, Die Lehre von der Gesetzgebungstechnik, in: ÖJZ 1963, 85 ff.

Weber, Annette/Rommersbach, Jürgen, in: *Manssen, Gerrit* (Hrsg.), Telekommunikations- und Multimediarecht, Ergänzbarer Kommentar zum Telekommunikationsgesetz, Mediendienste-Staatsvertrag, Teledienstegesetz, Teledienstedatenschutzgesetz, Signaturgesetz, einschließlich Gesetzes- und Verordnungstexten und europäische Vorschriften (zit.: *Weber/Rommersbach*, in: TMR).

Wendt, Rudolf, in: *Sachs, Michael* (Hrsg.), Grundgesetz Kommentar, 2. Auflage, München 1999 (zit.: *Sachs* [Hrsg.], Grundgesetz).

Windthorst, Kay, Der Universaldienst im Bereich der Telekommunikation – Eine öffentlich-rechtliche Betrachtung unter Einbezug des amerikanischen Rechts –, München 1997.

Ders., in: *Sachs, Michael* (Hrsg.), Grundgesetz Kommentar, 2. Auflage, München 1999 (zit.: *Sachs* [Hrsg.], Grundgesetz).

Wolff, Bernhard, Die Ermächtigung zum Erlass von Rechtsverordnungen nach dem Grundgesetz, in: AöR 78 (1952/53), 194 ff.

Wolff, Hans/Bachof, Otto/Stober, Rolf, Verwaltungsrecht I, Ein Studienbuch, 10. Auflage, München 1994.

Wyduckel, Dieter, Gesetzgebungslehre und Gesetzgebungstechnik – Aktueller Stand und künftige Entwicklung, in: DVBl. 1982, 1175 ff.

Zeidler, Karl, Maßnahmegesetz und „klassisches“ Gesetz – Eine Kritik, Karlsruhe 1961.

Zippelius, Reinhold, Juristische Methodenlehre, 7. Auflage, München 1991.

Zuleeg, Manfred, Deutsches und europäisches Verwaltungsrecht – wechselseitige Einwirkung, in: VVDStRL 53 (1994), 154 ff.

Kolibri 360 GmbH
Ferdinand-Jühlke-Straße 7
99095 Erfurt, Deutschland
produktsicherheit@kolibri360.de

Druck:
CPI Druckdienstleistungen GmbH
im Auftrag der
Kolibri 360 GmbH
Ferdinand-Jühlke-Str. 7
99095 Erfurt